W0078145

Karin Hunkel

Ganzheitliche Farbberatung

Ein Ratgeber zur richtigen Farbentscheidung

Die hier zur Verfügung gestellten Informationen sollen Ihnen als Unterstützung dienen, damit Sie – zusammen mit Ihrem Arzt oder Heilpraktiker – eigenverantwortliche Entscheidungen in Gesundheitsfragen treffen können. Bei gesundheitlichen Störungen sollten Sie die vorgestellten Methoden erst nach Absprache mit Ihrem Arzt oder Heilpraktiker anwenden, sie bieten keinen Ersatz für eine von diesem verordnete Behandlung. Weder Autor noch Verlag übernehmen für Schäden, die eventuell aus den im Buch erteilten Hinweisen entstehen, eine Haftung.

ISBN 978-3-8434-4470-5 (vormals 978-3-89767-470-7)

© 2005 Schirner Verlag, Darmstadt

Alle Rechte vorbehalten

8. Auflage 2011,
versehen mit neuem Umschlag und neuer ISBN

Umschlaggestaltung: Murat Karaçay, Schirner
Redaktion & Satz: Elke Truckses, Schirner
Printed by: OURDASdruckt!, Celle, Germany

www.schirner.com

»DU, ich creme dir die Seele ein.
Traumrosanelkenrot getönt.
Heiterorangegelb gesprenkelt.
Sehnsuchtshellviolett gestrichelt.
Lieblichgrünrot punktiert
und
Güldenherzgoldfroh gerahmt.
DU, ich creme dir die Seele ein ...«

Peter Rubin, 61, der nach einem Autounfall acht Wochen im
Koma lag und beim Aufwachen Farben sah.
Dieses Gedicht entstand kurze Zeit später.

Inhalt

Vorwort

Es war im Mai 1989, als ein Astrologe verheißungsvoll aus meinem Horoskop las, ich »müsse« schreiben. Mehr als fünf Jahre hat es noch gedauert, bis ich die ersten Zeilen dieses Buches in den Computer tippte. Die »richtige« Zeit für die erste Ausgabe des Buches war gekommen. Nach weiteren zehn Jahren habe ich den inneren und äußeren Raum gefunden, dieses – von mir so sehr geliebte – Buch komplett zu überarbeiten, sodass es jetzt im Grunde ein ganz neues Buch geworden ist. Musste sich die erste Version mit ihrem Inhalt noch durchsetzen (ja, sogar durchkämpfen), so ist die jetzige überarbeitete Auflage von Respekt und Liebe begleitet. In ihr schwingt die kommunikative Arbeit mit vielen Tausend Menschen mit, die sich in den letzten zehn Jahren mit dem Farbthema – und damit mit mir – auseinander gesetzt haben.

Mit diesem Buch will ich das Bewusstsein für die große Kraft der Farben schärfen. Farben erreichen uns auf allen Ebenen. Das Besondere an ihnen ist ihre Alltäglichkeit. Wir sind ständig von Farben umgeben, wir sehen Farben und kleiden uns in ihnen. Wir essen und trinken Nahrungsmittel mit bestimmten Farben, drücken Musik (Klangfarbe) und sogar Gemütszustände (»Ich sehe rot«) durch Farben aus. Farben erregen und beruhigen, erwärmen und unterstützen uns. Sie sind allgegenwärtig und heilend wie das Licht.

Sich mit Farben intensiv zu beschäftigen, offenbart wahrhaftig eine Wunderwelt. Es kann passieren, dass Sie als Leser aus dem Staunen nicht mehr herauskommen, wenn Sie erfahren, wie praktisch sie sein können.

In meiner spezifischen Arbeit mit Farben gilt dem Bereich ihrer Anwendung und ihrem Zusammenhang mit der Psychologie des Menschen meine größte Aufmerksamkeit.

Den Farben sind heilende Kräfte so immanent wie der Sonne das Licht und der Liebe die Freude. Farben helfen, in jedem von uns einen Selbstheilungsprozess in Gang zu setzen. Jede der Spektralfarben hat eine bestimmte Aussage, Wirkung und Kraft und korrespondiert mit jeweils einem unserer Energiezentren (Chakras). Sind wir in der Lage, unsere Chakras zu aktivieren, ist die Möglichkeit, krank zu werden, nur noch gering. Farben unterstützen die Aktivierung, weil sie mit den Chakras »partnerschaftlich« verbunden sind.

Den Begriff »Heilung« benutze ich als Zustand, längst bevor der Körper Anzeichen für Erkrankungen zeigt. Heilung oder ›heil sein‹ wird bedingt durch eine bestimmte Lebensweise, die jeder Mensch für sich selbst in seinem ihm möglichen Rahmen finden muss. Das Fundament wird durch ein Leben in ZuFRIEDENheit und Harmonie, in Wachsamkeit und Beweglichkeit für die eigenen Bedürfnisse und Grenzen sowie durch ein Leben mit ökologischem Bewusstsein gebildet.

Wichtig ist für mich auch die naturwissenschaftliche Sichtweise, die es ermöglicht, den theoretischen Hintergrund der Farben zu ergründen. In seinem Verständnis liegt weit mehr als nur theoretische Wissenschaft. Farben sind ein Naturphänomen und als solches seit Jahrhunderten erforscht worden. Viele Verwirrungen lassen sich durch die Kenntnis der physikalischen Auseinandersetzung mit Farben und dem Licht klären. Die physische Erscheinung der Farben unterliegt Gesetzmäßigkeiten, die – wenn sie nachvollzogen werden können – das »Wesen der Farben« enthüllen.

Zu guter Letzt möchte ich den Lesern das Thema »Farbberatung« so vermitteln, dass dieser Bereich sein oberflächliches Image verliert. Eine Farbberatung kann mehr sein als eine Beratung über das passende Outfit. Sie kann eine Bewusstheit für das eigene Potenzial eröffnen. Das habe ich öfter erfahren dürfen, als ich davon berichten kann. Eine Farbberatung ist nicht damit erschöpft, die Menschheit in bestimmte Farbtypen einzuteilen und ihnen mit diesen »Schubladen« Glück zu versprechen. Folgen wir dem Prinzip, anderen Menschen in ihrer Entwicklung weiterhelfen zu wollen, kann eine Farbberatung nur »ganzheitlich« unter Einbeziehung der Bedeutung und der Wirkung von Farben erfolgen.

Die Arbeit an diesem Buch war sowohl bei der ersten Ausgabe als auch beim Schreiben der Überarbeitung eine schöne und wichtige Erfahrung, aus der ich bereichert hervorgetreten bin. Sie hat mir geholfen, das für mich »Wesentliche« zu konzentrieren. Mein besonderer Dank gilt allen Menschen, mit denen ich in den letzten 20 Jahren meiner Praxis Erfahrungen im Umgang mit Farben machen konnte. Allen möchte ich versichern, dass sie maßgeblichen Anteil an der Entstehung meiner Bücher hatten. Durch die Aufmerksamkeit und Unterstützung meines neuen Verlegers durfte aus der Überarbeitung ein ganz neues Buch entstehen, mit dem ich die Herzen öffnen möchte für die »Welt der Farben«.

Neu-Isenburg, 2004   Karin Hunkel

I.

Leben ist Licht – Licht ist Farbe – Farbe ist Leben

»Was ist kostbarer als Gold? Das Licht!«

Johann Wolfgang von Goethe

Seit Jahrhunderten beschäftigen sich die Menschen mit den Fragen:

Was ist Licht? Wie entstehen Farben?

Seit Descartes (Mathematiker und Philosoph, 1596–1650) haben eine Reihe von Naturwissenschaftlern am Phänomen des Regenbogens wichtige physikalische Erkenntnisse über »farbiges Licht« gewonnen.

Die für uns entscheidendsten Aussagen – die auch gleichzeitig gegensätzlich waren – kamen von dem englischen Physiker Isaac Newton (1643–1727) und später von Johann Wolfgang von Goethe (1749–1832). Bevor ich versuche, Sie vorsichtig in den naturwissenschaftlichen Aspekt des Themas einzuführen, möchte ich an die Komplexität des Begriffs »Farbe« erinnern.

Auf die Frage »Was ist Farbe?« gibt es nicht nur eine einzige Antwort.

Der jeweilige Hintergrund, aus dem heraus die Frage beantwortet werden will, entscheidet darüber, wie wir das Thema Farbe angehen:

Hier stelle ich Ihnen einige der unterschiedlichen Ansätze vor:

1. Interessieren wir uns für Farben unter rein naturwissenschaftlichen Aspekten, dann betrachten und messen wir ihre *physikalischen Größen*, wie Wellenlängen und Frequenzen.

2. Wir können Farben auch als Phänomen behandeln und erforschen dabei, was im *Auge* und Gehirn geschieht.

3. Wollen wir ihre *Wirkung in der Werbung* bei Verpackungen oder auf Werbeflächen untersuchen?

4. Vielleicht wollen wir mithilfe von Farben *Aussagen über Psyche und Charakter* eines Menschen formulieren?

5. Wir können sie aber auch maßgeblich als *Instrument für Künstler*, Architekten oder Designer sehen.

6. Oder wir untersuchen ihre starke *Signalwirkung* im öffentlichen Leben (z. B. im Straßenverkehr).

7. Sind sie für uns Gegenstand der Farbpaletten bei einer *Farbtyp-Beratung* oder bei einer Modeberatung?

8. Oder erforschen wir, ob Farben imstande sind, die *Selbstheilungskräfte* eines Menschen zu wecken?

9. Der geistige Ansatz sieht Farben als Schlüssel zu unseren Energiezentren, den *Chakras*, und als Tor zu unserer Seele.

Je nachdem, wie unser eigener Ausgangspunkt ist, uns an Farben anzunähern, fällt auch die Antwort auf die Frage aus:

Was sind Farben?

Der »ganzheitliche« Ansatz sieht vor, alle genannten Punkte zu integrieren. Im Mittelpunkt steht der Mensch, der Farben erfährt, um sich an ihnen zu erfreuen, sich zu definieren, sie nutzt, um sich mit ihrer Hilfe zu orientieren und um sich wohler zu fühlen. Farben wirken immer ganzheitlich auf Körper, Psyche, Geist, Gemüt und Seele, ob wir uns dessen bewusst sind oder nicht.

Goethes Zeichnung

Das Licht – der »Spiritus Rector« allen Lebens

»Es ist das Licht noch eine kleine Zeit bei euch.
Wandelt, dieweil ihr das Licht habt,
dass euch die Finsternis nicht überfalle.
Wer in der Finsternis wandelt, der weiß nicht,
wohin er gehet.«

Johannes 12,35

Licht an sich ist – genau wie Farben – unsichtbar. Das klingt phantastisch und unwirklich. Wir kennen Licht als Wahrnehmungserfahrung und benutzen unser Auge, um sichtbare Materie zu erfassen. Ein Gegenstand ist für uns dann sichtbar, wenn er selbst Licht emittiert oder reflektiert. In der Natur haben wir die Sonne als dominierende Lichtquelle (neben Blitz und Feuer). Andere Objekte reflektieren lediglich das Sonnenlicht und erscheinen uns farbig. Die Farben entstehen, weil die Gegenstände und Körper von dem empfangenen Licht nur einen bestimmten Teil reflektieren und den anderen Teil absorbieren. Ein grüner Gegenstand reflektiert das grüne Licht und gelangt so zu unserem Auge, wodurch wir Farbe und Kontur des Gegenstandes erkennen.

Was ist nun Licht im physikalischen Sinn?

Lichtwellen sind elektromagnetische Wellen. Wie andere Wellen (z. B. Schallwellen) sind sie im Wesentlichen durch zwei messbare physikalische Größen bestimmt: Frequenz und Wellenlänge.

Die Frequenz wird in der Anzahl der Schwingungsvorgänge je Zeiteinheit angegeben und in Hertz (Hz) gemessen. Die Wellenlänge des Lichtes misst sich in Nanometer (nm). Um ein Bild von den Größenverhältnissen zu erhalten, stellen Sie sich vor, dass ein Nanometer (nanos; griech. = Zwerg) ein milliardstel Meter ist. Die Schwingungsfrequenz des sichtbaren Lichtes ist etwa das Billionenfache der Frequenz der hörbaren Töne. Hören und Sehen sind komplexe Begriffe der Wahrnehmung von Schwingungen. Es gibt Schwingungen, die wir hören (Töne), und solche die wir sehen (Farben).

Licht ist, wie ein Ton, eine Schwingungserscheinung. Beide besitzen Wellencharakter. Töne werden in der Höhe der Schwingungsfrequenz je Sekunde in Hertz (Hz) gemessen. Dass Töne über ihre Schwingungsfrequenzen für uns erfahrbar werden und keine Materie sind, ist jedem geläufig. Ihre Existenz ist von einem Tonträger abhängig, so wie die Existenz der Farben vom Licht und von den Objekten abhängig ist, die Licht reflektieren. Für den Bereich der Töne treffen wir sichere Entscheidungen, ob sie uns guttun, d. h. für uns harmonisch schwingen, oder eine Disharmonie bilden. Dies ist für jeden Menschen individuell unterschiedlich. Für einen Freund klassischer Musik wird Mozart Balsam für die Ohren sein und manches Hard-Rock-Konzert wie ein Bombenangriff wirken. Umgekehrt ist es möglich, dass einem Hard-Rock-Fan übel wird, wenn er sich Mozart anhören soll. Wir haben unsere Rezeptoren für hörbare Schwingungen sensibilisiert. Die Umsetzung der aufgenommenen Schwingungen ist jeweils durch die Psyche eines Individuums gefiltert. Für Schwingungen, die über unsere Augen aufgenommen werden und in der gleichen Weise auf unser Gemüt wirken, ist unsere Wahrnehmung bislang noch weitgehend unbewusst, obwohl die visuellen Informationen für die industrialisierte Stadtbevölkerung einen Großteil der Gesamtwahrnehmung ausmachen.

Unsere drei Augen

»Der Körper ist ›rot‹, bedeutet,
dass er im Auge die rote Farbe bewirkt.
Farbe ist und bleibt Affektion des Auges«
(...) »ist der im Auge hervorgebrachte Zustand.«

Schopenhauer[1]

Das Sonnenlicht wird über unsere Augen (die zwei nach außen gerichteten Augen und das »Dritte«, welches Verbindung zur Hypophyse hat) aufgenommen und in Strahlenbereiche aufgeteilt. Der eine Strahl wirkt über die Netzhaut auf den Sehnerv, wodurch wir sehen können.

Die Netzhaut ist ein etwa 0,3 bis 0,4 mm dünnes Häutchen. Fällt Licht auf diese Haut, so »erregt« es die etwa sechs Millionen Zapfen, die für das Sehen am Tage und das Erkennen von Farben zuständig sind. Die etwa 120 Millionen Stäbchen ermöglichen das Sehen besonders bei herabgesetzter Beleuchtung. Mithilfe einer Art elektrischer Erregung wird die Information der Lichtstrahlen an den Sehnerv weitergeleitet. Dieser wiederum vermittelt dem Gehirn, was die Netzhaut registriert hat, und ermöglicht die Erfahrung von Farbe, Form, Tiefe und Bewegung der Materie, die wir ansehen.

Die Netzhaut selbst verfügt über drei verschiedene Zapfentypen mit Fotopigmenten, die jeweils die Farben Rot, Blau und Grün (Lichtgrundfarben) wahrnehmen und durch eigenständige Mischung und Komplementärbildung alle anderen Farben selbst herstellen. Farbfernseher und Computerbildschirme erhalten ihre Informationen für je-

---

*1 Ziffern mit * verweisen auf das Literaturverzeichnis im Anhang.

den darzustellenden Punkt auf dem Bildschirm übrigens ebenfalls in den drei Farben: ROT, BLAU und GRÜN.

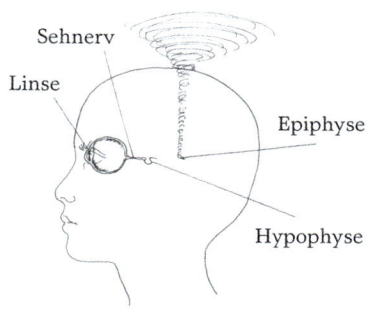

Der andere Strahl wird über elektrische Impulse an den Hypothalamus und gleichzeitig an die Hypophyse weitergeleitet. Je stärker nun die Lichtinformationen sind, die über die Augen in der Hypophyse ankommen,

Das menschliche Auge

desto größer ist der Lichtstrahl, der unser Immunsystem in der Hypophyse aktiviert und danach die Epiphyse erreicht. Diese wiederum steht als die oberste Meisterdrüse in direkter Verbindung mit dem 7. Chakra. Je mehr Sonnenlicht wir also über unsere Augen aufnehmen (was nicht bedeuten soll, dass wir direkt in die Sonne schauen), desto stärker funktioniert unser Immunsystem und umso strahlender erscheint unser elektromagnetisches Feld (die Aura), und kosmische Dimensionen können sich öffnen.

Durch natürliches UV-Licht (jedoch nicht durch das ausgefilterte UVA- oder UVB-Licht der Sonnenbänke) geht das Blut eine sogenannte Photonenemission ein. Es sind Lichtaussendungen, die in unserem Körper stattfinden und die 8 – 10 Mal höher liegen als der Normalwert von ca. 800 Photonen/sec[*2] Photonen sind die kleinsten Teilchen einer elektromagnetischen Strahlung. Sie stehen niemals still, beschleunigen sich nie und verlangsamen sich auch nicht. Sie bewegen sich immer mit gleicher Geschwindigkeit: der Lichtgeschwindigkeit.

Von Medizinern und Physikern ist mittlerweile wissenschaftlich anerkannt, dass die Aufnahmefähigkeit von Licht (durch Photonenemissionen) die innere Strahlkraft des Menschen erhöht. Durch das Licht der Sonne geschehen in unserem Körper also kleine Lichtexplosionen, die unserem Organismus 8 – 10 Mal mehr Licht zuführen, als es einem Zustand ohne Sonnenlicht entspräche. Somit ist das innere Licht nicht einfach ein esoterisches »Hirngespinst«, sondern es ist abhängig von unserer Fähigkeit und Bereitschaft, Sonnenlicht aufzunehmen.

Wir sollten uns nicht für das Tragen von Sonnenbrillen aus modischen Gründen entscheiden. Brillen mit Plastikgläsern werden sehr oft grundsätzlich mit UV-Schutzfiltern produziert. Kontaktlinsen sind bislang noch nicht UV-gefiltert, wobei man sich allerdings darum bemüht. Fragen Sie einen Optiker, so wird er Ihnen sagen, dass UV-Licht den Augen schadet. Fragen Sie den Inhaber eines Sonnenbankstudios, so wird er Ihnen sagen, dass das natürliche Sonnenlicht gefährlich sei. Ich rate Ihnen, jemanden zu fragen, der Ihnen nicht gleichzeitig das Produkt, über das Sie informiert werden wollen, verkaufen will.

Untersuchungen bei Blinden haben ergeben, dass diese unter abnormen Melatoninwerten sowie Stoffwechsel- und Hormonstörungen (die normalerweise maßgeblich durch die Lichtaufnahme der Hypophyse beeinflusst werden) leiden. Eigene Erfahrungen mit Meditationen, in denen ich Licht über das »Dritte Auge« aufnahm (siehe Übung in Kapitel IX) und imaginär an die Hypophyse und Epiphyse weiterleitete, haben meine Dioptrienwerte entscheidend verbessert.

Es könnte sein, dass sich der allgemeine Gesundheitszustand von Blinden mit der gleichen Übung ebenfalls verbessert.

Die Strahlkraft der Sonne

»Let the sunshine in.«
Rockoper »Hair«

Eine Sonnenübung der Native Indians, mit der sie Kraft auftanken:

• Schauen Sie durch eine nur einen halben Millimeter geöffnete Faust in die Sonne, sodass nur ein ganz kleiner Strahl Ihr Auge erreicht. Wenige Minuten genügen, um Kraft für Stunden zu bekommen.

Sonnenlicht ist unvergleichlich wichtig für unsere Lebensenergie, sowohl die körperliche als auch die geistige. Die Evolutionsgeschichte hat uns Menschen darauf eingestellt, dass wir ungefähr 60 Prozent unserer Tageszeit unter direkter Sonneneinstrahlung verbringen können. Infolge der wachsenden Computerisierung, der Panik vor dem Ozonloch sowie der Möglichkeiten künstlicher Besonnung (Sonnenbänke) wurde die Zeit der natürlichen Lichtaufnahme in den letzten Jahren drastisch verkürzt. Ein Großteil der Menschheit westlicher Kulturen verbringt mittlerweile die überwiegende Lebenszeit in geschlossenen Räumen (mit Klimaanlagen) unter künstlichem Neonlicht vor sehkraftschädigenden Computermonitoren.

Endlich in der Natur, greifen die Menschen zur Sonnenbrille, cremen die Haut mit Sonnencreme (mit hohem Lichtschutzfaktor) ein oder meiden die Sonne.

Die innere Einstellung zur Sonne hat sich so sehr ins Negative verkehrt, dass viele in ihr eher einen Feind sehen. Das schadet in zweifacher Hinsicht:

- der Sehkraft und dem endokrinen System,
- der Strahlkraft der Aura und damit der geistigen Gesundheit.

UV-Strahlen sind nur dann gefährlich, wenn sie so intensiv genossen werden, dass sie die Haut verbrennen oder austrocknen. Das wohldosierte regelmäßige Auftanken von Sonnenlicht ist nichts anderes als heilsam. Viele ältere kränkliche Menschen, die ihre Rentenzeit in südlichen Breiten, wie auf den Kanarischen Inseln oder in Florida, verbringen, werden dort sehr schnell gesund. Wenn wir uns in Maßen in der Sonne bewegen und unsere Augen den Schließreflex der Pupille beherrschen, reicht dies gemeinhin als Schutz vor UV-Strahlung aus.

Voraussetzung für eine Therapie mit Licht ist, dass unser Körper und – *vor allem unsere Augen* – das volle Spektrum des UV-Lichtes plus Infrarot empfangen. Einige der mit Licht zu erzielenden Behandlungserfolge möchte ich Ihnen im Folgenden nennen:

- Blutdruck, Blutzucker und Cholesterinwerte sinken.
- Die Produktion von Interferon (Abwehrstoff gegen Viren) sowie die Sauerstoffaufnahmefähigkeit des Blutes steigt.
- Licht wirkt gegen Winterdepressionen und Frühjahrsmüdigkeit, Reizbarkeit und Mattigkeit,

- gegen Alkohol- und Tablettensucht sowie Suizidgefährdung.
- Menstruationsstörungen werden genauso wie
- Hormonstörungen durch die Harmonisierung der Epiphysefunktion gelindert.
- Rheumatische Erkrankungen werden gelindert und auch geheilt.
- Das Immunsystem wird über die Hypophyse aktiviert.
- Licht wirkt gegen Konzentrationsstörungen und Schlaflosigkeit.
- Die Belastungsfähigkeit des gesamten Organismus wird verstärkt.

Gegenanzeigen für die Lichttherapie gibt es bei Krebs, Multipler Sklerose und Tuberkulose.

Farben sind sichtbares Licht

»Es ist leichter, einen Atomkern zu spalten
als ein Vorurteil.«

Albert Einstein

Goethe begann seine Farbenlehre*3 mit der Erforschung des Phänomens, dass das menschliche Auge die Komplementärfarbe der einzelnen Grundfarben eigenständig produziert. Jeder kann das Experiment selbst machen: Schauen Sie etwa 20 Sekunden intensiv auf einen roten Punkt und danach auf eine weiße Fläche oder schließen Sie die Augen. Was Sie dann sehen, wird in etwa der gleiche Punkt in Grün sein. Ebenso werden Sie einen violetten Punkt für Gelb und einen blauen Punkt für Orange sehen.

Für Goethe war dies der Beweis, dass Farben ausnahmslos ein psychologisches Phänomen sind, das seine Entstehung einem physiologischen Phänomen in unseren Augen verdankt.

Für ihn war das Auge ein Organ der Ganzheit, weil es das Streben nach der ihm fehlenden Komponente (der jeweiligen Komplementärfarbe) hat.

Goethes Farbenkreis

Auf Rot reagiert das Auge mit → Grün = Blau plus Gelb
Auf Gelb reagiert das Auge mit → Violett = Rot plus Blau
Auf Blau reagiert das Auge mit → Orange = Rot plus Gelb

Dies trifft auch im umgekehrten Fall zu.

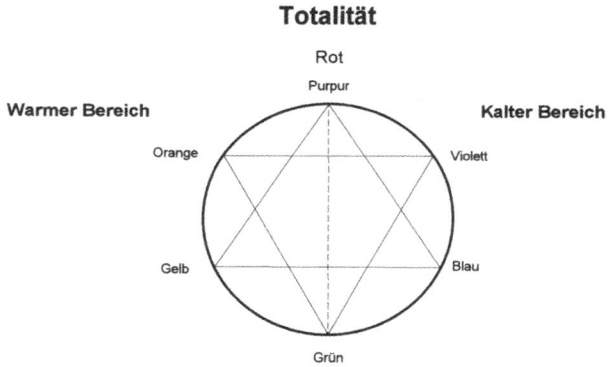

Goethes Farbenkreis, graphisch

In der Abbildung sehen Sie, dass sich jeweils die Komplementärfarben im Farbenkreis gegenüberstehen. Das Auge ergänzt also tatsächlich zur »Totalität«. Durch seine Eigendynamik offenbarte es Goethe die drei »physischen« Grundfarben Rot (Magenta), Gelb und (Cyan-)Blau, aus denen sich alle weiteren Farben mit allen Nuancierungen (wiederum durch Mischungen untereinander) bilden lassen. Durch die Untersuchung der Netzhaut des menschlichen Auges gelang es erst viel später, Goethes Erkenntnisse physiologisch zu untermauern.

Dass die Erforschung der Farben Goethes Lebenswerk war und nicht – wie viele meinen – seine Dichtkunst, zeigen uns nicht zuletzt die vielen Bände, die seine Farbenlehre umfasst.

Goethe zu Eckermann:

»Es gereut mich auch keineswegs (dass ich die Farbenlehre schrieb), obgleich ich die Mühe eines halben Lebens hineingesteckt habe. Ich hätte vielleicht ein halb Dutzend Trauerspiele mehr geschrieben, das ist alles, und dazu werden sich noch Leute genug nach mir finden.«

Fritz Lobeck, »Farben anders gesehen«, Basel 1954

Es ist ein naturwissenschaftliches Monumentalwerk und in seiner Art einzig, weil es von einem Dichter und Denker geschrieben wurde. Es ging ihm in erster Linie nicht um die physikalische Seite von Licht und Farbe, sondern um die Wirkung, die sie auf die Menschen haben, was sich deutlich von anderen Veröffentlichungen dieser Zeit unterschied. Zu bedauern ist, wie Goethe selbst schrieb, dass er sein Werk nicht mehr zu einem »lesbaren Buch« gestalten konnte.

Das Anliegen, das Goethe mit der Lehre über die Farben verfolgte, formulierte er durch seinen Faust:

». . . dass ich erkenne, was die Welt im Innersten zusammenhält, schau alle Wirkenskraft und Samen und tu nicht mehr in Worten kramen.«

Prolog von Faust aus Goethes »Faust«

Alle späteren Farbtheorien, die über physikalische Definitionen hinausgingen, bauten auf seinem umfangreichen Werk auf. Die Erkenntnis, dass Farben nicht objekt-unabhängig erfahren werden können, brachte Goethe auf die Bezeichnung der »physischen« Farben. Es sind Farben, die wir auf Material (auf Stoff, in der Malerei, beim Druck) sehen. Sie sind nicht im Licht enthalten, sondern bedürfen – damit wir sie sehen können – eines stofflichen Trägers. Man könnte sie auch Körperfarben nennen, wie sie oft in der Fachliteratur über Farben bezeichnet werden. Ich möchte hier bei der goetheschen Bezeichnung der physischen Farben bleiben.

Ferner spricht Goethe vom Urphänomen, dem eine Gesetzmäßigkeit zugrunde liegt, die, vereinfacht ausgedrückt, lautet: *Licht* durch Finsternis gesehen ist *Rot* (beispielsweise durch das Vorhalten der Hand gegen die Sonne).

Also ist Rot abgedämpftes Licht.

Finsternis durch Licht gesehen ist *Blau*. (Der Himmel ist eigentlich tief indigo bis fast schwarz und erhält sein helles Blau erst durch die Strahlen der Sonne.)

Blau ist aufgehellte Finsternis.

Der tiefe Sinn dieser Erkenntnis liegt darin, dass Farben durch das Zusammenspiel von Licht und Finsternis entstehen (durch die sogenannte »Trübe«) und nicht – wie Newton annahm – alle Farben im Licht *enthalten* sind. Für Newton waren Farben und Licht identisch. Er meinte, Licht bestünde aus farbigen Lichtstrahlen. Die Farben wären also ursprünglich da.

Für Goethe entstehen sie erst durch das Licht. Licht ist ursprünglich farblos. Beide hatten einen völlig unterschiedlichen Ansatz, sich mit dem Thema »Licht und Farbe« auseinander zu setzen. Newton hat die Zusammensetzung des Lichtes in *physikalisch-optischer* Hinsicht erforscht. Goethe ging es um die Wirkung von Licht und Farbe im *physiologisch-psychologischen* Sinn.

Es ist erstaunlich, dass sich dieser gegensätzliche Ansatz bis heute bei Nichtphysikern gehalten hat. Die einen bewegen sich mithilfe physikalischer Teilbetrachtungen vom

Menschen weg. Die anderen machen ihn zum Mittelpunkt ihrer Denkweise und werden deswegen belächelt.

> »Der Kampf Goethes gegen die physikalische Lehre muss auf einer erweiterten Front auch heute noch ausgetragen werden.«
> Werner Heisenberg, Physiker und Nobelpreisträger[*4]

Isaac Newton hat erstmals (1666) mit einem Prisma wissenschaftliche Lichtexperimente durchgeführt. Es gibt Quellen, die davon sprechen, er hätte das Prisma »wiederentdeckt«. Mit einem Prisma kann man Licht – durch dessen Brechung und Projektion, z. B. auf eine Wand – in Regenbogenfarben sichtbar machen. Ursprünglich sind die Farben jedoch nicht im Lichtstrahl.

Da die Übergänge der Farben, die wir durch das Prisma sehen, fließend sind, ging Newton von sieben physikalischen Farben aus. Heute weiß man, dass es in ungemischter Reinheit nur fünf Spektralfarben sind: Rot, Gelb, Grün, Blau und Violett.

Orange entsteht durch Mischung von Rot und Gelb. Indigo ist ein schmaler Streifen von nur 10 nm, der durch Überschneidung von Blau und Violett entsteht.

Immer wieder gab es in der Vergangenheit Meinungsverschiedenheiten über Newtons und Goethes Definitionen, was Farben nun eigentlich seien. Im Grunde war Goethe – mehr als 100 Jahre nach Newton – entschiedener Gegner von Newton, weil dieser Farben streng physikalisch messbar machen wollte. Durch Newtons Behauptung, Licht bestünde aus farbigen Strahlen, enthob er den Menschen der subjektiven Fähigkeit, Farben zu empfinden. Später revidierte Newton seine Aussage, indem er berichtigte, »nicht im wissenschaftlichen, sondern im volkstümlichen Sinne« von »farbigen« Strahlen gesprochen zu haben[*5]. Newton hat Farben mit seinem Prisma zwar *sichtbar* gemacht, jedoch *als Erlebnis nicht fassbar.*

Für Goethe waren Farben abhängig von individuellen Empfindungen. Er sah nicht nur die Bedeutung von Helligkeit und Finsternis für die Farben. Er sprach auch als Erster von »warmen« (Plusseite) und »kalten« (Minusseite) sowie von »harmonischen« und »disharmonischen« Farben. Die Warm- und Kalt-Kategorisierung unterliegt den Gesetzmäßigkeiten der Farbenlehre.

So sind die *warmen* Farben in seinem Farbenkreis extensiv und stimulierend:
- Gelbrot
- Orange
- Gelb
- Gelbgrün

Die *kalten* Farben sind introvertiert:
- Blaurot
- Blau
- Violett
- Blaugrün

Nur Rot und Grün gibt es sowohl in die warme als auch in die kalte Richtung tendierend.

Setzen wir uns nicht über die Erkenntnisse der Farbenlehre hinweg, wie es leider im Bereich der Farbberatung praktiziert wird, so müssen wir verstehen: Ein warmes Blau kann es nicht geben, ebenso wenig ein kaltes Gelb.

Stufe um Stufe führt Goethe in seinem Werk durch die Gesetzmäßigkeiten der Farben, um am Ende wieder zum Menschen – mit der Wirkung der Farben auf »unsere Seele und das Gemüt« – zurückzukommen. Er sprach noch nicht von »Farbheilung«, wohl aber von der heilenden Wirkung der Farben. Von »Heilung durch Farben« können wir immer dann sprechen, wenn wir mit den Kräften von Licht und Farbe in Berührung kommen, und das geschieht praktisch alltäglich. Farben sind Lichtkräfte und von daher ebenso heilsam wie das Licht selbst.

Es ist gut, dass das ganzheitliche Verständnis vom Menschen heutzutage besonders bei Physikern zum Ausgangspunkt ihrer Untersuchungen geworden ist. Beginnend mit der Erkenntnis der Nuklearphysik, dass feste Materie überhaupt nicht existiert und dass alles einem Kommunikationssystem unterliegt, das mehr oder minder »chaotisch« ist, wird dem Geist Raum gegeben für individuelle Freiheit und Selbstverantwortlichkeit. Farben werden nicht mehr nur als Wellen erklärt, die auf die Netzhaut gelangen, sondern man weiß um ihre starke Wirkung, die jeden Menschen beeinflussen und auch verändern kann.

Die Lehre von der Farbe

>»Die Sinne trügen nicht, aber das Urteil trügt.«
>
> Goethe

Um das Wesen einer Farbe aufzunehmen, brauchen wir sie in all ihren verschiedenen Varianten nur in der Natur zu suchen. Theoretisches Wissen ist dazu nicht nötig. Wollen wir ihr Wesen mit dem Verstand begreifen, führt uns dies zu den beiden Polen:

- der Wahrnehmung und
- der Wirkung

einer Farbe. Für die Wirkung steht die subjektive, psychologische Komponente, für die Wahrnehmung die physiologische.

1. Physische Farben

Die physischen Farben haben die drei *Grundfarben*:
Rot (Purpur bei Goethe, heute Magenta), Cyan-Blau und Gelb.
Es sind die Farben, die das vom Objekt reflektierte Licht sind. Sie entsprechen in ihrer Grundstruktur dem Farbenkreis von Goethe.

Mischen wir die drei Grundfarben miteinander, so ergeben sie fast Schwarz (richtiger: ein schmutziges Graubraun). Man nennt sie deshalb auch *»subtraktiv«*, weil sie bei jedem Hinzugeben einer Farbe immer mehr Licht »abziehen«. Sie werden immer dunkler, d. h. subtrahiert. Schon mit ein paar Wasserfarben können Sie das Experiment selbst durchführen.

Mischen wir nur zwei der Grundfarben, so erhalten wir die Sekundärfarben:

Magenta	+	Gelb	=	Rot
Cyan	+	Magenta	=	Violett
Gelb	+	Cyan	=	Grün

In der Kunst sind Farben sinnlicher Ausdruck des Malers. Sein Instrumentarium sind die physischen Farben, die Farben der Wirkung. Wir nehmen das fertige Bild psychisch auf und reagieren mit unserem »Gemüt«, ganz gleich, ob wir darauf Figuren und Landschaften abgebildet sehen oder nur abstrakte Farbspiele. *Die praktische Erfahrung mit Farben zeigt, wie sehr das gemalte Objekt hinter die Farbwahl rückt!* Ein rotoranger Baum ist z. B. ein völlig anderer als der gleiche in Grün gemalt, indigofarbenes Wasser ist fürchterlich anzusehen im Vergleich zu türkisfarbenem, etc. *Jeweils ist es die Farbe, die in erster Linie – noch vor dem Objekt – auf den Betrachter wirkt.*

2. Die Lichtfarben

Man spricht von »*Lichtfarben*«, weil sie immer von einer Lichtquelle, wie z. B. von Diaprojektoren, produziert werden. Die *Grundfarben* der Lichtfarben sind andere als die der physischen Farben. Es sind: Rot, Blau und Grün (statt Gelb).

Übereinander projiziert ergeben sie *Weiß*. Deshalb nennt man sie auch »*additive Farben*«. Jede Addition einer Farbe – auf eine andere projiziert – erhöht ihren Lichtwert und hellt sie auf, d. h. »addiert« ihn. Interessant ist, dass Gelb bei den Lichtfarben nicht eine der Grundfarben ist, sondern erst durch die Übereinanderprojektion von Rot und Grün entsteht. Die Bildschirmfarben von Farbfernsehgeräten und

Computern werden nach dem gleichen Prinzip über die Farbreize von Rot, Grün und Blau sichtbar. Ebenso haben unsere Augen die Farbrezeptoren Rot, Grün und Blau und stellen damit jede andere Farbe her, die wir sehen.

Mischen wir zwei Grundfarben der Lichtfarben, so erhalten wir die Grundfarben der physischen Farben aus dem Vierfarbdruck:

Rot	+	Blau	=	Magenta
Blau	+	Grün	=	Cyan
Grün	+	Rot	=	Gelb

Die drei sogenannten *Zweitfarben* der Lichtfarben sind also die Primärfarben der physischen Farben.

Bei der theoretischen Auseinandersetzung mit Farben ist gerade die Kenntnis der Unterschiede zwischen den Farbgruppen entscheidend. Hier entstehen aus Unkenntnis die größten Verwirrungen, wenn wir allein an die Frage denken, was die Summe der drei Grundfarben ergibt. Die einen sagen Schwarz, die anderen Weiß. Beide haben Recht, aber sie sprechen von unterschiedlichen Farbgruppen.

- **Physische Farben** können wir stofflich miteinander mischen.
- **Lichtfarben** müssen wir übereinander projizieren.
- **Druckfarben** werden (beim Offsetdruck) mit den drei physischen Grundfarben plus Schwarz und Weiß auf Rasterpunkte übereinander gedruckt.

Die Lehre von der Farbe

Chakra- und Heilfarben	Spektral-Farben	Farben nach *nm*-Bereich	Licht-Farben, Grund- und Zweitfarben	Physische-Farben, Grund- und Sekundär-farben	Druck-Farben, Grund- und Sekundärfarben
Rot	Rot	Rot 780–630	G = Rot	G = Rot	S = Rot
Orange		Orange 630–600		S = Orange	
Gelb	Gelb	Gelb 600–570	Z = Gelb	G = Gelb	G = Gelb
Grün	Grün	Grün 570–490	G = Grün	S = Grün	S = Grün
Türkis *)		Türkis ca. 490	Z = Cyan		G = Cyan
Blau	Blau	Blau 490–470	G = Blau	G = Blau (Cyan)	
Indigo		Indigo 470–460			
Violett	Violett	Violett 460–400		S = Violett	S = Violett
Magenta*)	Magenta		Z = Magenta		G = Magenta

G: Grundfarben

Z: Zweitfarben

S: Sekundärfarben

*) Magenta und Türkis gelten nicht als Chakra-Farben, jedoch als Heilfarben.

Die Grund- und Sekundärfarben der PHYSISCHEN Farben beziehen sich auf J.W. Goeth und Johannes Itten.

Erläuterungen des Erscheinungsbildes der einzelnen Farben:

Rot   Mit Rot ist reines Mittelwert-Rot oder Pri-
           mär-Rot gemeint. Der nm-Bereich geht
           über in Infrarot mit 780-400 000 nm. Der
           sichtbare Rotbereich beginnt mit einem
           sehr tiefen Ton und geht in Orange über,
           weil es durch Mischung mit der nächsten
           Farbe der Spektralordnung, Gelb, entsteht.
           Blaurot als Spektralfarbe gibt es nicht, weil
           Blau einem anderen Wellenbereich ange-
           hört und sich physikalisch nicht an Rot
           anschließt.

Orange   Klares Orange, in der Mitte zwischen Gelb
           und Rot.

Gelb   Primär-Gelb.

Grün   Vom Gelbgrün zum reinen Mittelwert-
           Grün bis hin zu einer leicht bläulichen Nu-
           ancierung, die durch den Anschluss an
           Blau entsteht.

Cyan   Es ist ein Blautürkis und entsteht in der
           Nähe des nm-Bereichs von 490, ohne
           »sichtbaren« Gelbwert.

Blau   Primär-Blau.

Indigo   Blau wird mit nur 10 nm dem Indigo-Be-
           reich zugeordnet.

| Violett | Der sichtbare Bereich ist bei genau 396 nm begrenzt, danach ist es ultraviolettes Licht. |
| Magenta | Wenn man zum Violett Rot hinzugibt, wird es zu Magenta. Es ist die Farbe, die durch ihre Verbindung zwischen Rot und Violett das Farbenband zum Kreis schließt. |

Die Farbnamen Magenta und Cyan existieren seit 1936 durch die Farbforschungen der Firmen Agfa und Kodak. Mit dem Vierfarbendruck wurden sie von der Druckindustrie übernommen, und seit den fünfziger Jahren sind sie in DIN-Normen festgelegt.

Indigo ist die Farbe des (nichtstädtischen) Nachthimmels: ein tiefes Dunkelblau mit einer Ahnung von Violett. Physisch, z. B. in der Malerei oder zum Färben, ist die Farbe sehr schwer herzustellen. Versuchen Sie es einmal mit der Kombination: Orange, Blau, Grün und Purpur.

Die nm-Angaben der Farben basieren in den Quellen der Physik auf verschiedenen Berechnungsgrundlagen bzw. Prismenarten. In Abhängigkeit von der Messmethode ergeben sich abweichende nm-Zahlen. Deshalb habe ich immer einen »Bereich« der Wellenlängen angegeben, den ich selbst ermittelt habe. Nach Fraunhofer liegt Primär-Rot beispielsweise exakt bei 656,5 nm. Anderen Angaben zufolge liegt Rot zwischen 670 und 770 nm. Das Blau von Hans Cousto [6] beginnt mit 434,2 nm, was ich als Violett bezeichnen würde. Es liegt in meiner Tabelle deshalb auch in diesem Bereich.

II.

Farben – unsere alltäglichen Heiler

Die Farben kümmern sich nicht um dich.
Sie sind da, wenn die Sonne scheint,
sind da, wenn du aufwachst.
Sie sind alltäglich und wunderbar.
Aber es ist ihnen egal,
ob du aus ihrer Pracht das Grün dem Rot vorziehst
oder Hellblau dem Dunkelblau.

Es ist wundervoll, wenn du sie wahrnehmen kannst.

Karin Hunkel

Solange wir die Ursache aller Krankheiten ausschließlich im Körperlichen sehen, werden wir die feinstofflichen Schwingungen der Farben nicht als »Heiler« wahrnehmen können. Mit jeder Farbe, die wir unserem Körper »geben«, erfüllen wir unser Wesen mit Licht. Wir selbst sind »Licht-Wesen« und »Farb-Körper«.

Die Frage: »Was sind Farben?« führt uns zu dem Rätsel: »Was ist Licht?«

Eine eindeutige, klare Antwort gibt es weder auf die eine noch auf die andere Frage. Die Antworten sind jeweils abhängig vom Ausgangspunkt, von dem aus wir an das Thema herangehen.

Farben sind »die Kinder des Lichtes« – das ist im Grunde die zutreffendste Erklärung für ihre Existenz.

Sie sind das – durch ein Objekt offenbarte – Erscheinungsbild des Lichtes. Das Licht der Sonne lässt uns die

Erde in ihrer bunten Herrlichkeit erleben. Viel zu selten nehmen wir das große Geschenk der Farbenpracht, das uns die Natur bietet, bewusst wahr. Aber nicht nur die Natur komponiert ihr farbiges Lied. Wir selbst gestalten unsere Welt in den Farben, die wir lieben. Wir lassen uns von ihnen erwärmen und entspannen, stimulieren und unterstützen. Farben sind alltägliche Wunder, die uns das Licht beschert. Sie sind für alle Geschöpfe so lebensnotwendig wie Sonne, Sauerstoff und Nahrung.

Das Besondere der Farbwirkung liegt zum einen in ihrer Alltäglichkeit, die uns ständig umgibt, und zum anderen in ihrer Vielschichtigkeit.

Mein ganzheitliches Farben-Konzept berührt die Bereiche:

- Körper und Wohnung
- Seele und Geist
- Ausstrahlung und
- Erscheinung

Das ganzheitliche Farben-Konzept

Betrachteter Bereich	Themen	Stoffliche Ebenen	Einfluss-nahme des Konzeptes	Anwendung des Farb-konzeptes	Ziele
Körper und Wohnung	Wellness	stofflich und feinstoff-lich	Organe und Raum-gestaltung	Farb-Heilung	Steigerung des Wohlbe-findens
Seele und Geist	innere Harmonie	feinstoff-lich	energetisch über Chakras	Farb-Integration	seelisch-geistige Entwick-lung
Ausstrah-lung	Persön-lichkeit	nicht-stofflich	psychisch über Prozessarbeit	Image-Optimierung	selbstbe-wusste Individua-lität
Erscheinung	Aussehen	stofflich	optisch	Farb- und Styling-Beratung	Optimie-rung der Erscheinung

Farbe bekennen!

Wir gehen immer eine Identität mit den Farben unserer Garderobe ein. Die Farbe, die wir bei einem Kleidungsstück ablehnen, ist die, mit der wir nicht »versöhnt« sind, und damit genau der Farbton, der uns »fehlt«. Die meisten Menschen treffen große Unterscheidungen zwischen ihren Kleidungsfarben und denen, die sie mögen – aber niemals tragen würden. Dabei sind gerade diese Farben dazu geeignet, unser Bewusstsein für das im Schatten (d. h. im Unbewussten) Verborgene zu öffnen. Solange wir bestimmte Farben bei unserer Bekleidung strikt ablehnen, liegt der Verdacht nahe, dass bestimmte Gefühle, die mit diesen Farben im Zusammenhang stehen, nicht »hochkommen« dürfen, von uns verdrängt wurden und unerledigt sind. Ist dieser Schatten »erhellt«, werden wir heil.

Ein altes Sprichwort, das auf die Kabbala zurückgeht, sagt:

> »Haben wir unsere sieben Sachen beisammen, so brauchen wir nichts mehr.«[7]

In ihm steckt die ganze Weisheit über bewussten Umgang mit Farben. Wenn wir uns mit allen Farben des Regenbogens:

Rot – Orange – Gelb – Grün – (Türkis) – Blau – Violett

versöhnt haben, fehlt uns nichts mehr. Mit anderen Worten, erst wenn wir alle Farben am Körper tragen können, sind unsere Blockaden, die mit ihnen auf gleicher Ebene schwingen, gelöst. Farben sind sehr sanft dosierbar und kommunizieren sehr fein mit den Menschen, die sie nutzen. Sie sind jedoch äußerst wirkungsvoll.

In diesem Zusammenhang möchte ich zwei amerikanische Farbtherapeuten vorstellen, deren Untersuchungen mit den Erfahrungen, die ich mit Teilnehmern meiner Seminare machen konnte, übereinstimmen: Die Arbeiten des Psychologen Richard Frenkel ergaben, dass stresserfüllte und traumatische Erlebnisse offenbar zusammen mit bestimmten Farbinformationen im Gehirn des Menschen gespeichert werden. Auch ich konnte feststellen, dass schmerzliche Erfahrungen, beispielsweise im sexuellen Bereich, unbewusst mit den Farben Braun, Rot und Orange in Zusammenhang gebracht werden. Immer, wenn in der Kindheit ein sprachlicher Ausdruck unterdrückt wurde, ist dieser zusammen mit der Farbe Blau verdrängt worden.

Bei den einzelnen Farberläuterungen führe ich diese Erfahrungen differenzierter aus.

Jacob Liberman (Farbforscher und Augenarzt) bestrahlte Menschen nicht mit der Farbe, die ihnen angenehm war, sondern mit der Komplementärfarbe[*] oder mit derjenigen, gegen welche die Patienten einen Widerwillen hegten. »Manche wurden traurig, weil alte schmerzliche Ereignisse in Form klarer Träume oder intensiv erlebter Rückblenden an die Oberfläche kamen.«[*8]

Beide Farbtherapeuten sind überaus erfolgreich und für uns deshalb von besonderem Interesse, weil sie mit den verdrängten Anteilen arbeiten, die mit einer Farbaversion einhergehen.

---

[*] Komplementärfarben sind sog. Nachbilder, die wir sehen, wenn wir eine Farbe lange angeschaut haben (z. B. Rot) und dann die Augen schließen. Daraufhin haben wir an dieser Stelle mit geschlossenen Augen das komplementäre Nachbild »Grün« (in diesem Fall). Wie bereits in Kapitel I angeführt.

Die Komplementärfarbe hat sich auch für mich als ein wichtiger Schlüssel zur Tür der verschütteten Energien (Blockaden) herausgestellt. Im praktischen Umgang mit Farben wird klar, dass es niemals einfach nur die Farbe ist, die abgelehnt wird. Wir können es uns ungefähr so vorstellen, als ob wir ein unbewältigtes Problem der Kindheit in ein Kästchen mit einer bestimmten Farbe stecken. Dieses Kästchen räumen wir in die hinterste Ecke, damit wir es nicht mehr sehen können. Von diesem Moment an wird die Farbe, die dieses Kästchen hat, abgelehnt. So entstehen Farbaversionen. Tritt diese Farbe wieder in Erscheinung (z. B. durch eine Farbberatung), so liegt auch das Problem wieder offen da.

Die Farben, die als Lieblingsfarben auserkoren wurden, will man sich auf keinen Fall nehmen lassen. Die Angst, dass es jemanden geben könnte, der einem die liebsten Farben nimmt, führt häufig zur Ablehnung von Farbberatungen. Dazu möchte ich Ihnen sagen, dass mein Leitsatz für die Farbberatung ist:

Jeder Mensch braucht alle Farben!

Ob jemand Frühling-, Sommer-, Herbst-, Winter- oder einer der Mischtypen ist, die Farben, für die wir uns entscheiden, treffen immer eine Aussage über unser Wesen. Dieses Wesen kann aber durch eine Farbberatung nicht völlig negiert werden. Für eine »ganzheitliche« oder »psychologische« Farbberaterin ist besonders der Punkt der Aversion von großem Interesse, weil die Gründe dafür in individuellen Erfahrungen und psychischen Strukturen zu finden sind.

Um es nochmals zusammenzufassen: Mit den Lieblingsfarben repräsentieren wir den Teil unserer Persönlichkeit, den wir mögen – mit der Ablehnung von Farben den Teil, der in unserer Entwicklung problematisch verlief. Aber es gehören beide Teile zu uns. Der eine ist locker, akzeptiert und selbstbewusst. Der andere hingegen ist versteckt, unbewältigt und manchmal sogar völlig unbekannt. Die Technik »Den Teil will ich auch gar nicht kennen« hilft jedoch nicht dagegen, dass er doch ständig wirksam ist. Es ist sogar so, dass es mehr Energie kostet, den unbewussten Anteil im Verborgenen zu halten, als ihn aufzudecken (zu erfahren). Natürlich gibt es auch gute Gründe, eine Farbe abzulehnen, wenn sie einem schlichtweg nicht steht. Dann birgt diese Ablehnung natürlich auch keine psychologischen Hintergründe.

Nachfolgend beschreibe ich Erfahrungen, die ich in der praktischen Arbeit mit Seminarteilnehmern machen konnte. Es sind Workshops, in denen ich durch die Selbsterfahrung der Teilnehmer die Wirkung der Farben für jeden Einzelnen von ihnen aufdecke. Die Mitglieder der Gruppe wählen zu Beginn eine Farbe aus der Palette: Braun[*], Rot,

---

[*] Ich beziehe immer auch Braun in meine Arbeit mit ein, wenngleich diese Farbe nicht mit den Chakras verbunden wird und auch nicht zu den Regenbogen- oder Spektralfarben gehört. Dennoch ist sie meiner Erfahrung nach starker Träger von Informationen über Blockaden, Charakter und Psyche eines Menschen. Fällt die Wahl auf Grün, lasse ich als Komplementär zwischen Braun und Rot entscheiden.

Orange, Gelb, Grün, Türkis, Blau, Indigo und Violett aus, um damit in verschiedenen Nuancierungen ein Bild zu malen. Auch die Verwendung verschiedener Materialien, wie Wasserfarbe, Wachskreide, Ölfarbe, Filzstifte, Kreide und Fingerfarbe, steht jedem offen.

Die Momentaufnahme der Farben, die gefallen, ist ein Spiegel der Psyche. Sie dienen dazu, Aussagen über Aspekte der Biographie bewusst werden zu lassen. Danach malen die Teilnehmer ein Bild in der Komplementärfarbe.

Beim Malen kann man zwei farbtherapeutische Wirkungen gleichzeitig beobachten. Zum einen bringt jeder Mensch durch die künstlerische Arbeit seine Kreativität in das Bild ein.

Zum anderen wird die Farbe während des Malens intensiv über die Augen aufgenommen, organisch »verwertet« und psychisch verarbeitet. Somit befindet sich der Malende gleichzeitig in einem Prozess des Hineingebens und Aufnehmens. Die Teilnehmer des Seminars sind Menschen, die sich auf Farben einlassen wollen oder sich schon lange mit Farben beschäftigen. Dennoch ist die erste Reaktion darauf, im Komplementär der vorher ausgewählten Farbe malen »zu müssen«, meist schockartig.

Die Themen, die bei der Beschäftigung mit einer bestimmten Farbe »aufbrechen«, stehen immer in direkter Verbindung zu Aussagen über das Wesen des entsprechenden Chakras, dem diese Farbe zugeordnet wird, oder dessen Blockaden. Die Geschichte unserer persönlichen Entwicklung ist identisch mit der Entwicklung unserer Chakras; diese korrespondieren mit dem charakterlichen Ausdruck einer Farbe. In den nachfolgenden Farberläuterungen stelle ich am Schluss immer ein paar Fragen an die jeweils »eigene Farbe«. Dadurch wird die Reflexion darüber erleichtert, ob das Prinzip einer Farbe auf der psychischen Ebene »erledigt« ist.

Die Kraft der Farben

Durch bewusste Farbwahl entdecken wir die den Farben innewohnende Kraft und können sie für uns und andere Menschen nutzen.

Bewusste Farbwahl finden wir vor allem in der Werbung und in der Industrie, speziell im Verpackungsdesign. Leider ist dieser Bereich bislang noch derjenige, der die Wirkung der Farben am stärksten nutzt.

Unsere Psyche geht in ähnlicher Weise mit den »aufgenommenen« Farben um wie unsere Augen. Wir bilden nach einer gewissen Zeit das Komplementär in uns und reagieren auch darauf. Wenn Sie beispielsweise länger als 20 Minuten unter der beruhigenden Wirkung von Grün stehen und es ist die einzige Farbe, die Sie sehen (z. B. unter einem Farblichtgerät oder einer Lampe in einem geschlossenen Raum), werden Sie nach dieser Zeit aggressiv. Die Psyche reagiert auf die Überladung durch Grün mit Abwehr, wandelt die Farbinformation in ihre Gegenfarbe um und reagiert dann auf die Komplementärfarbe, in diesem Fall auf Rot statt auf Grün. Bei der Kleidung oder beim Malen kann das nicht passieren, weil unsere Augen zwischendurch immer wieder die Abwechslung anderer Farben suchen. Ein Übermaß an Farbwirkung ist nur dann möglich, wenn wir uns bestrahlen lassen oder unsere Augen sich dem Farbeinfluss nicht entziehen können. Deshalb muss diese Art Behandlung mit größter Behutsamkeit durchgeführt werden.

Meine Vorschläge zur Anwendung von Farben sind denkbar einfach nachvollziehbar. *Ich bitte Sie allerdings dringend, die angegebenen Behandlungszeiten nicht zu überschreiten.*

Bei der Arbeit mit Farben ist es wichtig, dass wir von einem übereinstimmenden Farbverständnis ausgehen. Die

Farben, von denen ich spreche, sind – wenn sie nicht anders benannt sind – *Spektralfarben*. Wir kennen Spektralfarben auch als Regenbogen- oder Prisma-Farben. Von Physikern können wir lernen, dass Farben keine Materie sind, sondern nur durch die Schwingung in ihrer Wellenlänge definiert und gemessen werden können. Die Maßeinheit für diese Wellen sind Nanometer (nm). Ein Nanometer ist ein milliardstel Meter. Der Übergang einer Farbe zur nächsten ist fließend. Rot, mit den längsten Wellen, beginnt mit ca. 780 nm und ist bis zu dem Bereich von ca. 630 nm noch als Rot definierbar, danach wird es zu Orange. An Orange schließt sich Gelb an, gefolgt von Grün, dann Blau bis hin zu Violett. Das sichtbare Violett endet mit 396 nm. Danach geht es in den unsichtbaren Ultraviolett-Bereich über. Rot wird – wenn es die Wellenlänge von 780 nm überschreitet – zu Infrarot.

Es wird immer wieder versucht, jeder Spektralfarbe nur einen einzigen, einen idealen nm-Wert zuzuordnen. Die Zahlen weichen aber aufgrund unterschiedlicher Untersuchungsvoraussetzungen von Wissenschaftler zu Wissenschaftler ab. Was bei dem einen ein ideales Rot mit 656,5 nm ist, ist für den anderen schon Orange (656 nm bei dem Naturwissenschaftler Hans Cousto). Ich halte es für unsere Zwecke für sinnvoller, Bereichsangaben zu machen. Bei digital einstellbaren Farblichtgeräten lassen sich die Bereiche auch sehr gut optisch nachvollziehen.

Erfahrungen mit Farbwirkungen, die sich außerhalb des Spektralbereichs befinden, habe ich mit Braun, Weinrot, Gold, Silber, Magenta, Rosa und Weiß gemacht.

Wie finde ich heraus, welche Farbe »gebraucht« wird?

Über ein intensives Beratungsgespräch erfahren wir von den Klienten, wo eventuelle Blockaden sitzen. Sie werden hauptsächlich über die Antipathie gegen eine Farbe sowie über körperliche Leiden offenbart. Das Wissen um die Chakras macht eine Querverbindung zwischen dem kranken Organ und dem in dieser Region befindlichen Chakra möglich. Jedem Chakra ordnen wir eine Farbe zu, deren Heilenergie wir für das betreffende körperliche Leiden nutzen können (siehe Kapitel III). So einfach ist das.

Ein Prisma zur Diagnose

Eine andere, sehr einfache und überzeugende Möglichkeit, herauszufinden, welche Farbe gebraucht wird, ist, in ein Prisma zu schauen. Ein Prisma ist ein Dreieckskörper aus Kristallglas, der 1666 von Isaac Newton erstmals zur wissenschaftlichen Ergründung der Frage, was Farben seien, benutzt wurde. Fällt ein Lichtstrahl auf ein Prisma, so wirft es – in der Anordnung des Regenbogens (Rot, Orange, Gelb, Grün, Türkis, Blau, schmales Indigo und Violett) – Farben an eine gegenüberliegende Wand.

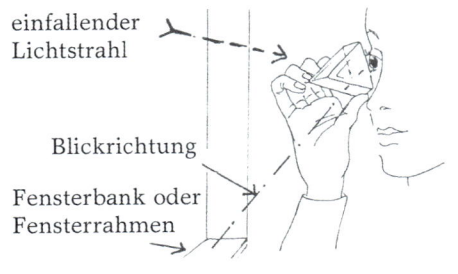

einfallender Lichtstrahl

Blickrichtung

Fensterbank oder Fensterrahmen

Zur Anwendung des Prismas halten Sie es, wie in der Abbildung dargestellt, und schauen mit ihm durch ein Fenster oder eine Tür hinaus, wenn es draußen heller ist als in dem Raum, in dem Sie sich befinden. Das ganze Experiment funktioniert nur bei natürlichem Tageslicht, am besten wenn die Sonne hell scheint. Fixieren Sie eine Linie, die das Sonnenlicht bricht, beispielsweise die Fensterbank. Auf jeden Fall muss diese Fläche weiß oder silberfarben sein, damit sich die Farben darauf unverfälscht zeigen.

Mit diesem Experiment können wir eine Diagnose über den eigenen momentanen psychischen und physischen Zustand stellen. Wir können von jeder Farbe, die wir gar nicht oder besonders breit im Prisma sehen, auf eine – dem Chakra-Bereich entsprechende – Blockade schließen, die sich mit diesem Instrument offenbart.

1.

Darstellung 1. zeigt, was Sie durch ein Prisma sehen, wenn Sie gerade Unterleibsprobleme haben. Orange ist die Entsprechung für den Unterleib.

2.

In Abbildung 2. sehen Sie, dass gerade Ihr Immunsystem angegriffen ist. Dann wird die entsprechende Farbe Türkis besonders breit gesehen. Das Prisma enthüllt zwei Hintergründe:

1. Es zeigt *besonders breit* genau die Farbe, die wir auf der körperlichen Ebene »brauchen«. Wir können diese Farbe anwenden, wie es in diesem Kapitel, weiter hinten, beschrieben wird.

2. *Gar nicht sehen wir* die Farben des Spektralbandes, die auf psychische Blockaden – entsprechend dem Chakra – hinweisen. Sie fehlen dem Prisma schlichtweg. Näheres erfahren Sie im Kapitel über die Chakras.

Dieses Experiment ist real, aber naturwissenschaftlich nicht erklärbar. Nehmen wir uns aber das Sprichwort »Unsere Augen sind das Tor zu unserer Seele« zu Hilfe, so zeigt uns das Prisma den besten Beweis für diesen Satz. Es offenbart uns sichtbar den Anteil unserer blockierten Seelenkräfte.

Mir ist ein interessanter Text über das Prisma »zugefallen«, der »gechannelt« wurde. Er stammt von Wally und Jenny Richardson, aus dem Buch »Die geistigen Heilkräfte der Edelsteine« von Leonora Huett.

»Von Menschen geschliffen . . .

Obgleich das Prisma kein Edelstein ist, besteht es aus Kieselerde und in vielen Fällen aus Quarzkristall. Aufgrund seiner Eigenschaft, Lichtstrahlen zu brechen, die den Prismaeffekt hervorruft, sendet es Energieschwingungen über unser ganzes Seh-Spektrum aus und vermag einzelne Steine zu beeinflussen. (. . .)

Es gleicht in vielem dem Kristall, und doch ist es anderer Natur. (. . .) Der Mensch sollte sich sein eigenes Wesen als Prisma vorstellen. Er würde gut daran tun, sich alle Veränderungen vor Augen zu führen, die er bewirken und die er seiner Umwelt bringen könnte, wissend, dass er ihr Licht zu verstärken und in viele herrliche Strahlen, Farben und Bilder umzuwandeln vermag, damit jeder Mensch die Entfaltung seiner eigenen inneren Schönheit erlebt. (. . .)

Die Hauptaufgabe des Prismas liegt darin, dem Menschen zu zeigen, dass alles eins und offenbar wird, wenn es sich ausgleichend miteinander verbindet. Es bewirkt die Vereinigung aller Dinge, die Einheit dessen, was ist. (. . .) Das Prisma erhöht den Wert jeden Steines, und es öffnet den Mental- und Ätherkörper für sein Wirken. (. . .)
Es wäre gut, das Prisma an einem sonnenbeschienenen Platz im Zimmer stehen zu haben, damit es sein Licht im Zimmer verströmt, selbst wenn man sich seines Vorhandenseins nicht immer bewusst ist. (. . .)

Das Prisma wurde in großem Umfang benutzt: Es diente dazu, die Strahlen der Sonne und die atmosphärischen Bedingungen des Universums nutzbar zu machen. Die Energie strömte auf die Erde ein, sie wurde aufgespalten und auf eine bestimmte Art neu angeordnet, um zu Energiezwecken genutzt zu werden. (. . .) Das Prisma stellte eine Lichtkraft dar, die Wesen aus dem Weltraum herbeilockte. (. . .)

Der Mensch forscht noch nicht in dieser Richtung. Doch wenn die Zeit reif ist, wird man wieder auf das Prisma stoßen. Nach dem Jahr 2000 wird man sich wieder seiner bedienen. (. . .) Ursprünglich war es ungefähr viereinhalb Meter lang, es wies gleichschenklige Dreiecke auf, deren Seiten neunzig Zentimeter maßen.«

Haben wir herausgefunden, welche Farbe uns auf der organischen Ebene fehlt, so müssen wir immer auch die Komplementärfarbe mit einbeziehen, die eine versteckte Krankheitsursache sein kann. Sie könnte die seelische Ursache für die organische Krankheit sein.

Die Heilkräfte der Farben

Wichtiger Hinweis: Der von mir verwendete Heilungsbegriff bezieht sich vornehmlich auf den präventiven Einsatz von Farben. Bei akuten oder chronischen Beschwerden suchen Sie bitte immer ärztlichen oder heilpraktischen Rat. Meine Empfehlungen ersetzen nicht die Diagnose und Behandlung durch Mediziner.

Rot – Die Kraft des Lebens

Foto: Ralf Mohr

Rot ist die Verkörperung von Leidenschaft, Feuer und Kraft. Ihr Wärmegrad liegt eher im heißen Bereich. Rot ist als die aktivste Farbe der Farbpalette Ausdruck von »Power«. Rot wird als »ganz weit vorn« empfunden, ist wie der Motor allen Neubeginns.

Wegen des aktiven Charakters wird Rot von den meisten Menschen als männlich angesehen, obgleich es in der Kleidung hauptsächlich von Frauen getragen wird. Interessanterweise ist in Japan Rot die Frauenfarbe schlechthin. Auch die Hopi[*] verbinden die Farbe mit einer Frau. Ihre Legende spricht von einer »roten Frau«, die kommen und der ganzen Welt die »geheimen Lehren« verkünden wird.

---

[*] Die Hopi sind eines der ältesten nordamerikanischen Völker und eines der friedvollsten unseres Planeten.

Von da an werden sich die Lager spalten in die Menschen, welche in der Wahrheit leben, und die anderen, die untergehen. So lautet die Legende.

Die negativen Seiten der Farbe Rot sind Assoziationen mit Gewalt, Zerstörung, Macht und Autorität. Sie erinnert an Verletzungen, Blutopfer, Mord und Kampf.

Die organische Ebene

Auf der organischen Ebene ist Rot die Farbe des Blutes und nimmt Einfluss auf die Blutzirkulation sowie auf die Bildung des Blutplasmas. Rot unterstützt die Entstehung roter Blutkörperchen, erhöht die Pulsfrequenz und den Blutdruck. Es verstärkt die monatliche Periode und intensiviert die Rötung bei mangelhaft durchbluteter Haut. Bei Erkältungen steigert es das Fieber und beschleunigt auf diese Weise den Heilungsprozess.

Rot sollte von lethargischen Personen getragen werden und von jedem, der vorübergehend an fehlender Vitalität leidet, weil diese Farbe den für die Aktivität zuständigen Sympathikusnerv anregt. Rot ist die Farbe mit der größten Stimulation, insbesondere für die Genitalorgane. Es regt die Produktion der Sexualhormone an und sorgt außerdem noch dafür, dass man länger wach bleibt (was sich das sogenannte »Rotlicht-Milieu« zunutze macht). Da Rot auch eine Triebfarbe ist, sollte sie nur von Menschen genutzt werden, die mit ihren Trieben umgehen können.

Rot regt das Nervensystem an. Deshalb werden nervöse Menschen unter dem Einfluss der Farbe nervöser – auch wenn sie von einer anderen Person getragen wird. Bei einem zu erwartenden Streitgespräch sollte auf Rot verzichtet werden, sonst könnte der Gesprächspartner, wie wir selbst auch, schneller »rotsehen«. Das Gleiche gilt, wenn wir mit aggressiven Menschen zusammentreffen, die cholerisch reagieren. Menschen, die sehr dominant sind, verstärken durch das Tragen roter Garderobe zusätzlich diesen Eindruck. Umgekehrt können Selbstbehauptungsprobleme mit roter Kleidung kaschiert werden.

Rot darf nicht bei akuten Entzündungen angewendet werden, weil es sie verstärkt. Speziell bei Blasenproblemen ist Rot als Langzeittherapeutikum zu empfehlen, jedoch sollte bei akuten Entzündungen mit Blau gearbeitet werden. Bei Akne, Geschwüren, Bluthochdruck und Couperose* werden die Beschwerden durch das Tragen der Farbe am Oberkörper verstärkt.

Das Komplementär Grün

Um Zugang zu den Krankheitsursachen, die wir mit Rot behandeln, zu finden, ist es hilfreich, auf die Komplementärfarbe zu schauen. Jede Farbe bildet mit ihrem Komplementär die Einheit zur Totalität – zur Ganzheit. Wird eine der beiden Farben zu stark oder ausschließlich gelebt und das Prinzip der anderen vernachlässigt, so entsteht ein Ungleichgewicht, das sich als Krankheit in dem jeweiligen farblichen Organbereich ausdrücken kann. Dann fehlt es bei niedrigem Blutdruck und Durchblutungsstörungen (Rot) an innerer Wärme, was eine Herzensqualität ist. Das Herz wiederum ist die organische Entsprechung der Farbe Grün. Der starke Harndrang bei Blasenentzündungen bedeutet auf der psychischen Ebene nicht geweinte Tränen

---

* Als Couperose wird bezeichnet, wenn Äderchen dicht unter die Hautoberfläche dringen. Meist treten diese im Gesicht auf und schaffen ein sehr rosiges Aussehen.

(Herzeleid, Liebeskummer = Grün). Nicht zuletzt verlangt die sexuelle Stimulanz des Rot nach der Liebe des Herzens.

Die Auseinandersetzung mit Rot

Die Farbe ist – ähnlich den Traumsymbolen – nur das Symbol für einen Aspekt unserer Psyche und unseres Lebensmusters. Bei dem Vorschlag, sich mit Rot zu beschäftigen, erscheinen oftmals diffuse Ängste. Das kommt in den

Bildern, die in meinen Seminaren entstehen, zum Ausdruck. Sie sind entweder chaotisch und wirken destruktiv, oder das Blatt bleibt, bei dem Versuch, mit der Farbe zu malen, weitgehend weiß. Die roten Themen haben also eine sehr verschwindende Erscheinungsebene im Leben dieses Menschen.

Die Konfrontation mit Rot vermittelt eine Ahnung, wie stark der Vulkan brodelt, auf dem man jahrelang »so erfolgreich« gesessen hat. Es ist ein großes Maß an verdrängter Wut, die nie gelebt werden durfte. »Das brave Mädchen trägt kein Rot.« Nein, dann wäre es nämlich nicht mehr lange brav. Besonders Frauen haben verstärkt Angst vor den Konsequenzen ihrer Power und Aggressivität. Man(n) könnte sie nicht mehr mögen. Rot in der Kleidung bleibt sehr oft der »Femme fatale« vorbehalten und hat dort auch die Signalwirkung von Verführung und Leidenschaft. Rot lackierte Fingernägel und feuerrote Lippen zählen zu den »Waffen einer Frau«.

Natürlich finden wir auch bei Männern die Kombination: Vermeidung roter Kleidung und Angst vor Aggression und Impulsivität. Meist wird die Farbe jedoch von Männern lediglich aus konventionellen Gründen des beruflichen Erscheinungsbildes abgelehnt. In der Freizeit haben Männer selten Schwierigkeiten, diese Farbe zu tragen. Wenn doch, sind sie eher sachlich oder schüchtern und konfliktscheu. Denselben Männern fehlt es oftmals an erfüllter Erotik. Sie leiden unter sexuellem Leistungsstress. Sie haben entweder Angst vor Impotenz oder Angst, ihre Triebhaftigkeit nicht kontrollieren zu können.

Blockaden, die in der Assoziation mit Rot deutlich werden, sind für beide Geschlechter zusammen mit in der Kindheit erlebten körperlichen und psychischen Verletzungen im Genitalbereich gespeichert. Als Erwachsener wird dann das Tragen dieser Farbe für ordinär und geschmacklos gehalten. Rot an sich ist jedoch keineswegs ordinär, sondern eine sehr kraftvolle Farbe (übrigens die erste, die wir alle als Baby sehen), die uns nicht nur auf der körperlichen Ebene anregt und vitalisiert, sondern die auch psychisch Kraft gibt. Beginnen wir, unsere Kleidung rot zu gestalten, so können wir unser Kräftepotenzial um ein hohes Maß steigern.

Fragen an das eigene Rot

- Kenne ich mein Aggressionspotenzial?
- Stehe ich mit beiden Beinen fest auf dem Boden?
- Lebe ich im Hier und Jetzt?
- Habe ich Mut und Energie für das Neue?
- Kann ich anderen Kraft geben?
- Gehe ich meinen Weg unbeirrt?

Spezielle Farbanwendungen

Rote Strümpfe und Schuhe helfen speziell gegen kalte Füße und heben obendrein den Blutdruck. Auch Handtücher und Badezimmerteppiche in Rot helfen, morgens schneller munter zu werden. Rote Decken wärmen stärker als blaue, vermitteln aber auch keine Ruhe. Ein Bad in rot gefärbtem Wasser (in Naturkostläden ist ein dafür geeigneter Badezusatz erhältlich) weckt sofort die müden Lebensgeister. Vorsicht: Dabei dringend auf den Pulsschlag achten, nur bei gleichbleibend niedrigem Blutdruck und höchstens 10 Minuten anwenden.

Wenn Sie eine Lampe mit einer roten Birne gemeinsam mit einer Zeitschaltuhr und Ihrem Wecker verbinden, sorgt der allmorgendliche »Farbwecker« dafür, dass Sie nach ca. dreiwöchiger Anwendung keine Aufstehschwierigkeiten mehr haben. Auch dies soll nur bei gleichbleibend niedrigem Blutdruck angewendet werden.

Rote Bekleidung verleiht uns einen kräftigeren und selbstsichereren Auftritt. Darüber hinaus mobilisiert es unser sexuelles Potenzial und manchmal auch das unserer Partner.

Musik	Rhythmusbetonte Musik, indianische und afrikanische Trommeln, »Habanera« aus »Carmen« von Bizet, »Carmina Burana« von Carl Orff
Speisen	Erdbeeren, Granatäpfel, Himbeeren, Kirschen, rote Äpfel, Johannisbeeren, Wassermelonen, Hagebutten, Preiselbeeren, roter Paprika, Rote Bete, Tomaten, Rotkraut, Radieschen, Chili, Cayennepfeffer

Orange – Der Lebensfluss

Assoziationen mit Orange sind Gedanken an Wärme, südländische Abendsonne und Orangen. Gegen Depressionen und fehlenden Lebensmut aktiviert Orange – zusammen mit Gelb – Freude und Kraft. Als »Stand-Up« ist die Farbe morgens sehr geeignet. Deshalb wird ein Orangensaft – unbewusst – meist nur zum Frühstück getrunken. Abends wird er gemieden. Da Orange auch eine starke Leistungsfarbe ist, sollte sie von Menschen gemieden werden, die sich im Stress befinden. Außer jemand möchte sich mit dem, was als Stress bezeichnet wird, auseinandersetzen. Dann ist die Farbe Wegbegleiter, mit dessen Hilfe man sich aus der Enge herausbewegen kann.

Die organische Ebene

Orange bezeichne ich als die Frauenfarbe überhaupt, weil ein direkter Zusammenhang zwischen den weiblichen Drüsen und Gebärorganen und dieser Farbe besteht. Wird Orange von Frauen abgelehnt, erfahre ich meist von Schwierigkeiten im Unterleib, wie Gebärmutter-, Eileiter- und Eierstockerkrankungen. Es wird verständlich, wenn wir daran denken, dass Orange der Zugang zum 2. Chakra ist, das seinen Sitz im Gebärbereich hat. Umgekehrt lassen sich diese Probleme wiederum genau mit dieser Farbe heilen. Sie durchströmt den gesamten Gebärbereich mit Energie. Malt eine Frau bei Periodenkrämpfen ein Bild in Orange, so entspannt sie dies so stark, dass die Schmerzen vergehen, ohne dass sie ein Mittel einnehmen muss.

Das Komplementär Blau

Die Ursache für Krämpfe im Unterleib liegt sehr oft in dem nicht ausgesprochenen Wort »nein«. Alles sagen zu können und es sich zu erlauben, ist Ausdruck eines energiestarken Hals-Chakras, das wiederum mit Blau schwingt.

Was hat nun der Hals mit dem Unterleib zu tun? Das Gleiche wie Orange mit Blau. Der Körper hat sich ein Organ ausgewählt, mit dessen Hilfe uns am deutlichsten gesagt werden kann: »Schau hin.« Wenn sich ein Mensch im Kindesalter immer »klein machen«, sich selbst verstecken und verleugnen musste, hat es als Kind nur die Möglichkeit, diesen Schmerz durch Schreien auszuagieren. Ist das nicht möglich, so überträgt sich das Drama des »Zusammenziehens« im Erwachsenenalter auf ein Organ, das sich für diesen Menschen ersatzweise zusammenzieht. Wurde die kindliche Situation als lebensbedrohend empfunden, verlagert sich das Krampfen später genau in das Zentrum für Lebensfluss, den Unterleib bzw. das 2. Chakra. Für Frauen bedeutet das »in der Regel« die Gebärmutter.

Die Auseinandersetzung mit Orange

Auch ich wollte vor Jahren alle Farben meiner Palette tragen, außer – mit strikter Ablehnung – Orange. Zu dieser Zeit hatte ich erhebliche Unterleibsprobleme. Mein Gynäkologe meinte, dass dafür mein »berufsbedingter Stress« verantwortlich sei. Heute weiß ich es besser. Das »zufällige« Malen eines Bildes in verschiedenen Orangetönen ließ meine Schmerzen sofort verschwinden. Der zaghafte Versuch, die Farbe nun auch als Kleidung an meinen Körper zu lassen, stürzte mich jedoch in ungeahnte Aufruhr. Tiefe ungeheilte Wunden verlangten jetzt nach Klärung, Läuterung und Erlösung.

Foto: Ralf Mohr

Ich trug mit Absicht hauptsächlich Orange, was die Konfrontation mit dem Problem intensivierte. Außerdem gab ich mir damit die Schwingung und Energie für das 2. Chakra. Dieser Bereich war für mich einfach nicht mehr fühlbar. So unwahrscheinlich es klingen mag – es ist manchmal leichter, sich über Schmerzen und Arbeit zu definieren, als in Frieden und im Einklang mit allen Menschen und sich selbst zu leben. Jetzt liebe ich Orange, nutze diese Kraft und gefalle mir darin. Wann immer ich trotzdem beim morgendlichen »Check-up« am Kleiderschrank Abwehr gegen die Farbe empfinde, weiß ich, dass es an der Zeit ist, mir Ruhe zu geben und mal wieder an das Genießen zu denken.

Bei Männern hat die Antipathie gegen Orange andere Gründe, die jedoch für einen Teil der Frauen ebenfalls zutreffen. Oft ist es die Schwierigkeit, Kreativität zu entfalten. Angst, die Idee von etwas »Neuem« anzuerkennen, verhindert die Fähigkeit, der Idee Gestalt zu geben. Ebenso wie in der Schwangerschaft ein neuer Mensch in einer Frau entsteht, haben wir alle die Möglichkeit, einer neuen Idee Leben zu geben. Dieses Prinzip hat für Frauen, die keine eigenen Kinder haben wollen oder können, die gleiche Relevanz wie für Männer. Das ist es, was dem Thema Orange innewohnt: etwas, was in mir wächst, Leben zu geben. Ob es eigene Ideen sind, die Beziehung zu anderen Menschen oder ein Kind. Alles braucht seine eigene Zeit.

Es geht darum, dem Fluss des Lebens diesen Raum und die Zeit zu geben.

In dem Maß, in dem von Stress gesprochen wird, könnten wir auch von »permanenten Eingriffen in unseren Lebensfluss« sprechen. Wann immer wir dirigierend eingreifen, verzögern wir die Chance, uns dem Fluss unseres Daseins hinzugeben. Der Begriff »Stress« gaukelt Druck von außen vor, der real nicht existiert. Stress ist immer das Resultat eigener Überaktionen. Die Farbe Orange ist dann nicht auszuhalten, weil sie zu noch mehr Leistung anspornt. Einem Menschen, der sich im (relativen) Gleichgewicht befindet, kann dieses Stimulans willkommen sein, damit das innere Pendel einmal etwas weiter ausschlagen kann. Menschen unter Stress sind gemeinhin so weit von sich selbst entfernt, dass sie nicht mehr die geringste Ahnung von dem Wert innerer Stille entwickeln können. Der einzige Lichtblick und gleichfalls Ausweg scheint der Urlaub zu sein. Solche Art der Lebensführung wird meist früher oder später mit Krankheit bezahlt. Die Auseinandersetzung mit der Ablehnung der Farbe Orange kann die erste Brücke zum Erkennen der Gründe für dieses – von sich entfremdete – Leben sein.

Spezielle Farbanwendungen

Orange Unterwäsche bei der allmonatlichen Menses hilft, die Muskulatur zu entspannen. Malen Sie ein Bild in unterschiedlichen Orangetönen, wenn Sie Unterleibskrämpfe haben, und Sie können erleben, wie Ihr gesamter Unterleib mit Wärme durchflutet wird. Auch nach einer Unterleibsoperation unterstützt das Malen den Heilungsprozess sehr stark. Orangen auf dem Frühstückstisch aktivieren die Lebensgeister schon am Morgen. Leiden Sie an depressiven Stimmungen, dann tragen Sie anstatt Schwarz orange Kleidung (zusammen mit Gelb) am Oberkörper. Die Depressionen können sich nicht halten, weil Orange die Farbe des Lebensmotors ist.

Musik	Arabische Klänge, Bauchtanz-Musik
Speisen	Orangen, Mandarinen, Nektarinen, Mangos, Melonen, Papayas, Aprikosen, Datteln, Karotten, Kürbisse, süße Kartoffeln

Fragen an das eigene Orange

- Befindet sich mein Leben im Fluss?
- Muss ich so viel leisten, wie ich es tue?
- Will ich die Sexualität, die ich lebe?
- Will ich empfangen, annehmen, aufnehmen?
- Will ich gebären, Existenz geben, kreativ sein?
- Bin ich bereit, mich wirklich hinzugeben und Kontrolle aufzugeben?
- Liebe ich die sexuelle Ausstrahlung meines Körpers?

Gelb – Das Licht der Sonne

Gelb steht symbolisch für
Sonne und Licht. Dennoch
entsteht bei der Konfron-
tation mit der Farbe die
Angst, sie könnte die Kraft
haben, die verdunkelten
Seiten und unbewussten
Anteile der Psyche zu »er-
hellen«, sodass sie an die
Oberfläche kommen. Dann
wird Gelb als unangenehm,
grell und zu hell wahrge-
nommen. Menschen, die
so empfinden, bevorzugen

in ihrer Kleidung Dunkelblau, Schwarz und Weiß. Weiß
als Stoff ist zwar noch heller, hat aber eine völlig andere
einflussnehmende Wirkung auf unsere Psyche. Mit Weiß
wird das Thema der Reinheit angesprochen, mit Gelb das
innere Licht oder Leuchten.

Die organische Ebene

Obwohl Gelb von vielen Menschen als Kleidungsfarbe abgelehnt wird, ist es eine Farbe, die für die meisten unserer
Organe heilende Wirkung hat. Sie »erleuchtet« verhärtete
Strukturen und löst sie damit auf. Sie wirkt deshalb auch
heilend bei Arthritis und Arthrose, wenn die Gelenkknor-
pel noch nicht zerstört sind. Wie die Sonne ist sie der »große Heiler« bei Rheuma. Im Gürtelbereich können wir bei
Beschwerden des Pankreas (Diabetes), des Magens, der Le-

ber, Galle, der Nieren und des oberen Darmbereichs mit Gelb arbeiten. Die Farbe löst auch alle Verhärtungen im Darm.

Gelb fördert die Verdauung und steigert dadurch auch den Appetit. Sollten also Gewichtsprobleme bestehen, so ist es angeraten, die Farbe nur zu tragen, wenn man sich mit dem dahinterliegenden Problem auseinandersetzen will. Geschieht dies nicht, regt der Kontakt mit Gelb erneut den Appetit an und verstärkt das Problem, da man noch mehr zunimmt. Erfolgt jedoch eine Auseinandersetzung mit dem Prinzip, das mit dem gelben Bereich einhergeht, so kann die Farbe zur Heilung, d. h. letzten Endes auch zur Gewichtsreduktion, genutzt werden. Dennoch ist es angeraten, sich Gelb nur langsam zu nähern, wenn Blockaden gegen die Farbe bestehen. Die Angst, Licht in das Dunkel der Psyche zu lassen, kann dazu führen, sich massiv zu verschließen.

Das Komplementär Violett

Gelb als die Farbe, die erhellt, hat als Komplementär die Farbe der Erleuchtung: Violett. Beide brauchen einander, um zum Ganzen zu werden. Das Yin/Yang-Symbol kann ich mir nicht besser als durch diese beiden Farben ausgedrückt vorstellen. Wenn wir die *eine* Farbe ansehen, realisiert sich die andere vor unserem geistigen inneren Auge. Verschließen wir vor dem einen die Augen, so sehen wir das andere. Beide sind gleich und ihr Gegenteil.

Die Auseinandersetzung mit Gelb

Gelb ist eine der Farben, gegen die in meinen Seminaren, wie draußen im Leben auch, große Widerstände bestehen. Ausdrücke wie »nichts mit der Farbe anfangen zu können« bis hin zu »völlig angewidert von ihr zu sein«, sind die Regel. Erst beim Malen stellt sich langsam Entspannung und ein Wohlgefühl ein, obgleich es sehr schwierig ist, Nuancierungen in das Gelb zu bringen. Fast immer ist

es eine Sonne, die auf dem Bild erscheint. Gelb ist in der seelischen Qualität die Farbe der Balance zwischen Geben und Nehmen. Eine wichtige Variante beim Geben und Nehmen ist das »Loslassen« alter Vorstellungen, erschöpfter Gefühle und von Menschen, die sich von einem abwenden wollen. Bei der Gelb-Aversion geht es am meisten darum, nicht »loslassen« zu können.

Foto: Ralf Mohr

»Ich gebe und gebe und gebe – und bekomme nichts zurück«, höre ich immer wieder, wenn es um die »Gelb-Übung« geht. Es scheint in vielen Menschen die grundsätzliche Selbsteinschätzung vorzuherrschen, dass sie mehr geben, als sie bekommen. Hier müssen wir uns fragen, ob dieser Eindruck, den viele von sich haben, der Realität entspricht. Könnten wir wirklich im Übermaß geben, wenn die Balance nicht stimmte und wir nichts nehmen oder erhalten würden?

Warum auch sollten wir beim Geben *etwas zurückbekommen?* Alles, was wir geben, sollte der andere auch behalten und in seinem Sinne nutzen dürfen. Wir können nicht *erwarten*, etwas zu bekommen. Aber wir können lernen, ohne Bedingungen zu geben und uns von demjenigen das zu holen, was wir von ihm wollen oder brauchen. Bleibt dies ohne Erfolg, sollten wir aufhören, uns zu bemühen, und ihn loslassen. *Erst durch das »Hergeben« geben wir wirklich.* Sonst sind es doch nur unsere eigenen Vorstellungen, die vom anderen erfüllt werden sollen.

»Vom Geben« von Khalil Gibran[*9]

»Dann sagte ein reicher Mann: Sprich uns vom Geben.
Und er antwortete:
Ihr gebt nur wenig, wenn ihr von eurem Besitz gebt. Erst wenn ihr von euch selber gebt, gebt ihr wahrhaft.

Denn was ist euer Besitz anderes als etwas, das ihr bewahrt und bewacht aus Angst, dass ihr es morgen brauchen könntet?

Und morgen, was wird das Morgen dem übervorsichtigen Hund bringen, der Knochen im spurlosen Sand vergräbt, wenn er den Pilgern zur heiligen Stadt folgt?

Und was ist die Angst vor der Not anderes als Not? Ist nicht Angst vor Durst, wenn der Brunnen voll ist, der Durst, der unlöschbar ist?

Es gibt jene, die von dem vielen, das sie haben, wenig geben –
und sie geben um der Anerkennung willen, und ihr verborgener Wunsch verdirbt ihre Gaben.

Und es gibt jene, die wenig haben und alles geben. Das sind die, die an das Leben und die Fülle des Lebens glauben, und ihr Beutel ist nie leer.

Es gibt jene, die mit Freude geben, und die Freude ist ihr Lohn.

Und es gibt jene, die geben und keinen Schmerz beim Geben kennen: Weder suchen sie Freude dabei, noch geben sie um der Tugend willen;

sie geben, wie im Tal dort drüben die Myrte ihren Duft verströmt. Durch ihre Hände spricht Gott, und aus ihren Augen lächelt Er auf die Erde.

Es ist gut, zu geben, wenn man gebeten wird, aber besser ist es, wenn man ungebeten gibt, aus Verständnis; und für den Freigebigen ist die Suche nach einem, der empfangen soll, eine größere Freude als das Geben.

Und gibt es etwas, das ihr zurückhalten werdet?

Alles, was ihr habt, wird eines Tages gegeben werden; daher gebt jetzt, dass die Zeit des Gebens eure ist und nicht die eurer Erben.

Ihr sagt oft: ›Ich würde geben, aber nur dem, der es verdient.‹

Die Bäume in eurem Obstgarten reden nicht so, und auch nicht die Herden auf euren Weiden.

Sie geben, damit sie leben dürfen, denn zurückhalten heißt zugrunde gehen.«

Fragen an das eigene Gelb

- Kann ich nehmen, ohne zu warten, bis man mir gibt?
- Nehme ich genauso viel, wie ich gebe?
- Gebe ich bedingungslos?
- Bin ich anderen Menschen gegenüber offen?
- Nehme ich »Fremdes« an?
- Bin ich gern freigiebig?

Spezielle Farbanwendungen

Legen Sie beim Sitzen ein gelbes Tuch auf die an Rheuma oder Arthrose erkrankten Gelenke, und benutzen Sie zusätzlich gelbe Handtücher.

In einer Situation, in der Sie das Gefühl oder die Angst haben, angegriffen zu werden, atmen Sie mit der ganzen Kraft Ihrer Vorstellung aus dem Solarplexus heraus die Farbe Gelb aus. Lassen Sie das Gelb richtig aus sich hinausströmen, wie eine strahlende Sonne. Sie werden feststellen, dass man einen Bogen um Sie herum macht. Sie werden nicht attackiert. Es ist, als seien Sie durchsichtig.
Im Winter drehen Sie – wenn es draußen richtig düster ist – eine gelbe 100 Watt-Birne in Ihre Lampe. Das hilft gegen die »Winterdepression« und nebenbei gegen alle Beschwerden im Magen-Darm-Bereich. Allerdings bekommt man von Gelb auch Appetit. Dagegen hilft wiederum, dass Sie sich sofort bewusst machen, dass Sie wegen der gelben Farbe Appetit bekommen haben und nicht wirklich hungrig sind.

Musik	Harmonische Musik, weiche Stimmen (z. B. Laurie Anderson: »Strange Angels«)
Speisen	Mirabellen, Ananas, Zitronen, Grapefruit, Äpfel, Pfirsiche, Honigmelonen, Bananen, gelber Paprika, Mais, Eidotter

Grün – Das Herz aller Dinge

Grün ist die ruhigste Farbe, »ein mit sich zufriede-
nes Element«, wie Kan-
dinsky sagte. Die grünen
Bilder, die in meinen Se-
minaren gemalt werden,
sind auch meistens die
schönsten. Es gibt selten
Ablehnung, sich mit die-
ser Farbe zu beschäftigen.

Auf dem Papier erscheint die Natur in ihren unterschiedlichen Grünvarianten. Grün ist die innere Kraft allen Lebens
und die Seele der Harmonie aller Existenzen. Goethe sagte
es treffend in seinem »Faust«:

> »Grau, teurer Freund, ist alle Theorie,
> und grün des Lebens goldner Baum.«

Die organische Ebene

Grün ist eine Heilfarbe für alle Herzleiden, aber auch bei
Liebeskummer. Das »gebrochene« Herz verlangt nach
Grün. Da es die Grundfarbe der erblühten Natur ist, fällt
es uns nicht schwer, uns die grüne Farbschwingung »zu
geben«. Energetisch ist das Blattgrün (Chlorophyll) der
Pflanzen vergleichbar mit unserer eigenen inneren Strahl-
kraft (Photonenemission), die über die Farben unserer
Aura sichtbar wird.

Menschen, die im Asphaltdschungel leben, erkranken in
weit höherem Maße am Herzen als Dorfbewohner. In den

Wintermonaten nivelliert sich dieser Unterschied wieder. Wir sollten deshalb nach Möglichkeit für Grünpflanzen in unserem Lebensbereich sorgen und grüne Speisen zu uns nehmen. Grün ist wichtig für das gesamte Nervensystem und harmonisiert uns körperlich und geistig. Es ist – neben Rosa und Gold – eine Farbe, die keine Kontraindikationen hat.

Für Hildegard von Bingen[*10] war die Grün-Kraft »Gottes ureigene Heilkraft«, die sie »Viriditas« nannte. Sie lebte im 12. Jahrhundert als Nonne in einem Kloster bei Bingen und erhielt eines Tages »Durchsagen« über Behandlungen und Rezepturen von Naturheilmitteln sowie über die Heilkräfte der Edelsteine. Ihre beiden Schriften Physica und Causae et curae geben eine Naturbeschreibung aus ärztlicher Sicht und erwähnen zahlreiche Volksheilmittel und Behandlungsmethoden. Soweit man ihre Lehre umsetzen kann, wird auch heute noch nach ihren Aufzeichnungen geheilt – unter dem Begriff der »Hildegard-Medizin«. Grün-Kraft nennt sie alles, was im Zustand der Lebendigkeit ist: die Jugend, Sexualität, Lebensenergie, die Kraft in den Keimen, die Regenerationskraft und die Kreativität.

Das Komplementär Rot

Schlägt das Herz (Grün) durch das Blut (Rot), oder fließt das Blut durch das Schlagen des Herzens? Diese Frage ist immer wieder Gegenstand medizin-philosophischer Betrachtungen über den Menschen. Allen, auch dem Laien, ist klar: Das eine bedingt das andere, wie auch in der Welt der Farben. So können wir sagen, dass, genauso wie es den »roten Beschwerden« an Herz mangelt, für die »grünen Leiden« die Power des Rot gut wäre. Denken wir an organische Herzleiden, so hat das Organ nicht mehr die nötige Kraft, ausreichend Blut in der richtigen Geschwindigkeit durch die Venen zu pumpen.

Auseinandersetzung mit Grün

Grün findet Zugang zum Herz-Chakra. Das Herz ist das Organ der Liebe, und somit ist Grün der farbliche Ausdruck unserer Liebeskraft. In den seltenen Fällen, in denen Grün abgelehnt wird, bestehen große Schwierigkeiten, Liebe für die eigene Person aufzubringen.

Tatsächlich werde ich oft gefragt, was es heißen soll, »sich selbst zu lieben«. Ist es nicht interessant, dass der Begriff der Liebe offenbar entweder dem Bereich der Sexualität zugeordnet wird oder ausschließlich als Gefühl für andere Menschen denkbar ist? Wir müssen uns fragen, ob wir andere wirklich lieben können, wenn wir uns selbst nicht lieben (wenn wir mit uns selbst nicht vorsichtig umgehen, wenn wir es uns nicht gut gehen lassen und wir uns selbst nicht behüten). Denn all dies bedeutet, sich selbst zu lieben. Kennen wir unsere eigenen Grenzen der Verletzbarkeit? Denn »innen« sind wir alle sensibel.

Hildegard von Bingen hat ihren Rat so wunderbar ausgedrückt:

»Halte deinen Tempel mit Umsicht in Ordnung,
damit jene Grünheit, mit der du Gott in Liebe umfängst,
nicht Schaden nehme.«[*10]

Fragen an das eigene Grün

- Spüre ich die Energie der Liebe in mir?
- Nehme ich mich selbst an?
- Strebe ich nach innerer Harmonie?
- Achte ich auf meine Grenzen?
- Kann ich mir und anderen vergeben?

Spezielle Farbanwendungen

Sorgen Sie für Grünpflanzen in Ihrer Wohnung. Genießen Sie täglich das Grün der Natur, oder gehen Sie im Winter öfter mal in ein Gewächshaus. Dort können Sie etwas von der »Grünkraft«, die uns in den kalten Monaten fehlt, auftanken. Das kräftige Grün der Weihnachtsbäume hilft uns ebenfalls, über den Winter hinwegzukommen.

Wenn möglich, nehmen Sie das Grün alter Kirchenfenster (wie in der Kathedrale von Chartres) in sich auf, da diese in den meisten Fällen außerdem noch Gold enthalten. Früher haben die Gestalter der Kirchenfenster zur Herstellung von Grün Blattgold mit verwendet, um die grüne Strahlung zu verstärken. Wie wir aus der Farbheilung wissen, wirken beide Kräfte vereint harmonisierend auf das Herz.

Musik	»Ave Maria«, »Samson und Dalila«, »Madame Butterfly«, Händels »Messias«, »Wiener Walzer«
Speisen	Äpfel, Birnen, Limonen, Kiwis, Weintrauben, Avocados, Blattsalat, Broccoli, Bohnen, Erbsen, grüner Paprika, Spinat, Zucchini, Kohl, Artischocken, Mangold, Oliven, Kräuter

Türkis – Der Hüter des Hauses

Türkis wird oft – im Gegensatz zu Blau – als »sehr kalt« empfunden, obgleich Türkis erst durch den Gelbanteil im hellen Blau zu seiner Farbe wird und dadurch natürlich »wärmer« ist als Blau. Wir reagieren jedoch psychisch auf den Charakter der Farbe. Türkis ist die Farbe der antiseptischen Reinheit. Der Ausdruck »klinisch clean« trifft auf sie zu. Sie hat etwas Unantastbares, wehrt als »Farbe der Abwehr« den Betrachter ab.

Die organische Ebene

Der türkisfarbige Bereich ist dort, wo die Thymusdrüse sitzt. Diese Stelle ist bei jedem etwas anders platziert. Wenn wir das Wort »Ich« sagen und dabei mit dem Zeigefinger auf unsere Brust deuten, zeigen wir genau auf die Stelle, wo der Thymus liegt. Diese Drüse ist maßgeblich verantwortlich für ein gut funktionierendes Immunsystem. In ihr werden die T-Lymphozyten produziert. Zusammen mit den B-Lymphozyten, die im Darmkanal ausreifen, gehören sie zu den weißen Blutkörperchen. Sie haben für uns physischen Schutzcharakter.

    Die fortwährend ablaufenden Immunreaktionen in unserem Organismus machen uns unempfindlich gegen eindringende Erreger und Toxine. Fremdstoffe (wie Eiweiß) und fremde Zellen werden abgewehrt und vernichtet. Ist die Abwehr geschwächt, bilden sich beispielsweise Allergien.

Leidet ein Mensch unter einer Allergie, so erhebt sich die Frage, ob er sich gegen den Einfluss, in dem er lebt, nicht anders wehren kann als über eine »Abwehr«-Krankheit. Sicher ist es bei schweren Erkrankungen nicht allein ausreichend, einen türkisfarbigen Pullover oder ein Tuch in dieser Farbe zu tragen. Ich konnte jedoch feststellen, dass Menschen mit schwacher »Abwehr« die Schwingung dieser Farbe spürbar hilft, sich auf diese Weise zu stärken. Häufige grippale Infekte können mit der Farbe genauso ferngehalten werden wie Einflüsse, vor denen man sich schützen will. Die Farbe wirkt auch antiseptisch, weshalb sie bei Akne am Oberkörper getragen werden sollte. Der indische Farbtherapeut Dinsha Ghadali begann bei akuten Erkrankungen alle Bestrahlungen mit Türkis, um die Entzündung zu stoppen und einen Weg für alle weiteren Farbbehandlungen zu bahnen.

Auseinandersetzung mit Türkis

Wenn man sich im Alltag gegen die Anforderungen anderer nicht behauptet, kann dies zu Verbitterung und Misstrauen führen. Der Weg zur eigenen Mitte wird dann schwierig und erst recht das Durchsetzen eigener Vorstellungen. Die Anwendung der Farbe hilft, sich zu wehren und »nein« zu sagen. Wird die Farbe in der Kleidung getragen oder wird mit ihr gemalt, erfährt man sie bei sich selbst zuerst als Reserviertheit. Später gelingt dann die Konzentration auf die eigenen Bedürfnisse.

»Sich zu wehren«, klingt wie eine Kampfansage. Wehren kann aber wichtig werden, um »bei sich bleiben« zu können. Viel Stärke und Sicherheit sind nötig, um sich mit seinem ganzen Sein nach außen hin zu öffnen. Wenn wir einfach annehmen, wer und was wir sind, erlangen wir Kraft und Sicherheit. Türkis-Ablehnern fällt diese Sichtweise schwer. Sie machen sich oft zum Spielball der Meinungen anderer. Kein Mensch hat jedoch das Recht, einen anderen zu verändern. Ich denke, viele von uns wissen, dass es leichter ist, andere »verdrehen« zu wollen, als sich selbst von ihnen wegzudrehen.

Fragen an das eigene Türkis

- Kann ich fremde, für mich ungünstige Einflüsse spüren?
- Verhalte ich mich bereitwillig entsprechend den Meinungen anderer?
- Wie schütze ich mich?
- Kann ich andere beschützen?
- Bin ich hellwach und aufmerksam?

Spezielle Farbanwendungen

Besonders empfehlen kann ich das Tragen eines Türkises direkt auf dem – oder in der Nähe des – Thymus. Es ist gleich, ob im Stein mehr Gelb- oder mehr Blauanteile sind. Die Native Indians schützen sich ebenfalls mit diesem Stein gegen negative Einflüsse und Krankheiten.

Wickeln Sie bei allergischen Reaktionen die betroffenen Hautstellen in ein türkisfarbenes Seidentuch. Am besten ist es, wenn Sie sich damit zudem noch für kurze Zeit in die

Sonne setzen (nicht bei Sonnenallergie). Kleidung in dieser Farbe hilft, sich abzugrenzen. Darin wirken Sie eher kühl und abweisend, was manchmal heilsam sein kann.

- Es gibt »Abwehr«-Musik, die aber meist sehr aggressiv ist (Beispiele: Sabrina Setlur mit »Ich geh meine eig' nen Wege« oder EMINEM »That's My Way«).

Kleiner Exkurs über das »acquired immune deficiency syndrom« (Aids): Türkis kann HIV-infizierte Menschen gegen die sogenannten »opportunistischen« Erreger stärken. Das HIV (Humanes Immundefizienz Virus) ist ein erworbener Defekt des Immunsystems, eigentlich ein Immundefekt-Syndrom. Dieses Virus schädigt an sich nur die sogenannten »Helferzellen«. Wenn die Helferzellen bei dem »Erstangriff« auf das Immunsystem jedoch versagen und dem Angriff unterliegen, machen die Erreger die Erkrankten in ihrer Abwehr so schwach, dass diese besonders anfällig für die verschiedensten Infektionskrankheiten werden, woran sie letztlich auch sterben. Man sagt dann, sie seien an Aids gestorben, was nicht ganz richtig ist. Der Erkrankte leidet an einer oder an mehreren spezifischen Krankheiten – wie z. B. Lungenentzündung, Pilzerkrankungen, Erkrankungen des Gehirns, Geschwülsten oder Lymphknotentumoren –, gegen die der Körper irgendwann keine Kraft mehr hat anzukämpfen. Die Mittel, die verabreicht werden, sollen die Krankheit zerstören, zerstören den Kranken aber gleich mit, weil sie zusätzlich seine Abwehr drastisch reduzieren. Die Krankheit wird zwar behandelt, doch wird die Abwehr nicht aufgebaut. Dennoch ist es bislang die am häufigsten praktizierte Methode, das Leben eines Menschen mit einem Immundefekt-Syndrom zu verlängern.

Eingangs sagte ich, dass wir auch bei einer HIV-Infektion die Farbe Türkis anwenden können. Natürlich weiß ich, dass mit Türkis Aids nicht geheilt werden kann – wir können aber die Abwehr stärken. Darüber hinaus muss sich jeder vor Infektionen schützen. Menschen mit »schwacher Abwehr« sind in jedem Fall gefährdeter als solche mit intaktem Immunsystem. Ich denke, dass die Statistik der Risikogruppe »Homosexuelle, Fixer und HWG-Personen*« äußerst oberflächlich und tendenziös ist. Damit kann sich die »normale« Bevölkerung schnell und zufrieden in die Gruppe der nichtbetroffenen »Saubermänner« fügen.

Selten werden differenzierte Untersuchungen bei an Aids erkrankten Homosexuellen durchgeführt. Litten sie vielleicht früher an Krankheiten, die man mit Medikamenten behandelte, wodurch das Immunsystem zerstört wurde? In unseren Zeiten haben junge Menschen kaum mehr die Möglichkeit, Immunität auf natürlichem Wege – beispielsweise über eine Maserninfektion – aufzubauen. Sie werden als Baby schlichtweg gegen alle Kinderkrankheiten geimpft. Liegt nicht auch in den Schutzimpfungen eine Gefahr für das Immunsystem?

Es ist mittlerweile bekannt, dass hauptsächlich junge Menschen sehr schnell an Aids sterben. Die »Schuld« daran wird auf ein – nicht als normal geltendes – Sexualleben der Betroffenen geschoben.

HIV-Infizierte müssen die Liebe zu sich selbst zurückgewinnen. Mit dieser Liebe (z. B. gesunde körperliche wie geistige Ernährung) und Achtsamkeit für die eigenen Grenzen (z. B. sensiblere Selektion der Sexualpartner) kann auch die Abwehr gegen negative Einflüsse von außen ge-

---

* HWG ist ein soziologischer Ausdruck und steht für Häufig Wechselnde Geschlechtspartner.

stärkt werden, was sich positiv auf die organische Abwehr auswirkt. Meiner Überzeugung nach kann dies ein Schlüssel zur Wandlung und Heilung sein. Wenngleich meine Erfahrung mit HIV-Infizierten dahin geht, dass sie sehr schwer an den »eigenen Heiler in sich« glauben können, bin ich doch sicher, dass es Rettung und Leben für sie gibt. In jedem Fall besteht die Möglichkeit, den Erkrankten in Liebe und Hingabe so viel Zeit und Auseinandersetzung mit sich selbst zu ermöglichen, dass sich daraus für sie die Chance entwickelt, ihr Leben zufrieden abzuschließen.

Blau – Unendlich weit und tief

Blau als »Himmelsfarbe« ist Sinnbild für Weite und Freiheit. Blau wird dem Himmel im religiösen Sinn zugeordnet. Es ist aber auch die Farbe des Meeres und damit Symbol für Tiefe und Ernsthaftigkeit. Blau symbolisiert die Sehnsucht und ist die Farbe der Träume. Das helle Blau hat etwas Leichtes, Beglückendes, Träumerisches und führt nach außen und nach oben. Wird es dunkler, geht es weiter nach innen. Yves Klein sagt über Blau: *»Hinter dem Blau ist mehr, als das Auge trifft«* und: *»Das Blut der Sensibilität ist Blau.«* Er wurde als der Maler bekannt, der das ultimative Blau fand.

Die organische Ebene

Beim Betrachten von Blau tritt auf der organischen Ebene vegetative Beruhigung ein. Blau wirkt entspannend, beruhigend und klärend. Der Herzschlag verringert sich, ebenso senkt sich der Blutdruck. Blau drängt das Blut gewissermaßen von einer Hyperaktivität zurück in »low motions«. Mit Blau wird die Atmung gleichmäßig und tief. Es verhilft dem Körper zum trophotropen (Ruhe-)Zustand. Die ganze Physis wird auf Erholung eingestellt. Deshalb können wir mit Blau auch leichter einschlafen und ruhiger durchschlafen. Wenn Aufregung oder Erregung erwartet wird, hilft dagegen, einfach ein blaues Kleidungsstück zu tragen, um die »Wogen zu glätten«. Es beruhigt nicht nur Sie selbst, sondern auch Ihr Gegenüber. Sind Sie jedoch müde und erschöpft, sollten Sie auf Blau verzichten.

Couperose und Akne pulsieren unter Einfluss von Blau nicht mehr so stark. Bei Akne verringert die Farbe sogar die Entzündlichkeit. Überhaupt wirkt Blau gegen jede Art von Entzündungen, besonders jedoch im Hals- und Kopfbereich. Je stärker sie sind, desto dunkleres Blau sollte zur Anwendung kommen. Das dunkle Indigoblau, das immer auch eine Spur Violett enthält, fördert die Heilung in jedem Fall mehr. Machen Sie die Verwendung der Farbe von der Stärke der Beschwerden abhängig.

Das Komplementär Orange

Orange erhält besondere Aufmerksamkeit als Ausdrucksfarbe für »hohe Leistungen« bei der Schilddrüsen-Überfunktion, einer »blauen Krankheit«. Menschen, die unter dieser Erkrankung leiden, sind seelisch schon lange überfordert. Nicht nur der Körper befindet sich bei ihnen im Stresszustand, sondern auch die Seele. Der Zusammenhang zwischen den beiden Komplementärfarben ist, dass Stress als »orange Krankheit« die Ursache für das Krankheitsbild sein kann, das sich im blauen Bereich befindet. Es ist erstaunlich, dass diese »Störung« überwiegend Frauen betrifft. Es kommt hinzu, dass Orange die Frauenfarbe Nummer eins ist. Frauen mit Schilddrüsen-Problemen erlauben sich nicht, zu sein, wer sie sind. Ihr Anspruch an sich selbst ist sehr hoch. Sie haben keinen Zugang zu ihren Bedürfnissen und Grenzen. Das Idealbild, das sie von sich geschaffen haben, hat keine Ähnlichkeit mit ihrem wahren Wesen, und sie können diesem Bild nicht gerecht werden.

Auseinandersetzung mit Blau

Trotz der positiven Symbolkraft und beruhigenden Wirkung von Blau transportiert die Auseinandersetzung mit der Farbe eine weite Palette unangenehmer Gefühle an die

Oberfläche, wenn die Prinzipien der Farbe nicht gelebt wurden oder gelebt werden können. Das bloße Auflegen eines blauen Tuches kann dann zu heftigsten Reaktionen führen. Es können Atemnot und asthmatische Anfälle auftreten. Plötzliche Weinkrämpfe sind ebenfalls keine Seltenheit. Für die Beteiligten ist es erst einmal unfassbar,

dass sie so stark auf »einfach nur« die Farbe Blau reagieren. Aber es ist eben niemals einfach nur die Farbe, die wirkt. Ich brauche nur zu fragen, ob es etwas gibt, was die Person unbedingt sagen möchte, aber zurückhält. Sofort wird ihr deutlich, worum es geht, und die Ursache für ihre Verfassung kann ihr bewusst werden.

Vielen Menschen »bleibt« in den unterschiedlichsten Situationen einfach »die Luft« oder »die Sprache weg«. Im Beruf, beim Vorgesetzten, in der Partnerschaft oder in der Kindheit zieht man es oft vor, an sich zu halten, statt zu schreien, etwas zu sagen oder in einem Gespräch zu einer Klärung zu kommen. Gemeinsam mit Blau ist diese Selbstverleugnung gespeichert und kommt bei der Beschäftigung mit der Farbe sofort an die Oberfläche.
Die Frage drängt sich für Sie vielleicht auf: Warum passieren diese starken Farbreaktionen nicht auch im tägli-

chen Leben, beispielsweise beim Kleiderkauf? Nun, die Reaktionen geschehen, und zwar durch Ablehnung einer Farbe. Rufen Sie sich in Erinnerung, wie heftig Sie manche Farben ablehnen oder abgelehnt haben. Der Unterschied zur Einkaufssituation liegt darin, dass bei intensiver Auseinandersetzung mit der Farbe klar wird, dass es nicht das Kleidungsstück ist, das abgelehnt wird, sondern mit dessen Farbe ein tief liegendes Problem. Die Ursache für Antipathie gegen Blau kann auch fehlende innere Ruhe sein. Manchmal entsteht das Gefühl, dass mit Blau alle Kraft aus den Gliedern gezogen wird. Es ist eben auch eine kühle »Kopffarbe«, die »roten« und »orange Persönlichkeiten« oft einfach zu introvertiert ist. Dabei wäre dieser ruhige Ausgleich gerade für sie hilfreich.

Fragen an das eigene Blau

- Bin ich klar in meinen Worten?
- Strahle ich Ruhe aus?
- Bin ich ein guter Zuhörer?
- Kann ich schweigen?
- Spreche ich die Wahrheit?

Spezielle Farbanwendungen

Sollten Sie hohen Blutdruck haben, wird er mit Blau gesenkt. Bei Halsschmerzen sollte ein blauer Schal (Tuch) getragen werden. Akne reduziert sich beispielsweise durch Blaulicht. Blaue Bettwäsche entspannt und beruhigt, hilft gegen Einschlaf- und Durchschlafschwierigkeiten. Um die Nerven zu beruhigen, legen Sie sich (mit offenen Augen) ca. 10 Minuten ein blaues Tuch über den Kopf. So können Sie auch Zahnschmerzen beruhigen.

Schauen Sie so oft wie möglich in das ferne Blau des Himmels. Es beruhigt, schafft Weite im Geist und entspannt die Augen.

Wenn Sie einen Vortrag halten wollen, sorgen Sie für blaue Gegenstände in Ihrer Nähe. Es hilft Ihnen, sich besser auszudrücken und zu konzentrieren.

Musik des Blau	Obertonmusik, Vokalgesang in hoher Tonlage
Musik des Indigo	Klänge mit heilender Harmonie, sphärische Klänge
Blaue und Indigo-Speisen	Heidelbeeren, Brombeeren, schwarze Johannisbeeren, Pflaumen, Feigen, blaue Weintrauben, Holunder, Auberginen, schwarze Oliven

Violett – Die Vereinigung

Violett gilt als »hohe« Farbe und diente – ob im Hinduismus oder in der katholischen Kirche – als farbliches Symbol für die Verbindung zu Gott. Sie gilt als Vereinigungsfarbe zwischen dem warmen Rot und dem kalten Blau und wurde deshalb auch Ausdruck für die Vereinigung von Gegenpolen, wie oben/ unten, geistig/ körperlich, himmlisch/irdisch. Vio-

Foto: Ralf Mohr

lett hat viele Varianten, die jeweils eigene Namen tragen. Durch Erhöhung des Rotwertes erhalten wir ein Purpur oder Magenta*. Durch stärkeres Blau plus Weiß wird es zu Lila oder Flieder. Lassen wir es dunkler werden, nähert es sich der Farbe Indigo.

Die organische Ebene

Mit den kürzesten Wellen hat Violett die Kraft, sogar auf die Zellstruktur einzuwirken. Dies ist aber nur möglich, wenn die Farbe aus einer Lichtquelle kommt – etwa mit einem Farblichtgerät. Erstaunliche Erfolge werden damit bei Cellulitis erreicht. Unterstützend wirkt dabei auch die

---

* Magenta ist vergleichbar mit kräftigem, dunklem Pink, zu Violett tendierend. Es entsteht, wenn wir zu Violett mehr und mehr Rot hinzugeben.

entwässernde Eigenschaft der Farbe. Besteht der Wunsch, abzunehmen, so wirkt Violett – egal, wie es angewendet wird – unterstützend.

Die psychische Ebene

Der Anwendungsbereich von Violett liegt weniger auf der körperlichen als auf der psychisch-geistigen Ebene. Die Farbe hilft, sich besser zu konzentrieren und sich auf sich selbst zu besinnen. Damit erleichtert sie auch den Prozess der Abnabelung bei einer Trennung. Achten Sie jedoch darauf, die Farbe nicht zu lange zu tragen, weil die Gefahr besteht, anderen Menschen nicht mehr nahezukommen. Um von dieser Schwingung wieder wegzukommen, sollten Sie auf Rot überwechseln.

Violett wird oft als Farbe bezeichnet, die den Zustand der Meditation erleichtern oder gar ermöglichen soll. Das kann ich nicht bestätigen. Ich denke, dass dieser Glaube entstand, weil die Farbe mit dem 7. Chakra korrespondiert, was mit höchster geistiger Entwicklung in Zusammenhang steht. Chakras sind jedoch gleichwertig. Es gibt keine Rangfolge im hierarchischen Sinn. Wenn unser Geist eine höhere Stufe der Entwicklung in der Meditation erreicht, sind wir bereit, »im Hier und Jetzt« auf dieser Erde zu leben. Wir brauchen für unser geistiges Wachstum alle anderen Farben mindestens ebenso nötig wie Violett, wenn nicht gar nötiger.

Violett, zu Flieder aufgehellt, bekommt etwas sehr Leichtes, was uns ebenfalls leicht macht. Ist jemand bis hin zur sozialen Starrheit festgewurzelt, nimmt die Farbe dem Zustand die Schwere, und das Leben bekommt mehr Lebendigkeit. Umgekehrt ist bei fehlender Bodenständigkeit oder »Erdung« dringend von ihr abzuraten.

Das Komplementär Gelb

Der entgegengesetzte Pol der Farbe für Spiritualität und geistige Entwicklung ist Gelb, die Farbe der inneren Strahlkraft. Wenn wir unsere eigene innere Sonne (Gelb) scheinen lassen, sodass Liebe für alles und jeden in uns überströmt, erfahren wir die Göttlichkeit, die der Farbe Violett zugesprochen wird.

Auseinandersetzung mit Violett

Zwei Themen, die in der Kindheit und Pubertät problematisch waren, sind gemeinsam mit dieser Farben »abgespeichert«. Das eine ist die Beschäftigung mit der Frage nach der eigenen möglichen Homosexualität, und das andere Thema ist der Zwang zur Religiosität, der in einigen Elternhäusern herrscht. Für viele Jugendliche beiderlei Geschlechts nimmt in ei-

Foto: Ralf Mohr

nem bestimmten Alter die Anziehungskraft des eigenen Geschlechtes eine zentrale Stelle ein. In diesem Zusammenhang gemachte Erfahrungen können keineswegs immer positiv verarbeitet werden. Das führt zu verdrängten psychischen Anteilen, die später Ablehnung von Violett verursachen. Violett kann dann nur noch als Farbe der Homosexualität gesehen und muss dann natürlich abgelehnt werden. Tatsächlich haben Homosexuelle (hauptsächlich

Männer) eine Zeit lang Violett als »ihre Farbe« bezeichnet. Der militante Flügel der Frauenbewegung der siebziger Jahre hat Violett ebenfalls als »die Frauenfarbe« auserkoren. Auch sie hatten sich zu dieser Zeit mit ihren Interessen vorwiegend auf das eigene Geschlecht besonnen, zwar größtenteils kämpferisch gegen die Männer und nicht grundsätzlich homoerotisch. Violett hielt sich lange als Symbol der Abgrenzung und Kampfbereitschaft gegen das andere Geschlecht.

Die Antipathie gegen Violett geht zum anderen einher mit dem – in der Kindheit häufig erlebten – Zwang zur Religiosität. Erst die spätere Rückgewinnung einer Gottesbeziehung und vor allem eigene Gotteserfahrungen erlösen das Violett von seiner »geheimnisvollen Macht«. Der Glaube an Gott ist in der westlichen Welt vorwiegend zu einer Beschäftigung für alte Menschen geworden.

Die großen Weltkirchen haben in beträchtlichem Maße zu dieser Entwicklung beigetragen. Erst der amerikanische Einfluss der »New Age«-Bewegung und die Esoterik-Welle haben Religiosität wieder »gesellschaftsfähig« gemacht. Natürlich sind die kirchlichen Institutionen schnell bereit gewesen, die Bewegungen des »New Age« mit den unterschiedlichen Gruppierungen in die Ecke der Sekten und der Scharlatanerie zu drängen. Dadurch kamen diese Gruppen in den Verruf krimineller Vereinigungen, was Neugierige auch heute noch abschreckt. Gemeinsam zu beten und Lieder zu singen, bringt uns Gott freilich nicht näher. Die Erfahrung Gottes muss jeder in und mit sich selbst machen. Dazu ist nicht unbedingt eine Religionsgemeinschaft nötig. Es geht immer und überall darum, ob wir aus dem Herzen heraus handeln oder nicht. Wir sind keine besseren Menschen, wenn Bilder von Jesus Christus, Buddha, OSHO oder Sai Baba unsere Zimmer zieren, und wir sind auch keine schlechteren, wenn sie fehlen. Ebenso wenig sind Meditation und eine Edelsteinsammlung Indizien für spirituelles Leben. Den göttlichen Funken in sich selbst zu erkennen, ist eine Gotteserfahrung, die nicht enden will. Diese Art Religiosität hat nichts mit dem zu tun, was uns die »Kirchenväter« erzählen. Wir können vielleicht Christen oder »Erleuchtete« werden, wir können aber auch eins sein in Gott und einfach sein, was wir sind.

Fragen an das eigene Violett

- Habe ich das Vertrauen, »geführt« zu werden?
- Kann ich Gott anerkennen?
- Lebe ich selbstverantwortlich?
- Was ist meine Lebensaufgabe?

Spezielle Farbanwendungen

Violett wirkt konzentrationsfördernd und zügelt den Appetit. Zartes Violett – wie Flieder und Lila – im Wohnraum hebt den Geist auf eine feinere Schwingungsebene. In der Meditation, als violette Flamme vorgestellt, hilft sie dazu, in geistige Höhen zu gelangen, die so etwas wie Körperlosigkeit erfahrbar machen können.

Außerhalb des Spektralbereichs gibt es noch einige – als Heilkräfte erfahrbare – Farben, die stärker auf der psychischen als auf der körperlichen Ebene wirken:

Braun – Die Wurzel des Lebens

Grundsätzlich kann ich sagen, dass mit keiner anderen Farbe psychisch mehr abgespeichert und verdrängt wird als mit Braun. Viele Menschen – besonders Frauen – reagieren absolut ablehnend, wenn durch die Farbtyp-Bestimmung klar wird, dass sie ein »Herbst« sind und sich alle Braunvarianten ideal für ihre Kleidung eignen.

Dabei ist Braun weder eine »kranke« Farbe (als die sie manchmal bezeichnet wird), noch macht sie krank. Sie ist auch keine »schmutzige« Farbe, nur weil sie oft eine dunkle Tönung hat. Im Gegenteil: Sie ist eine sehr warme Farbe mit vielen gelben und roten Anteilen und außerdem – neben Grün und Blau – die Hauptfarbe unseres Planeten.

Wir sind auf dieser Erde geboren, nicht um in den Himmel abzuheben, sondern um mit beiden Beinen fest auf ihr zu stehen. Die Urkraft unseres Seins beziehen wir von »unten« aus dem Braun und dem Rot. Das rote Chakra ist unser aller Anfang und unsere stete Lebensbasis. In diesem Bereich müssen wir uns mit der »harten Welt« auseinander setzen. Hier beginnen auch die Versöhnung mit unseren Einsichten und die Erlösung verschütteter Energien.

Braun ist die Farbe von »Mutter Erde«. Das gesamte Erdreich, der Sand der Wüste und die Stämme und Äste der Bäume zeigen sich uns in unterschiedlichen Braunvarianten. Die industrialisierte Welt hat jedoch schon seit Generationen den Bezug zur Erde verloren. Trotz alarmierender Berichte über die allmähliche Zerstörung unseres Planeten setzt unsere individuelle Erkenntnis nicht in dem Maße ein, wie es notwendig wäre, um die Natur zu retten und zu heilen.

Die Ureinwohner Amerikas[*] sind als Volk die Einzigen auf der Erde, deren Hauptaufgabe es ist, ihr Leben so zu gestalten, dass weitere sieben Generationen genauso gut leben können, wie sie selbst. Uns gelingt das nicht einmal

---

[*]   Die Ureinwohner Amerikas, die »Native Indians«, werden von den Weißen schlichtweg Indianer genannt, was ihren Stammes- und kulturellen Unterschieden keineswegs Rechnung trägt. Die USA feierten erst kürzlich ihr 200-jähriges Bestehen, womit sie einen Zeitraum zelebrierten, der begann, als die eigentlichen Einwohner Amerikas bereits fast ausgerottet waren. Die Weißen, die vor ca. 500 Jahren beschlossen, dieses Land für sich zu erobern, waren anfangs ausnahmslos Europäer, die aus den verschiedensten Gründen Europa verlassen mussten und in dem neuen Kontinent ihre zweite Lebenschance sahen. Bevölkert war das Land jedoch lange vorher. Die »Vereinten Nationen« der Irokesen dienten Benjamin Franklin zum Vorbild für den Zusammenschluss der USA. Von ihnen hat er die »Amerikanische Verfassung« und die Gründung der »Unity« kopiert. Der Bund der Irokesen wurde bereits spätestens Mitte des 15. Jahrhunderts gegründet.

für die Generation, der wir selbst angehören. Es gibt in Nordamerika Stämme, die heute noch keine Elektrizität und auch keine Wasserleitungen haben. Nicht etwa, weil sie derart rückständig wären, nein, weil sie überaus »fortschrittlich« leben. Sie sagen: »Wenn ich das Wasser aus dem Fluss holen muss, achte ich darauf, dass er sauber bleibt. Wenn ich die Energien auf der Erde sparen will, lebe ich mit Licht und Finsternis der Natur.«

Die »Native Indians« haben keine Probleme mit der Farbe Braun. Sie ist auch heute noch ihre häufigste Kleidungsfarbe.

Die Aversion gegen Braun geht meist einher mit einer fehlenden Beziehung zur Natur und zur Natürlichkeit in sich selbst. Frauen entwickeln diese Antipathie, wenn Aspekte ihrer Weiblichkeit abgelehnt werden oder nicht zum Tragen kommen. Das Thema »Mutter« drängt sich im Zusammenhang mit der Farbe immer wieder in den Vordergrund – ob es die eigene Frauen- und Mutterrolle ist oder die Beziehung zur leiblichen Mutter. Wenn der Mutterbegriff negativ besetzt ist, können wir immer von einer Blockade sprechen.

Die Fruchtbarkeit der Frauen liegt in der Möglichkeit zur Mutterschaft. Damit will ich nicht sagen, dass Mutterschaft gleich Natur sei und Kinderlosigkeit widernatür-

lich. »Mutter« ist nicht nur ein Wort oder ein Name oder ein Begriff. Es ist das Geschöpf, welches sich bereit erklärt, uns das Leben zu geben, dessen wir hier auf Erden bedürfen, um unseren Weg gehen zu können.

Alle Frauen tragen genau dieses Potenzial in sich. Sie können – und sollten selbst – entscheiden, ob sie es nutzen oder darauf verzichten möchten. Wenn allerdings – durch Konventionen, Partner oder Eltern – über die Frau hinweg entschieden wird, ob sie schwanger sein darf bzw. soll oder nicht, führt das zu Verwundungen der weiblichen Psyche. Die Frau muss mit dem Potenzial, Kinder zu gebären, frei und selbst entscheidend umgehen können. Wird das boykottiert, entsteht eine Wunde in ihrem »braunen Thema«. Die Auseinandersetzung mit dem Bild, sich als Mutter zu sehen, bleibt unerledigt. Ist die Wunde erst einmal verdeckt, wird die Farbe Braun künftig einfach abgelehnt. Das Problem bleibt dann unbearbeitet. Ein ähnliches Drama wird mit Braun an die Oberfläche transportiert, wenn die Erziehung des eigenen Kindes mit starken Schuldgefühlen belegt ist. Oft bleibt nach Jahren der Mutterschaft der Eindruck zurück, nicht genügend Zeit für das Kind aufgebracht zu haben, kein »gutes« Beispiel gewesen zu sein oder auch, kein Wunschkind aufgezogen zu haben.

Weinrot – das »beruhigte« Rot

Es ist ein tiefes, dunkles Rot, bei dem man mit ungeübtem Auge kaum zu erkennen vermag, ob es einen blauen Unterton hat oder ins Braun tendiert. Farbberatern ist es als *Herbst- oder Sommer-Rot* bekannt. Es ist die Farbe der Blutkruste bei Verletzungen. Diese Farbe ist besonders kraftvoll, wenn es darum geht, frühere Verletzungen im Genital- und Unterleibsbereich auf der psychischen Ebene zu heilen. Auch bei

psychischen Verwundungen durch Unterleibsoperationen wirkt sie tröstend. Für Meditationskissen eignet sich Weinrot vortrefflich, weil es beim »Sitzen« hilft, den Kontakt zur Erde zu bewahren. Und dies ist das Wichtigste beim stillen Sitzen in Meditation. Die Farbe befindet sich zwischen dem lauten Rot und dem erdigen Braun und kann als Zwischenstation den Zugang zum Braun auf der einen Seite und zum Rot auf der anderen Seite ermöglichen. Weinrot kann auch als ein Rot betrachtet werden, das den Kampf, der dem Primär-Rot innewohnt, »überwunden« hat. Aus diesem Grund ist es auch eine unterstützende Farbe für die Wechseljahre der Frauen und Männer. Es liegt eine tiefe Kraft in der Farbe und auch sehr viel Ruhe.

Gold – Der Schutz der Sonne

Gold als Metall wirkt harmonisierend auf das Herz und entkrampfend. Jeder, der Gold tragen *will,* »braucht« es auch. Deshalb sollte sich wirklich niemand dieses Metall ausreden lassen (was leider von nicht wenigen Farbberaterinnen getan wird). Gold besitzt außerdem die Kraft starken Schutzes, wenn wir es uns als Hülle über und um uns herum vorstellen. Ich benutze diese Hülle gern, wenn ich in Kaufhäusern herumlaufe oder mich in einer großen Menschenmenge aufhalte.

Ebenso können wir alte Muster, Vorstellungen und Dinge, von denen wir nicht loskommen, mit Gold einfach durchtrennen. Stellen Sie sich eine goldene Schere vor, mit der Sie die Gedanken und Verbindungen zu einem anderen Menschen einfach vor Ihren Augen »durchschneiden«. Dies schadet dem anderen kein bisschen, und Sie selbst machen sich von ihm frei.

Gold ist auch ein Symbol für Reichtum und Fülle. Goldene Rahmen verstärken die Kraft des Bildes, das eingerahmt ist. Gold ist der Gegenpol zu Silber, wird der Sonnenkraft und dem Männlichen zugeordnet.

Silber – Die Klarheit der Mondin

Silber ist die Verkörperung der Weiblichkeit, entspricht dem aufnehmenden Prinzip und wird dem Mond zugeordnet. Es hat als Farbe und als Metall die Kraft, klärend zu wirken, wenn wir Probleme haben, die uns wie ein Irrgarten umgeben. Silber »erhellt«, macht frei, leicht und weit. In diesem Sinne hat es, eher als Gold, dieselbe Wirkung wie Gelb. Deshalb können wir es als Ersatz für Gelb nutzen, wenn wir diese Farbe nicht tragen wollen. Allerdings fehlen dem Silber die Wärme und Sonnenkraft, die dem Gelb und Gold innewohnen. Für alle, die Schmuck tragen, empfehle ich beide Metalle, weil beide Energien für uns wichtig sind.

Rosa – Die Zartheit der Elfen

Rosa ist nur stofflich und nicht als Licht herstellbar. Rosa ist in seiner Wirkung keinesfalls vergleichbar mit aufgehelltem Rot. Es ist die Farbe der Zartheit, die uns hilft, sensibler im Umgang mit uns selbst und anderen zu werden. Laute Menschen macht sie besonnener, grobe Menschen feiner. Sie wirkt Schuld-

Foto: Ralf Mohr

gefühlen entgegen und hilft – wie der Rosenquarz –, uns selbst zu lieben. Der Rosenquarz war früher ein recht uninteressanter Schmuckstein. Seit der New-Age-Welle konnte man ihn oft als Rohstein in Esoterikläden finden. Aber zu Schmuck verarbeitet galt er als zu wertlos. Mit der Wende in das neue Jahrtausend rückt dieser zarte Edelstein mehr und mehr in das Blickfeld der Beliebtheit. Er macht am ausdrucksvollsten das Wesen der Farbe Rosa sichtbar.

Magenta – Die »Erste Hilfe«

Verstärken wir den Rotwert des Violett bis hin zu Magenta, so erhalten wir mit ihr eine Farbe, die ähnlich dem »Rescue«[*] der Bach-Blüten[**] wirkt. Eigentlich gehört ein Tuch in dieser Farbe in jede Reiseapotheke und in jedes Auto. Die Farbe hat auch die Kraft, Gedanken negativer Art abzuwehren, die von außen in uns eindringen wollen. Der Unterschied zum Schutzcharakter von Türkis liegt darin, dass Magenta auf einer sub-

---

[*]   Rescue (in Deutsch »Notfalltropfen«) ist eine Mischung aus mehreren Essenzen, die bei Notfall-, Angst- und Schocksituationen unmittelbar hilft.

[**]   Die Bach-Blüten sind 38 Essenzen, entwickelt von Dr. Edward Bach, die regulierend auf die Charakterstruktur einwirken und dadurch die Selbstheilungskräfte so weit mobilisieren, dass die Ursachen für Krankheiten aufgehoben werden.

tileren Ebene wirkt. Es bietet Schutz gegen Gedanken, die schneller und feinstofflicher sind als das Licht. Sollten Sie also einmal erfahren oder wissen, dass es einen Menschen gibt, der »schlecht« über Sie denkt oder redet, können Sie sich mit dieser Farbe vor ihm schützen. Wollen Sie Magenta nicht tragen, können Sie lernen, sich die Farbe geistig vorzustellen.

Aura-Seher und -Leser sagen, dass Magenta die Farbe sei, die sich, wie eine Eierschale, als Hülle um alle Farben der Aura legt. Die Vorstellung, uns in einem magentafarbenen Ei zu befinden, gibt uns das Gefühl, sicher wie in »Abrahams Schoß« zu sein. Magenta ist – stärker als Violett – die Verbindung des warmen Rot mit dem kalten Blau und entsteht auch, wenn man Rot und Blau als Lichtfarben übereinander projiziert. Ich glaube, dass Magenta eine der beiden Farben der »Neuen Zeit« ist (die andere ist Türkis).

Weiß – Die notwendige Leere

Weiß ist keine Farbe. Es ist das in Materie festgehaltene Erscheinungsbild vom Licht. Weiß hat nur als Licht optimale Heilkräfte, weil es alle Farben in sich birgt. In der Kleidung kann es die Abkehr vom Weltlichen und Körperlichen aussagen, es kann aber auch dazu dienlich sein, die innere Not (Chaos, Depressionen) zu »wenden«.

Wenn jemand seinem Idealbild nicht entspricht, hilft ihm Weiß dabei, um sein Thema herumzukommen ohne es angehen zu müssen. Wenn wir gerne anders wären, als wir sind: wir trinken zu viel, wären gern intelligenter, anständiger, dünner, jünger etc. – beruhigt Weiß bei dem Selbstbetrug. Weiß ist Ausdruck vermeintlicher Unschuld und Reinheit (wie die Brautkleider in unserem Kulturkreis).

 Menschen, die sich gern in Weiß hüllen, verbergen damit oft ihre Schattenseiten. Meist sind sie von Schuldgefühlen geplagt, haben dauernd das Gefühl, sich reinigen und »entgiften« zu müssen, und leben mit strengen moralischen Vorstellungen. Natürlich demonstriert Weiß in der Kleidung auch immer etwas Adrettes, »Feines« und vermittelt zudem Ordnung und Sauberkeit. Der »weiße Kittel« der Ärzte soll Reinheit bis zur Sterilität repräsentieren. Selbst wenn er nicht zur beruflichen Pflichtkleidung gehört, wird er gern getragen, weil er Zugehörigkeit zu den »Göttern in Weiß« schafft. Dabei wäre Baumwollkleidung in anderen Farben ebenso leicht zu reinigen wie dieselbe Kleidung in Weiß. Jedoch muss man ganz klar sagen, dass Weiß – bewusst genutzt – genau wie Silber hilft, klar im Kopf zu werden. Es sollte jedoch – genau wie Schwarz – immer bewusst getragen werden.

Schwarz – Uniform und Beistand

Bekanntlich ist Schwarz, wie Weiß, ebenfalls keine Farbe. Hinzu kommt, dass Schwarz alle anderen Farben »schluckt«. Das Absorbieren von Licht und Farben bezieht sich für Schwarz besonders auf die Heilkräfte anderer Farben. Zwar erscheint jede Farbe neben Schwarz leuchtender und intensiver. Dies ist aber ausschließlich ein visueller Eindruck. Ebenso wie Schwarz alles absorbiert, haben die Menschen, die viel Schwarz tragen, die gleiche Tendenz.

Sie können dazu neigen, die lichten Kräfte anderer zu absorbieren. Ihre Persönlichkeitsstruktur ist häufig das »In-sich-Aufnehmen«.

Schwarz ist die umstrittenste Farbe unserer Zeit. Sie hält Depressive in der Depression, Gewalttätige in der Aggression, ermöglicht aber auch Rückzug und Abgrenzung, was sehr oft fälschlicherweise als »Sicherheit« bezeichnet wird. Dabei bildet Schwarz nichts anderes als eine Mauer oder Festung. Dahinter verborgen bleibt der »schwache« Mensch. Viele tragen Schwarz wie eine Uniform und demonstrieren damit ihre Zugehörigkeit zu der Gruppe der Kreativen, der Avantgarde und der »Zeitgeistigen«. Zum Glück wurde dieses Bild etwas aufgeweicht, seit Gaultier* gewagt hat, apricotfarbene Herrenanzüge zu kreieren.

Wenn den Jugendlichen unserer Gesellschaft in einem bestimmten Alter Schwarz zum »Muss« wird, sollten wir dies als Ausdruck von Rebellion und Abgrenzung gegen gesellschaftliche und elterliche Werte und Vorstellungen akzeptieren. Es ist der Rückzug auf die Ebene von Verweigerung und Simplifizierung. In ihrer Clique gelten sie damit als »cool« und vermitteln Stärke. Das ist ein

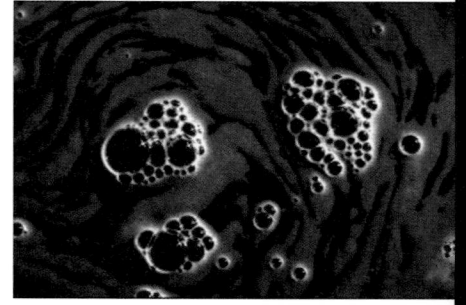

Weg, den Jugendliche gehen *müssen*, um zu den bunten, reichhaltigen Facetten ihrer Persönlichkeit zu gelangen.

---

* Jean Paul Gaultier ist einer der an der Spitze stehenden französischen Modedesigner.

Erwachsene, die immer noch Schwarz als Kleidung »brauchen«, haben die Kraft und Schönheit ihrer eigenen Individualität noch nicht recht erfahren können. Sie brauchen die Gruppenanlehnung sowie die Ausstrahlung von Härte und Mauern, um »bestehen« zu können.

Bis ich als Farbberaterin zum »Frühlingstyp« wurde, war mein Schrank ebenfalls fast ausschließlich mit schwarzer Kleidung gefüllt. Es war die Mauer, hinter der ich mich verbarg. In »das Bunte« zu gehen, war ein *salto mortale* in ein völlig neues Da-Sein. Das »Bunte« in uns, die Farben, bedeuten immer Vielfältigkeit und ein Bekenntnis zur eigenen Individualität. Schwarz und Weiß ist der Zustand von »entweder – oder«. Diese Grenzen aufzubrechen und »in die Farben zu gehen« ist in jedem Fall mit Erfahrungen verbunden, die Neuland bedeuten und erst einmal in »inneres Chaos« stürzen können.

»Farbbewusstsein ist eine Suche,
ein Abenteuer.
Es bedeutet, sich zu verlieren,
nur um sich erneut zu entdecken.«

Lilla Bek[*11]

Bild von Karin Hunkel

Die Bedeutung der Ablehnung von Farben

Wenn ich Ihnen jetzt die Bedeutung der sich im Plus und der sich im Minus befindlichen Farben beschreibe, so bitte ich Sie, dies als »Entree« in die Psychologie der Farben zu verstehen. Tiefere und ernsthaftere Aussagen kann ich nur machen, wenn ich den Menschen selbst vor mir habe und wir gemeinsam in einem Prozess der Selbsterfahrung an die Hintergründe der entwickelten Persönlichkeit gelangen können.

Rot (kräftiges Primär-Rot) wird gerne von Menschen getragen, die keine Schwierigkeiten haben, ihre Power zum Ausdruck zu bringen. Man könnte auch sagen: Menschen, die Rot tragen, stehen voll in ihrer Potenz. Menschen, die sich nicht so sicher fühlen, können diese Farbe nutzen, um mit ihr einen stärkeren Eindruck von Sicherheit zu hinterlassen.

Abgelehnt wird Rot meist, wenn das Problem der fehlenden Selbstsicherheit besteht. Frauen lehnen es zudem ab, wenn sie Aggressionen fürchten (auch die eigenen) oder weil ihnen die Farbe »zu laut« ist, was sie selbst niemals sein wollen. Natürlich führen auch kindliche Gewalterfahrungen dazu, später als Erwachsener diese aggressive Farbe abzulehnen. Rot wird häufig bei körperlichen Problemen im Genitalbereich abgelehnt, wie z. B. Blasenproblemen. Orgasmus- und Potenzprobleme führen ebenfalls dazu, das starke Rot abzulehnen.

Orange drückt, wenn es stark leuchtet, Jugendlichkeit und Extrovertiertheit aus. Wird die Farbe etwas gedeckter getragen, vermittelt sie Wärme und natürliche Erotik. Man kann jedoch sagen, dass Orange erst zur Modefarbe werden musste, bevor sie Einzug in die Kleiderschränke finden konnte. Den meisten Menschen ist sie zu laut.

Abgelehnt wird Orange, wenn die Tendenz besteht, Dinge und Menschen »festzuhalten«, anstatt ihnen Zeit und Raum zu geben, sich selbst zu entwickeln. Auch in der Sexualität gibt es dann häufig Probleme, denn so richtig erotisch und mit Hingabe wird sie nicht erlebt, sondern eher »kontrolliert« und »organisiert«. Die Farbe Orange symbolisiert das Gegenteil von Ordnung und Kontrolle.

Auf der körperlichen Ebene wird Orange abgelehnt bei allen »typischen Frauenleiden« und bei Problemen im unteren Darmtrakt (wie Verstopfung und Durchfall).

Gelb wird gerne von Menschen getragen, die ein heiteres und sonniges Gemüt haben. Genauso häufig wird es von Menschen mit den gleichen Charakterzügen aber auch abgelehnt. Von Gelb in der Kleidung halten viele Abstand, wenn die Farbe auch der Heiler für die meisten körperlichen Probleme ist.

Abgelehnt wird Gelb ganz massiv bei Ängsten und Depression. Dabei kann die Farbe gerade dagegen Wunder wirken. Auch wird die Farbe abgelehnt, wenn die Balance zwischen Geben und Nehmen nicht stimmt und dadurch Gewichtsprobleme entstehen.

Auf der körperlichen Ebene liegen bei der Ablehnung fast immer Verdauungsprobleme vor und in nicht seltenen Fällen auch Magen-, Leber- oder Gallenprobleme.

Grün wird – als farblicher Ausdruck der Natur – von nur wenigen Menschen abgelehnt. Besonders gemocht wird es von Menschen, die Liebeskummer haben (als Farbe des Herzens). Es wird allerdings sorgfältig gewählt zwischen Apfel- und Maigrün oder Smaragd- und Flaschengrün. Die Begeisterung für Oliv konnte ich weitgehend nur als Modeerscheinung erfahren.

Ablehnung von jeglichem Grün – auch als Pflanzen – geht meist einher mit der Ablehnung von Natürlichkeit und strikter Ablehnung der Eltern.

Türkis tragen Menschen gern, die ihre Lebendigkeit unterstreichen wollen. Für viele ist es auch eine der »frischesten« Farben, mit der sie selbst frisch wirken wollen.

Abgelehnt wird Türkis, wenn es als sehr kalt empfunden wird und wenn jemand Probleme damit hat, sich selbst von der Meinung anderer abzugrenzen. Es fällt dann schwer, den eigenen Raum zu schützen und bei sich zu bleiben. Auf der körperlichen Ebene wird Türkis bei Allergien und häufig auftretenden Erkältungskrankheiten abgelehnt.

Blau – speziell Dunkelblau – wird von Menschen bevorzugt, die das Extrovertierte meiden und sich in festen, altbewährten Strukturen zu Hause fühlen. Dunkelblau ist bei der Kleidung die Farbe, die für Vertrauen und Sicherheit steht. Sie ist »das Kleid der Anpassung« und ist deshalb auch im Business die beste »Tarnfarbe«.

Abgelehnt wird Blau – auch hier wieder speziell das Dunkelblau – besonders von Menschen, die glauben, darin zu brav und spießig zu wirken. Auch wenn Dinge anstehen, die sprachlich gelöst werden sollten, wird Blau so lange abgelehnt, bis die Aussprache gelingt.

Auf der körperlichen Ebene sind es oft Hals- bzw. Schilddrüsenprobleme, die zur Ablehnung führen.

Violett in der Kleidung zu favorisieren, war schon immer mit der Aussage des »Besonderen« verbunden. Als Farbe ist es die Mischung zwischen »Heiß« (Rot) und »Kalt« (Blau), und so wurde sie Ausdruck der Verschmelzung von Gegensätzen.

Abgelehnt wird die Farbe von Menschen, denen es sehr schwerfällt, anderen zu vertrauen. Als Vorgesetzte glauben sie nur allzu gern, dass, wenn sie die Fäden nicht in der Hand halten, von den anderen nichts richtig gemacht wird. Manchmal sind auch pubertäre Erfahrungen oder Fantasien von Homoerotik hinter der späteren Ablehnung versteckt. Auch bei strenger Gläubigkeit und Kirchentreue der Eltern wurde in der Erinnerung Violett als etwas Unangenehmes gespeichert.

Auf der körperlichen Ebene konnte ich bisher keine Symptome feststellen, was nachvollziehbar wird, wenn wir das Scheitel-Chakra kennenlernen, das mit Violett korrespondiert.

Bedeutung der Ablehnung von Farben

Farbe	Themen der Farbe	Psychische Gründe	Organische Symptome
Rot Kraft	Kraft, Anfang, Initiative, Vitalität, Feuer, Hitze, Leidenschaft, Aggression	Angst vor eigener Kraft (Wut, Agression), keine oder schwache Durchsetzungskraft, Missbrauchserfahrung in der Kindheit	niedriger Blutdruck, kalte Füße, Orgasmus- und Potenzprobleme
Orange Gefühl	Ausweitung, Fließen, Wärme, Erotik, Kreativität, Gefühle	Stressproduktion (immer gehetzt), kann nicht genießen, Missbrauchserfahrung in der Kindheit, hat Probleme, das eigene Geschlecht anzunehmen	Menstruations- und Darmprobleme (Enddarm)
Gelb Freude	Balance zwischen Geben und Nehmen, »Erhellung« der Schatten	Angst, träumt nicht, kann nicht loslassen, Zwangscharakter, Geldsorgen, Depressionen	Verdauungsprobleme, Übergewicht, Magen-, Leber-, Gallenerkrankungen, Nierenprobleme, Gelenkkrankheiten

Farbe	Themen der Farbe	Psychische Gründe	Organische Symptome
Grün Harmonie	Liebe, Harmonie, Nächstenliebe, Frieden, Partnerschaft	psychische Demontagen durch frühe Bezugspersonen, Beziehungsprobleme, Opferhaltung	Herzerkrankungen, Stress
Türkis Abwehr	Schutz und Abwehr, Kühle	Probleme, bei sich bleiben zu können, fehlende Abgrenzung	schwaches Immunsystem, häufige grippale Infekte
Blau Ruhe	Ruhe, Klarheit, Kühle, Kommunikation	traut sich nicht, wichtige Dinge anzusprechen, Angst, nicht bestehen zu können	Hals- und Schilddrüsenerkrankungen, Sprechprobleme
Indigo Spiritualität	Zurückgezogenheit, Tiefe, Ernsthaftigkeit	sich immer als unvollkommen erachten	Migräne, Tinnitus, Schwerhörigkeit
Violett Geist	Violett: Religiosität, Flieder: Leichtigkeit	Schwierigkeiten, anderen zu vertrauen, immer das Gefühl haben, alles selbst machen zu müssen, damit es richtig wird	keine

Farben therapeutisch anwenden

*»Die Heilung ist ein Prozess,
kein einmaliges Ereignis.«*
Anne Wilson Schaef

Im Folgenden erfahren Sie »spezielle praktische Anwendungs-Möglichkeiten«, die Sie mit jeder Farbe ausprobieren können und die für jeden leicht nachzuvollziehen sind. Suchen Sie sich daraus »Ihre eigene« Farbbehandlung heraus, oder testen Sie sie einzeln aus. Allerdings dient sie nicht dazu, Krankheiten zu »heilen«, und auch nicht als Ersatz für einen Arztbesuch. »Heilung« sehe ich als Begriff für ein bewusstes Lebenskonzept zum Wohle aller. Es ist ein Zustand, der Krankheit entweder nicht mehr nötig macht oder sie als Signal für Lebensänderung versteht.
Nochmals: Ich bitte Sie dringend, die angegebenen Behandlungszeiten zu beachten!

1. Die Garderobe, die wir tragen, könnte in den Farben gehalten sein, die wir »brauchen«. Bedenken Sie, dass ein Kleidungsstück in den falschen Farben genauso viel kostet wie eines in den richtigen Farben. (Täglich!)
2. Wir können das Sonnenlicht so oft wie möglich an unsere Augen lassen. Das bedeutet nicht, dass wir in die starke Strahlung direkt hineinsehen sollen. Wir sollten unsere Augen jedoch nicht vor dem natürlichen Licht der Sonne – durch Sonnenbrillen – verbergen. (Täglich mind. 30 Minuten)

3. Durch mundgeblasenes Glas – Kirchenfenster oder Tiffany-Glas – zu sehen, ermöglicht, große Farbintensität und -aufnahme zu erleben. (Ca. 3–10 Minuten)
4. Mit Tüchern in den Spektralfarben aus einem Naturmaterial (beispielsweise Natur- oder Habotaiseide) können wir uns zudecken oder sie um Bereiche des Körpers binden, wo die Farbe zur Heilung benötigt wird. Auch bei der Farbmeditation dienen sie zur Unterstützung. (Ca. 20 Minuten, als Kleidung unbegrenzt)

5. Durch Malen in den Farben, die wir brauchen, geben wir uns ein Optimum an Farbenkraft. Es ist wie ein Ein- und Ausatmen: Unsere Kreativität geben wir in den Mal-Prozess hinein, die Farbenkraft holen wir heraus. (Ca. 20–30 Minuten)
6. Farbige Glühlampen mit 60 bis 300 Watt sorgen für die Bestrahlung des ganzen Körpers sowie für die Atmosphäre, in der wir uns befinden. Die Farbe kommt immer dort an (ob auf der körperlichen oder psychischen Ebene), wo wir sie brauchen. (Nicht länger als 10 Minuten)
7. In Farben zu baden ist ebenfalls sehr wirkungsvoll. Bei rot gefärbtem Wasser sollte allerdings dringend auf Blutdruck und Pulsschlag geachtet werden.

Ebenfalls sollten Sie sich nach einem blauen Bad – außer Schlaf – nichts mehr vornehmen, weil es stark beruhigt. (Höchstens 10 Minuten, nicht zu warm!)

8. Alle Farben, die wir brauchen, können wir über Nahrungsmittel aufnehmen. Unser Stoffwechsel steht an zweiter Stelle (nach den Augen) für die Rezeptionsfähigkeit von Farben. Danach kommt erst an dritter Stelle die Haut als Farb- und Lichtempfänger.

9. Farbmeditationen: Im meditativen Zustand brauchen wir nichts außer uns selbst, um uns mit Farben zu nähren. Farben mit der eigenen Vorstellungskraft entstehen zu lassen, ist einer der wirkungsvollsten und wichtigsten Selbstheilungsvorgänge. Es ist das Training des »geistigen Auges«.

Über den eigenen Anwendungsbereich hinaus gibt es natürlich Möglichkeiten, Farbtherapien unter der Leitung von Therapeuten, Heilpraktikern und Ärzten in Anspruch zu nehmen.

Nachfolgend möchte ich Ihnen einige Therapeuten nennen, deren Arbeitsweise mir bekannt ist und die ich deshalb empfehlen kann. Diese Liste erhebt jedoch nicht den Anspruch, alle farbtherapeutischen Richtungen aufzuzählen.

»Beginnen wir mit einem, fällt uns alles andere zu.«

1. Die Spectro-Chrom-zwölf-Farben-Therapie von Dinsha Ghadiali (1873–1966) ist die wohl älteste neuzeitliche Vollspektrum-Colortherapie. In Indien geboren, arbeitete Dinsha später als Arzt und Farbforscher in Amerika. Die Methode ist in dem Buch »Es werde Licht« von Dinshas Sohn Darius leicht verständlich dargestellt.

   Spectro-Chrom-Lampen und Dinsha-Folien bei:
   Alexander Wunsch
   Bergheimer Str. 116
   69115 Heidelberg
   www.alexanderwunsch.de

2. Farbtherapie bei Klausbernd Vollmar. Er ist (deutscher) Psychotherapeut und Leiter des Institutes für Analytische Körperarbeit in England.

   Klausbernd Vollmar
   Email: mail@kbvollmar.de
   www.kbvollmar.de

3. Farbpunktur von Peter Mandel. Dabei wird farbiges Licht mit einem kleinen Strahler über Akupunkturpunkte und die Meridiane ins energetische System geschleust.

   www.esogetics.com
   info-de@esogetics.com

4. Farblichtbestrahlung nach Jacob Liberman mit reinem monochromatischem Licht. Diese Geräte arbeiten mittels eines Filtersystems, welches Bestrahlung mit reiner Farbe ermöglicht. Sie sind auf einer sehr breiten (ganzheitlichen) Fläche sehr wirkungsvoll.

Dr. Jacob Liberman
P.O.Box 4058
Aspen, Co.
Tel.: 001-303-920-4413
www.exerciseyoureyes.com

Bestrahlungen nach Jacob Liberman:

Dagmar Loos-Welzenbach
Wehrheimer Pfad 9
61191 Rosbach
Tel. 06003-6057

5. Farbbestrahlung nach Theo Gimbel. Er arbeitet seit 1956 mit Farben und hat ein eigenes System entwickelt. Für jede Farbe erstellte er eine bestimmte Form und einen Sound. Alle drei Elemente wendet er zur Heilung an. Auch er bestrahlt mit Farben und selbst entwickelten Lampen.

Hygeia Studios
Theo Gimbel
Brook House, Avening
Tetbury GL8 8NS, Großbritannien

6. Maltherapie bei besonders dafür ausgebildeten Maltherapeuten. Durch den künstlerischen Prozess wird die Konfrontation mit sich selbst erfahrbar. Was auf dem Blatt entsteht, ist ein Abbild des eigenen Selbst. Hier die Adresse einer mir gut bekannten Maltherapeutin, die ein eigenes synergetisches System entwickelt hat:

Ingmut Dossow
ingmut-dossow@t-online.de
www.ausdrucksmalen-maintaunus.de

Bild von Karin Hunkel

»Jeder Mensch braucht alle Farben.«

Farbanwendungen

Farbe	Hilfe bei organischen Beschwerden	Nicht anwenden bei
Rot stimulierend 780–630 *nm*	Durchblutungsstörungen, Orgasmus- und Potenzschwierigkeiten, Erkrankungen der Prostata, Bartholinitis, Eierstock- und Eileitererkrankungen, Blasenerkrankungen (nicht akut), niedriger Blutdruck, kalte Füße	hohem Blutdruck, Nervosität, Aggressivität, Akne, Couperose, akuten Entzündungen, Schlafschwierigkeiten
Orange entkrampfend 630–600 *nm*	Gebärmuttererkrankungen, Menstruationskrämpfe, Mineralstoffmangel, Ödembildungen im Körper, Erkrankungen im unteren Darmbereich, Depressionen	Schlaflosigkeit

Farbe	Hilfe bei organischen Beschwerden	Nicht anwenden bei
Gelb erhellend 600–570 *nm*	Magen-, Leber-, und Gallenprobleme, Erkrankungen im oberen Darmbereich, Verdauungsprobleme, Arthritis, Arthrose und Rheuma, Diabetes und Gastritis, Angst, Depressionen	Ess-Sucht, Gewichtsproblemen (ohne sich mit den Gründen auseinanderzusetzen)
Grün harmonisierend 570–490 *nm*	alle Erkrankungen des Herzens und bei Liebeskummer, bewirkt Harmonisierung bei Stress	
Türkis schützend ca. 490 *nm*	Bronchitis und Lungenentzündung, häufige grippale Infekte, Lymphdrüsenentzündung, HIV und andere Immunschwächen, Speise- und Luftröhrenerkrankungen	betont kühlen Umgangsformen

Farbe	Hilfe bei organischen Beschwerden	Nicht anwenden bei
Blau beruhigend 490–470 *nm*	grundsätzlich bei allen Entzündungen, spez. Hals-, Kiefern-, Zahn-, Lungen- und Kehlkopferkrankungen, Schilddrüsenüber- und -unterfunktion, Akne und Couperose, Nervosität	niedrigem Blutdruck, Lethargie, Müdigkeit
Indigo 470–460 *nm*	Migräne, Tinnitus, Nebenhöhlen- und Mittelohrentzündungen, Gehörsturz	niedrigem Blutdruck
Violett konzentrierend 460–ca. 400 *nm*	Konzentration, Ich-Zentrierung, zügelt Appetit, entwässert	fehlender Bodenständigkeit (Erdung)

III.

Die Chakras – Unsere Lebensenergie

»Betrachte deine Essenz als Lichtstrahlen,
die von Zentrum zu Zentrum (Chakra zu Chakra)
die Wirbelsäule hochsteigen,
und so erhebt sich das Leben in dir.«

Shivas Antwort an Devi[*12]

Die Energie unserer farblichen Strahlkraft

Das Wort Chakra ist indisch und kommt aus dem Sanskrit. Es bedeutet so viel wie (Licht-)Rad, das voller Energie strahlt. Chakra ist ein Wort, das jahrtausendealt ist und das es von seiner Ursprünglichkeit her nur im Singular gibt. Verwenden wir es im Plural, ist es egal, ob wir Chakras oder Chakren dazu sagen. Ich habe mich dafür entschieden, sie im Plural *Chakras* zu nennen. Als Energiekörper bleiben sie, ähnlich einem Vortex[*] – außer für »Seher« –, völlig unsichtbar. Sie sind zum einen mit dem Ätherleib (Aura) und zum anderen direkt mit dem physischen Leib über die Drüsen verbunden. Chakras bewegen sich dreidimensional aus ihrem Mittelpunkt heraus zirkulierend in alle Richtungen. Es sind energetische Schwingungsfelder, die anscheinend aus unserem Körper treten. Wir können auch sagen, dass sich unser Körper durch die spezifische

---

[*] Ein Vortex ist eine Energiespirale, die aus der Erde kommt. Einige von ihnen befinden sich unter den Bergen von Sedona/Arizona, einer soll sich unter der Cheopspyramide befinden, einer an der Stelle, wo man glaubt, dass Atlantis untergegangen sei, und einer in der GUS.

Schwingungsfrequenz der Chakras darstellt. Die Inder stellten sie als Blütenräder dar und versahen die Mitte ihrer Kelche mit bestimmten Symbolen, welche die Aussage des jeweiligen Chakras erklärten.

Chakras sind nicht farbig, sondern gehen eine Partnerschaft mit einem, einer bestimmten Farbe innewohnenden seelischen Ausdruck ein.
Karin Hunkel

Durch die Wesensgleichheit beider können wir den Chakras bestimmte Farben zuordnen. Die spezifischen Farben der Aura sagen nicht unmittelbar etwas über ein stark energieversorgtes oder unterversorgtes Chakra aus. Die Farben der Aura sind zum einen energetische »Buntpausen« (Abbilder) des Bewusstseins. Zum anderen verändern sie sich in dem Moment, wenn wir uns geistig mit einem anderen Thema beschäftigen. Spreche ich mit einem kleinen Kind oder einem geliebten Menschen, so hat meine Aura eine andere Farbe, als wenn ich jemanden von etwas überzeugen will. Die Farbzuordnungen der Chakras hingegen stehen in direktem Bezug zur *Bedeutung einer Farbe*.

Farben und Chakras sind Partner wie ein Zwillingspaar und ermöglichen die Aussagen über die psychisch-geistige Entwicklung eines Menschen. Entscheidend ist hierbei, wie stark die einzelnen Chakras mit Energie versorgt sind. Transformiert auf die Ebene der Farben heißt dies: Wie stark wird oder wurde der Charakter einer bestimmten Farbe gelebt bzw. blockiert? Sogenannte Blockaden oder eine Unterversorgung der Chakras ergeben sich aus der eigenen Biographie. Sind es in der Kindheit noch Einflüsse von außen, die den Chakras Energie geben oder deren Energiefluss hemmen, so ist es im Erwachsenenalter die Art der eigenen Lebensführung.

Verantwortlich für Blockaden der Chakras sind Persönlichkeitsstrukturen, die aus dem Gefühl des Getrenntseins von der Einheit entstanden sind und in Form von negativen Gedanken und Gefühlen gelebt werden, wie:

1. Ärger, Hass, Neid, Verleumdung, Rache
2. fehlende Bereitschaft, zu fühlen
3. Verschwendung, Diskriminierung
4. Täuschen, Lügen und Stehlen
5. Anhaftungen, Festhalten an Gefühlen und Menschen
6. Sorgen und Ängste (wie auch Geldschwierigkeiten)
7. Festhalten an einer Entwicklung in nur eine Richtung
8. Depressionen

Es wird häufig davon gesprochen, Chakras »öffnen« oder schließen zu wollen. Ich muss dazu sagen, dass geschlossene Chakras genauso unmöglich sind, wie tote Menschen leben können. Manche Menschen verhalten sich so, als seien sie tot, und ebenso verhält es sich auch mit den Chakras. Es gibt keine geschlossenen Chakras, es gibt nur solche, denen es durch Blockaden verwehrt ist, in der vollen Energie zu pulsieren. Es fließt weniger »Prana«, wie die Inder sagen, *weniger Lebenskraft*. Dennoch fließt sie. Wir können die Vorstellung von den Chakras auch mit einem Karussell vergleichen, das sich dreht, egal ob es voll besetzt oder fast leer ist.

Verändern wir unser Leben auf allen Ebenen und ersetzen die oben genannten Blockaden 1. bis 8. folgendermaßen:

1.	Gedanken der Harmonie,
2.	das Gefühl des Friedens und der Liebe,
2. und 3.	das Bestreben, sich zum Wohle aller zu verhalten,
4. bis 6.	das Vertrauen, dass mir *alles* gegeben wird,
5. und 6.	Vertrauen, dass alles – so wie es ist – richtig ist,
7. und 8.	die Zuversicht auf göttliche Hilfe und in die eigene Kraft,

so kann das gesamte zur Verfügung stehende Kraft- und Lebenspotenzial ungehinderte Entfaltung finden.

Die Lebenseinstellung zu verändern, heißt, sich selbst mit seinem Verhalten in eine veränderte Position zu begeben, sodass die Empfangsbereitschaft für Prana (Lebensenergie) sich vergrößert oder wiederhergestellt wird. Dieses Plus an Lebensenergie verändert jeden Menschen nach außen – für die Umwelt realisierbar – und nach innen einen Schritt weiter auf der Leiter der persönlichen Entwicklung. Jeder Mensch ist mit seinem individuellen Sein ein Resonanzfeld für Energie. Jeder unserer Gedanken, alle Haltungen und Handlungen beeinflussen unser gesamtes Umfeld. Sie steuern unsere Erfahrungen und unsere Geschichte – physisch, psychisch, emotional und geistig. Die Entfaltung der Chakras bedeutet die Entwicklung geistigen Wachstums.

Der Weg geht von der Körperlichkeit und Ich-Findung zur Ego-Auflösung. (Siehe dazu die einzelnen Chakra-Erläuterungen) Letzteres ist selbstverständlich ein großer

Auftrag. Die meisten Menschen der westlichen Welt (die nordamerikanischen Ureinwohner ausgenommen) haben jedoch kein anderes Lebensziel, als, es sich im Ausleben der ersten beiden Chakras »gut gehen« zu lassen, und bleiben damit tatsächlich auf einer sehr niedrigen Entwicklungsstufe (mit allen Krankheiten, welche die Blockierungen der beiden Chakras auf der körperlichen Ebene verursachen).

Der Versuch, Chakras mithilfe technischer oder medizinischer Mittel in eine höhere Schwingung zu bringen, ist zum Scheitern verurteilt. Auch Körperübungen, die versprechen, auf Chakras einzuwirken, bleiben erfolglos, wenn sie nicht aus der stofflichen Ebene auf die Ebene der geistigen Entwicklung erhoben werden.[*] Techniken, die unser Bewusstsein auf eine höhere Stufe heben sollen, konzentrieren sich ohnehin hauptsächlich auf die oberen Chakras. Sind wir aber wegen unserer Lebensweise nicht fähig, die unteren Chakras mit Energie zu versorgen, so wird uns das Tor zu den oberen verschlossen bleiben. Die Arbeit beginnt – wie im Leben mit der Geburt – mit dem ersten Chakra. Voraussetzung ist der Bezug zu »Mutter Erde« (Braun).

Eine der bekanntesten Techniken, bei denen das Wort »Chakra« von Bedeutung ist, ist – neben Yoga und Tantra – die Meditation. Wir haben gelernt, dass das Verschränken der Beine notwendig und wichtig für die Meditation ist. Dabei wird meist der so wichtige Bereich der Beine und des Gesäßes vom Rest des Körpers energetisch abgeschnürt. Ein Großteil des Bindegewebes befindet sich bei Frauen in den Beinen und im Gesäß, und nach R. Bruyere

---

[*] Hier sei erwähnt, dass Körperübungen im Yoga ausschließlich der Entwicklung des Geistes und damit auch der Entwicklung der Chakras dienen und nicht, wie oft praktiziert, der körperlichen Dehnbarkeit.

ist das Bindegewebe (38 Prozent unseres Körpers) einer der Hauptträger für elektromagnetische Felder. Wir meditieren, um zu klarem Geist, möglicherweise zur Erleuchtung zu gelangen, und schneiden uns dabei den Energiefluss der unteren – nicht weniger »heiligen« – Chakras ab. Die Selbstakzeptanz, bei der Meditation aufrecht auf einem Stuhl zu sitzen, bringt uns sicher weiter.

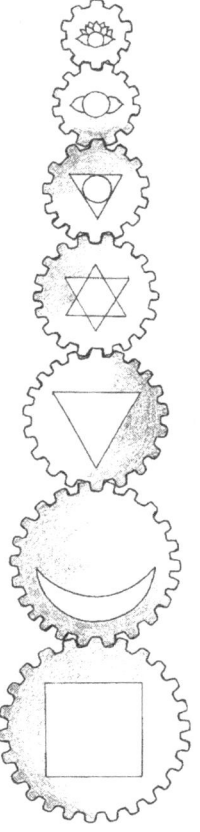

Die Verbindung der Chakren untereinander:

Stellen Sie sich sieben Zahnräder übereinander vor, von denen eines das nächste antreibt. Das unterste ist das größte, das oberste das kleinste. Wenn Sie nun versuchen, durch die Drehung des obersten auch das große Zahnrad unten in Bewegung zu setzen, müssen Sie das kleine sehr schnell drehen – dennoch wird sich das untere kaum rühren. Umgekehrt verhält es sich, wenn Sie das untere, große Zahnrad in Bewegung bringen. Sie brauchen nur wenig Kraftaufwand, und alle anderen Zahnräder drehen sich mit – am schnellsten das oberste. Dieses Beispiel können Sie auf die Chakra-Entwicklung übertragen. In den abgebildeten Zahnrädern finden Sie die indischen Chakra-Symbole neuerer Zeit.

Für alle alten Kulturen waren die Chakras wesentlicher Bestandteil des Lebens, der Weisheit und der Fähigkeit, zu heilen. Sie haben sie teilweise anders genannt und ihnen unterschiedliche Farben zugesprochen. Menschen, die in anderen Kulturen leben und dadurch andere Denk- und Lebensweisen haben, strahlen auch in anderen Aura-farben.[*13] In unseren Breiten werden »Herzen der Liebe« beispielsweise rot gesehen, auch die Liebe selbst wird dem roten Chakra-Bereich zugeordnet, der jedoch nicht der Liebes-, sondern der Genitalbereich ist. Dadurch finden wir oft Rot in der Aura Liebender unseres Kulturkreises. Für Menschen mit anderer Denk- und Bewusstseinsstruktur gehört die Liebe zweifelsfrei in den Chakrabereich des Herzens mit den Farben Grün und Rosa. Die Aura dieser Menschen offenbart sich dadurch ebenfalls in diesen Farben, wenn sie Liebe empfinden.

Es gibt differierende Anschauungen über die Anzahl der Chakras. Ein Grund für die Differenzen liegt in den unterschiedlichen Lehren, Kulturen und Religionen. Manche Gelehrte konnten – oder durften – nicht über Sexualität referieren. Aufgrund dessen wurde das für die Sexualität entscheidende 2. Chakra kaum erwähnt, was zur Folge hatte, dass es in der Überlieferung als nebensächlich bezeichnet wurde. Statt vom Sakral- oder Sexualitäts-Chakra sprach man vom Milz-Chakra, was den großen Stellenwert, den die Sexualität für die Gesamtentwicklung eines Menschen hat, negiert. Es ist mit ein Verdienst OSHOs, dass die Sexualität wieder ins rechte Licht der Chakraleiter gerückt ist. Die meisten Lehren sprechen von sieben, manche von sechs oder neun, andere von dreizehn Chakras. 129 ist eine weitere Zahl: sieben Haupt- und 122 Neben-Chakras. Natürlich haben die Hüter der großen Religionen, ob Hindus oder Buddhisten, mit den Lehren über die Chakras auch jeweils Regeln zur Erhaltung der Glaubenstreue vermittelt, was zu Abweichungen zwischen den einzelnen Chakraleh-ren führte.

So hat das von uns im Westen praktizierte Tantra – und meist auch unsere Art von Yoga – wenig mit den alten indischen Überlieferungen zu tun. Dennoch sind sie für manche Menschen Heilungswege, und das ist entscheidend. Deshalb ist es auch sinnlos, darüber zu streiten, wie viele Neben-Chakras es gibt und ob das Scheitel-Chakra dem Heiligenschein der Christen gleicht oder dem tausendblättrigen Lotos. Es geht nicht darum, ein richtiges oder falsches Bild der Chakras zu erstellen, sondern es geht um die Entwicklung unserer Energie(-Körper) für das eigene Wachsen im *freien* Raum.

Die Ureinwohner Amerikas haben ebenfalls mit den Kräften der Chakras gelebt und gearbeitet, ohne dem einen mehr und dem anderen weniger Bedeutung zuzumessen oder sie religiös zu verbrämen. Die Chakras sind in der Tat nur in ihrer Gesamtheit erfassbar. Es gibt weder ein niederes und ein höheres noch ein kaltes und ein heißes noch ein offenes und ein geschlossenes Chakra.

Was sind Chakras?

Sie sind die Spiegel unserer Seele,
die Engel unseres Bewusstseins
und die Zentren unserer Energie.
Sie sind die Wächter unseres
auf dem Weg der Heilung
befindlichen Seins.

Karin Hunkel

Der Grund, warum wir mit Chakras und Farben interaktiv »arbeiten« können, liegt in der Feinstofflichkeit der Farbenenergien. Auf dieser Ebene können die Farben von den Chakras als eine der »Ihren« *erkannt und aufgenommen* werden. Das Gleiche geschieht auch mit den Energien der Edelsteine und der Töne. Wir können sie jedoch trotzdem nicht wie ein Medikament anwenden und darauf hoffen, dass wir sie nur auf ein Chakra aufzulegen brauchen, um dies zu energetisieren.

Drei Eigenschaften sind allen Chakras gemein:

Sie nehmen auf

- und zwar jede Art feinstofflicher Schwingung: die Aura, universelle Lebensenergie, geistige Kräfte und Gedanken, die Schwingung von Farben, Tönen, Mineralien und Düften, Homöopathie, Bach-Blüten, Kalifornische Blüten und anderes mehr. Die Energie wird über das endokrine System (Drüsen) an unseren Körper und über den Geist an die Seele weitergeleitet.

Sie geben ab

- Sie geben feinstoffliche Schwingungen an alle Lebewesen ab, mit denen wir zusammen sind, und – darüber hinaus – an die gesamte Welt, einschließlich des Kosmos.

Sie gleichen aus

- Ein Chakra wechselt zwischen Aufnahme und Abgabe von Energie innerhalb seines eigenen Systems. So können z. B. – aufgrund von Verliebtheit – die beiden unteren Chakras mit derart viel Energie gefüllt sein, dass die oberen davon etwas abbekommen und sich dieser Mensch fühlt, als sei er »erleuchtet«.

Chakra-Soma

Eine Brücke von der körperlichen Erkrankung zur Blockade (oder Unterversorgung) eines Chakras zu schlagen ist viel leichter, als die psychische Ursache psychosomatischer Erkrankungen herauszufinden. Jedes der Zentren versorgt in seinem Bereich Drüsen und Organe mit Energie. Reicht die Energie aus, so besteht keine Gefahr, in diesem Bereich zu erkranken. Wir können umgekehrt auch von einer Erkrankung in einer bestimmten Körperregion auf eine Unterversorgung des Chakras, das sich dort befindet, schließen und sehen, ob das Prinzip dieses Chakras gelebt wird oder nicht. Finden wir den chakrasomatischen Bezug, so können wir zum einen mit der entsprechenden Farbe auf den Körper einwirken; zum anderen zwingt uns die Behandlungsfarbe zur Auseinandersetzung auf einer geistigen Ebene. Ganz leicht können wir an unseren Antipathien gegen bestimmte Farben die unerledigten Themen und Störungen erkennen.

Ich habe daher in den Chakraerläuterungen Krankheitsbilder beschrieben, die sich aus Blockaden in der Persönlichkeitsentwicklung ergeben. Dies macht es nötig, vorweg klar zu sagen, dass Krankheit für mich kein Feind ist, den es zu bekämpfen gilt, sondern ein Signal – ähnlich einer Tankuhr, die aufblinkt, wenn das Benzin zur Neige geht –, hierhin meine Aufmerksamkeit zu lenken und meine Lebensstrategie zu ändern oder das »Leck« aufzufüllen.

Hier sei Dr. Edward Bach zitiert – ein englischer Arzt, der auf der ganzheitlichen Ebene praktizierte und forschte und vor allem durch seine »Bach-Blüten« bekannt wurde: »Krankheit ist weder Grausamkeit noch Strafe, sondern einzig und allein ein Korrektiv, dessen sich unsere Seele bedient,

- um uns auf unsere Fehler hinzuweisen,
- um uns von größeren Irrtümern zurückzuhalten,
- um uns daran zu hindern, mehr Schaden anzurichten
- und um uns auf den Weg der Wahrheit und des Lichts zurückzubringen, von dem wir nie hätten abkommen sollen.«[*14]

Natürlich möchte ich keinesfalls davon abraten, bei Krankheit einen Mediziner aufzusuchen. Wir können froh über medizinische Errungenschaften sein. Wenn ich von Heilung spreche, meine ich einen Zustand des »Heil-Seins«, der weit über die körperliche Gesundheit hinausgeht. Heilung ist für jeden immer nur möglich durch sich selbst. Es gibt verschiedene Arten der Unterstützung, die jeder auswählen kann. Aber Heiler als Personen, die mir helfen wollen, können immer nur mit dem *Heiler in mir selbst* in Kontakt treten. Ist der Kontakt geglückt – ist mein innerer Heiler existent –, dann ist Heilung möglich.

Die unterschiedlichen Methoden – so auch die Farbbehandlungen – sollen eine Möglichkeit sein, »heil« zu werden im Sinne von

- keine körperlichen Beschwerden zu haben,
- sich schön zu fühlen,
- keine Geldsorgen zu haben,
- wahrhaftig zu sein,
- glücklich zu sein,
- sich selbst und andere zu lieben,
- farbenfroh zu sein.

Heilung wird selten wegen der Entwicklung der eigenen Chakras erwünscht, sondern damit es einem »nicht mehr so *schlecht* geht«. Meist setzt sich der Weg der Heilung dann aber aus mehreren Schritten zusammen, die sehr wohl – wenn auch unbewusst – einen Bezug zu den Chakras haben. Es wird damit begonnen, dass alle medizinischen Institutionen »abgeklappert« werden.

Man geht auch zum Neurologen, versucht es mit Tranquilizern und anderen Medikamenten und medizinischen Behandlungen. → 1. Chakra

Der zweite Schritt ist, mich in Psychotherapie zu begeben. → 2. Chakra

Danach gehe ich zu einem Heilpraktiker oder Homöopathen, zur Akupunktur, Fußreflexzonen-Behandlung oder zu einem anthroposophischen Arzt. → 3. Chakra

Der nächste Schritt ist, dass ich mit Körperarbeit beginne, die meine eigene Aktivität erfordert, wie Yoga, Tantra, Atemtherapie, autogenes Training. → 4. + 5. Chakra

Ich öffne mich für feinstoffliche Energien, wie Farben, Bach-Blüten, Kalifornische Blüten, Edelsteine, Düfte. Ich vertraue spirituellen Heilmethoden, wie Reiki, Metamorphischer Methode, Geistheilung, Schamanismus. → 6. Chakra

Ich brauche Krankheit nicht mehr, um mich selbst darin zu erfahren oder gegen sie zu kämpfen, sondern ich erkenne die Zeichen und gehe auf der geistigen Ebene mit ihnen um. → 7. Chakra

Damit möchte ich nicht sagen, dass diese Schritte die notwendigen Wege zur Heilung sind. Es sind nur mögliche Wege, die wir Menschen gehen, bis wir zu unserer Bestimmung gefunden haben und – zumindest – nicht mehr krank sind.

Die Chakra-Prinzipien

Im Folgenden möchte ich die einzelnen Kategorien erläutern, die ich benutzt habe, um das »*Prinzip*« jedes Chakras darzustellen. Die Farben der sieben Haupt-Chakras sind die Spektralfarben und entsprechen den Farben des Regenbogens und des Prismas. An den Haupt-Chakras will ich mich in diesem Kapitel orientieren, wenn es um die Farbenkraft als Transformationsmittel der Energiekörper geht. Das bedeutet nicht, dass die sieben Farben der Haupt-Chakras die einzigen Heilfarben sind. In Fachkreisen spricht man von 160 [15] deutlich voneinander zu unterscheidenden Einzelfarben (diese Zahl entspricht auch der Gesamtzahl der Farben in meinen Farbpässen, inkl. aller Farbtypüberschneidungen), die jede für sich eine eigene Wirkung auf unser Bewusstsein, den Emotionalkörper, unsere Organe und unseren Geist haben können. Von dreizehn dieser Farben kennen wir bereits die jeweiligen Heilkräfte.

Es sind die Farben: Braun, Rot, Orange, Gelb, Grün, Türkis, Blau, Indigo, Violett, Rosa, Gold, Silber und Magenta.

Die Entwicklung

Wir können davon ausgehen, dass es für jedes Chakra eine ideale Zeit in unserem Leben gibt, in der es entwickelt werden kann. Das heißt aber nicht, dass nur diese Zeiten dafür infrage kommen. Natürlich ist die Entwicklung der oberen (4. bis 7.) Chakras zu allen Zeiten möglich, man denke dabei an die »Indigo«-Kinder. Für die Indianer gehört die Reifung der einzelnen Zyklen zum Inhalt jeder persönlichen Entwicklung. Menschen unseres Kulturkreises erscheint es eher merkwürdig, in Erwägung zu ziehen, sich mit dem 43.

Lebensjahr zu großer Weisheit oder zum Heiler entwickeln zu *wollen*. Wir kennen dieses Alter und die Jahre danach weitgehend nur als eine Zeit, die als das Ende von Attraktivität und nicht als Beginn einer neuen »großen« Zeit gesehen wird. Alte Menschen sind in der westlichen Welt meist nur bestrebt, mit einer guten Rente »noch rüstig« zu sein. Es ist gar nicht einfach, in unseren Breiten jemanden zu finden, dessen geistige Entwicklung über das 3. Chakra hinausgewachsen ist. Deshalb leiden wir an einem kollektiven Defizit an Herzenswärme (4. Chakra), woraus sich wiederum die zahlreichen Herzerkrankungen und Infarkte in unserem Land erklären lassen.

Die Drüsen

Als westlichen Medizinern der Zusammenhang von Chakras und Heilung bekannt wurde, haben sie deren Bezug zum Organismus untersucht. Tatsächlich fanden sie eine direkte Verbindung zum endokrinen System, unserem Drüsenapparat. Er ist für die Ausschüttung unterschiedlicher Hormone verantwortlich und somit ein Steuerungssystem für den gesamten Organismus. Von ihm werden der Wärme-Kälte-Haushalt, das Säure-Basen-Gleichgewicht, der Blutzuckerspiegel, die Entwicklung der Sexualorgane sowie eine ganze Reihe anderer lebenswichtiger Prozesse geregelt. Ich habe den Drüsen – weil sie als einziges Körperorgan und -system direkt mit den Chakras verbunden sind – in den nachfolgenden Beschreibungen etwas mehr Platz eingeräumt, als man es bei diesem Thema erwarten mag. Die Unterversorgung der Chakras findet für mich hier auf der körperlichen Ebene den klarsten Ausdruck. Zu den Ausführungen über Drüsen und Hormone vgl. bitte auch[*16].

Interessant ist die Wortbedeutung von Hormon (griech.: in Bewegung setzen, anregen, antreiben). Hier finden wir einen sprachlichen Bezug zwischen den Drüsen – welche die Hormone produzieren – und der Bewegung der Chakras.

Störungen

Meine Auffassung eines heilen Menschen ist nicht als *Ideal*-Zustand zu bezeichnen, sondern als *Normal*-Zustand. Jeder setzt mit seiner Biographie eigene Kriterien geistiger Entwicklung. Es geht darum, sich zum Wohle aller – auch sich selbst gegenüber – zu verhalten, die Natur zu achten und zu hüten, in Harmonie, Gesundheit und Glück zu leben und allen Nachkommen ein positives Leben zu ermöglichen.

Manifeste Krankheitsbilder sind Störungen dieses Zustandes. Dann hat das persönliche Wachstum einen Weg in die falsche Richtung eingeschlagen, wie eine Uhr, bei der sich die Zeiger linksherum drehen. Als Resultat sehe ich Krankheit.

Dabei liegt in der Krankheit eine unermessliche Chance, den Schlüssel zu längst verschlossenen Türen wiederzufinden und so tatsächlich die eigene Lebensstrategie zu verändern und andere Wege einzuschlagen.

Stagnation

Wir können uns die sieben Chakras auch wie Stufen einer Leiter vorstellen. Mit jeder Stufe entwickeln wir einen Aspekt unseres Seins und somit auch den Charakter eines

Chakras. Je weiter wir nach »oben« steigen – dies ist nicht hierarchisch, sondern numerisch gemeint –, desto mehr Chakras sind mit ihren spezifischen Themen zum Inhalt unseres Lebenslaufes geworden. Es gibt Menschen, die im Prinzip eines Chakras mit all seinen tiefen Bedeutungen stagnieren und ihre Welt nur noch aus diesem Bereich leben.

Wenn ein Mensch im 1. Chakra stagniert und das Wesen seiner Persönlichkeit hauptsächlich aus diesem Bereich lebt, ist es wahrscheinlich, dass die Entwicklung der weiteren Chakras nur bedingt möglich sein wird. Die Blockierungen der anderen Chakras wird – durch die Konzentration auf das erste – am ehesten in Persönlichkeitsstrukturen ausgelebt, in denen die anderen Chakras keine positive Entwicklung erfahren. In diesem Fall wird Sexualität (2. Chakra) ausschließlich triebhaft oder gewaltvoll gelebt. Das blockierte Solarplexus-Zentrum (3. Chakra) ist dafür verantwortlich, dass andere Menschen diskriminiert werden. Herzenswärme (4. Chakra) kann nicht empfunden werden, und die Sprache (5. Chakra) wird eingesetzt, um andere zu unterdrücken. Die Blockierungen des 6. und 7. Chakras begünstigen Drogenabhängigkeit. Dieses Bild lässt sich genauso drastisch für alle anderen Chakra-Stagnationen darstellen.

Der Weg

Der Weg soll eine Möglichkeit aufzeigen, sich aus der Stagnation herauszuentwickeln. Ich habe diesen Teil der Erläuterung immer in »Ich«-Form geschrieben, weil ich mich selbst nicht aus der Auseinandersetzung herausnehmen möchte. Die Frage, ob ich oder du gerade in einem Chakra stagnieren, ist eine offene Frage, die jeder für sich immer wieder neu beantworten kann.

Das freie Sein

Es ist ein Zustand der Glückseligkeit, den wir alle kennen. Es ist Ausdruck von uneingeschränkter Reichhaltigkeit der Entfaltung eines Chakras. Das »freie Sein« ist der erstrebte Zustand, das jeweilige Chakra in seiner Schöpferkraft zu leben. Freies Sein ist das, was ist, bevor wir denken, Regeln befolgen, Ängste entwickeln, uns entscheiden, etwas wünschen – kurz gesagt, bevor wir Bewusstsein haben. Die Chakras haben kein Bewusstsein. Es geht nur darum, ob sie entfaltet werden können wie eine Lotusblüte oder als Knospe zur Entfaltung drängen. Das »freie Sein« ist also so etwas wie ein Idealzustand, der überhaupt nicht den Anspruch erhebt, für jeden erstrebenswert zu sein.

Edelsteine

Für diejenigen, die nicht tiefer in die Arbeit mit Mineralien oder Steinen eindringen wollen, sei gesagt, dass grundsätzlich die Farbe eines Steines den Zugang zu einer dem Chakra entsprechenden Farbe hat. Darüber hinaus gibt es aber auch noch viele Steine, die zur Heilung der Organe – die Thema des jeweiligen Chakras sind – dienen. Sie kön-

nen eine andere als die mit dem Chakra verbundene Farbe
haben oder sogar schwarz sein. Deshalb bin ich bei der
Aufstellung der Edelsteine über eine farbliche Auflistung
hinausgegangen.

Steine haben ein eigenes »Leben«,
eigene Schwingungen und eigene
Botschaften und Aussagen. Sie sind
farbverbunden, aber dennoch farb-
unabhängig. Für die Farbheilung
und Chakra-»Arbeit« können wir
farbiges Glas, gefärbten Stoff oder
Farböle nehmen, weil die Farbschwingung unabhängig vom Farb-
träger wirkt. Anders ist es mit den
Edelsteinen. Sie wirken auf ihrer
eigenen Schwingungsebene. Die jeweilige Farbe kann intensivierend
wirken oder auch den Zugang zu einem Stein erleichtern.
Aber grundsätzlich ist die Farbe der Edelsteine nicht direkt
und allein entscheidend für deren Heilwirkung in einem
bestimmten Energiebereich.

Bei der Anwendung von Farben zur Heilung sind die
drei Nichtfarben Schwarz, Weiß und Grau keine Träger
von Heilenergie. Interessanterweise sind aber gerade die
schwarzen Edelsteine unter den Mineralien Steine mit
besonders starker Kraft und oft auch »Schutzsteine« (beispielsweise der schwarze Turmalin, Onyx, Apachentränen,
Obsidian, der grauklare Rauchquarz, der silbern glänzende
Hämatit, der graue Boji-Stone, die golden, violett und grau-
silbern schimmernde Pyrit-Sonne und viele mehr).
Zu meinen Ausführungen über die Heilkräfte der Edelsteine vgl. bitte auch in der Literaturangabe unter[*17].

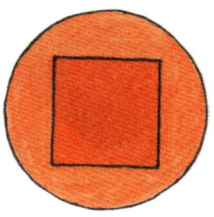

1. Chakra – Basis- oder Wurzel-Zentrum

Indisch:	MULADHARA
Farbe:	Rot
Aussage:	»Ich bin der Anfang.«
	»Ich bin die Kraft.«
Sitz:	Vom Steißbein bis zum Kreuzbein im Genitalbereich; bei *Frauen*: zwischen Anus und Vagina – bei *Männern*: vordere Anuswand, bei beiden ca. 5 cm geradewegs nach oben.

Die Entwicklung

ICH, 1.–7. Lebensjahr

Die Entwicklungszeit des Basis-Chakras ist die Zeit der Körperbildung. In den Stadien Embryo, Baby, Kleinkind und Schulkind stehen unsere Gliedmaßen und der Kopf jeweils in unterschiedlichem Verhältnis zueinander. Die anfängliche Übergewichtung des Kopfes verringert sich langsam. Mit der Bildung des Körpers bildet sich auch sein ICH BIN auf der psychischen Ebene.

Drüsen bei Frauen

Eierstöcke: Sie steuern zusammen mit den Hormonen Östrogen und Gestagen den weiblichen Zyklus.

Bartholinische Drüsen: Die Funktion dieser Drüsen ist – sogar bei Frauen – weitgehend unbekannt. Sie produzieren mithilfe des Hormons Östrogen das Sekret in der Vagina, das entsteht, wenn die Frau sexuell erregt ist. Die Drüsen haben ungefähr die Größe eines Stecknadelkopfes und befinden sich auf beiden Seiten des vaginalen Eingangs.

Die Plazenta: Die als »Mutterkuchen« bekannte Plazenta wird nur während der Schwangerschaft im weiblichen Körper ausgebildet. Sie ist die erste Hormonlieferantin jeder Frau.

Drüsen bei Männern

Hoden: Sie beeinflussen mit dem Hormon Testosteron die Bildung der Samenfäden, die Geschlechtsmerkmale, den Körperbau, den Bartwuchs und die Kehlkopfgröße des Mannes.

Vorsteherdrüse: Die Vorsteherdrüse umgreift den Blasenhals und die Harnröhre. In der Drüse wird das Sekret produziert, in das bei der Ejakulation die Spermien eingebettet sind.

Bei beiden Geschlechtern werden diese Drüsen generell in dem Begriff Fortpflanzungs- und Keimdrüsen zusammengefasst. Die Plazenta wird in der Literatur fast nie als Drüse bezeichnet. Von den Bartholinischen Drüsen gibt es überhaupt keine Kenntnis. Aber fast jedem (ob Mann oder Frau) ist die männliche *Vorsteherdrüse* ein Begriff.

Wenn Frauen an Zyklusstörungen und -schmerzen, Eierstock- oder Vaginalentzündungen sowie *Bartholinitis* (Verschluss und darauf folgende Vereiterung der Bartholinischen Drüsen) leiden, sollten wir das Verhältnis, das Frau zu ihrem Geschlecht hat, untersuchen. »Mein Geschlecht ist schlecht« liegt als Gedankenkraft im Hintergrund für das, was schlichtweg als »Frauenproblem« gilt. Es ist wichtig, einzusehen, dass es nicht »normal« ist, allmonatlich unter Menstruationsschmerzen und Unterleibskrämpfen zu leiden. Vielleicht sind es Schmerzen, die ihre Ursache in der Kindheit haben. Untersuchen wir als Krankheitsursache für Leiden im Genitalbereich »sexuellen Mißbrauch« im Kindesalter, können wir aus der Statistik erfahren, dass es weitaus mehr Mädchen sind, die missbraucht werden, als Jungen. Sehen wir uns dann noch an, dass in 95 % der Fälle die Mädchen von männlichen Familienangehörigen oder Männern aus dem nahen sozialen Umfeld sexuell missbraucht werden (Quellen hierzu finden Sie massenhaft im Internet), so macht das die Tragweite der Verletzung deutlich. Dem Mädchen ist das, was das starke Kraftpotenzial des ersten Chakras ausmacht, geraubt.

Männerleiden im Bereich der Genitalien gibt es nicht so oft wie bei Frauen, es sei denn, die Betroffenen sind impotent oder transsexuell. Oft haben Männer jedoch Angst, von der Vagina »aufgefressen« zu werden, was zur »Ejaculatio praecox« (vorzeitiger Samenerguss) führt. Sie verlieren sozusagen die »Be-HERR-schung« über ihren Samenerguss und somit über die Frau. Hierbei wird immer noch das kindliche Mutter-Sohn-Verhältnis wirksam: eine dominante Mutter, die den Vater zum »Waschlappen« macht und den Sohn zum Ersatz für den Ehemann.

Störungen

Findet die Unterversorgung des Basis-Chakras ihren Ausweg in Krankheit, so äußern sich die Störungen, außer in den oben beschriebenen auch noch in Blasenentzündungen, mangelndem Vaginalsekret, Hämorrhoiden, niedrigem Blutdruck, kalten Füßen und Durchblutungsstörungen.

Die Farbe Rot

Sie kann nicht bei allen Erkrankungen im Bereich des Basis-Chakras angewendet werden. Entzündungen (im Enddarm, der Blase, des Eierstocks und der Eileiter) verstärken sich grundsätzlich durch Rot und sind im akuten Zustand unbedingt mit Blau zu behandeln. Langfristig kann jedoch mit Rot auf die Unterversorgung des Chakras eingewirkt werden, sodass es nicht mehr zu Entzündungen kommen muss. Wirkungsvoll ist die Farbbehandlung aber nur, wenn sie mit einer Auseinandersetzung und Bewusstseinsbildung in diesem Chakra einhergeht. Bei Zyklusstörungen wird durch Rot die Blutung stärker, auch Fieber erhöht sich. Hämorrhoiden sind zwar eine Erscheinung der Unterversorgung des 1. Chakras, können aber dennoch nicht mit Rot behandelt werden, weil dadurch der Blutdruck steigt und Hämorrhoiden häufig das Ergebnis von zu hohem Blutdruck sind. Statt Rot helfen hier der Heliotrop, Hämatit und Malachit.

Stagnation

Bleibt der Mensch in der Entwicklung des 1. Chakras stecken und regelt sein Leben hauptsächlich aus diesem Zentrum, so führt dies zu Machtmissbrauch, Aggressivität, Cholerik, Gewalt, Despotismus, Sexualitätsmissbrauch,

Alkoholismus und Kaufsucht. In gemilderter Form sind die Menschen laut, haben immer recht, drängen sich in den Vordergrund, nehmen hauptsächlich sich selbst wahr, verachten gern andere, sind launisch.

Der Weg

Es gilt einzusehen, dass die eigene Kraft – wird sie destruktiv gelebt – gegen mich selbst gerichtet ist. Die Dominanz *muss* aufgegeben werden. Es gibt nichts, was erreicht werden muss. Es ist alles schon da und richtig, wie es ist. Es gibt keinen Menschen unter mir, der von mir lernen oder mir folgen soll. Es gibt keinen über mir, dem ich imponieren will. Der Kampf ist zu Ende.

Das freie Sein

Das ist ein Leben im Hier und Jetzt. Es ist Ausstrahlung von Kraft und Sicherheit, die Lust, aktiv und kreativ zu sein. Es ist auch die Lust, sich materiell zu manifestieren – beispielsweise in einem Projekt, einer Veröffentlichung oder in Besitztümern. Es ist die Fähigkeit, andere zu begeistern und mitzureißen, ohne sie zu beherrschen. Es ist die Liebe zur Natur und allem »Handfesten«, Praktischen. Es ist das Urvertrauen in sich selbst.

Edelsteine

Rote Steine:

Roter Jaspis	ist Geburtshelfer, Stein für die Blase, bei Menstruationsbeschwerden, Eileiterentzündungen

Schaumkoralle	gut für die Blase, bei Menstruations-schmerzen
Rubin	verbindet körperliche mit geistiger Liebe, fördert die Selbstachtung bei niedrigem Blutdruck, Menstruationsbeschwerden, Zyklusstörungen
Granat	gibt Mut für Neubeginn, bei niedrigem Blutdruck, ist potenzsteigernd
Achat	gibt Geborgenheit, Erdung, hilft bei Prostatabeschwerden

Andere Farben:

Karneol	Eierstöcke
Heliotrop	Blasensteine, Hämorrhoiden, Urintrakt, Prostata
Hämatit	zur Regeneration, bei Hämorrhoiden, für Steißbein, Wirbelsäule
Rauchquarz	aktiviert die Urkräfte des Körpers
Zoisit mit Rubin	Geschlechtsbereich, potenzsteigernd
Turmalin	Blase, Menstruationsbeschwerden, Zyklusstörungen, niedriger Blutdruck (Schwarz), Hodenentzündung, Eierstöcke
Malachit	Menstruationsbeschwerden, Hämorrhoiden

2. Chakra – Sakral- oder Nabel-Zentrum

Indisch:	SVADISTHANA
Farbe:	Orange
Aussage:	»Ich empfange und gebäre.«
	»Alles ist im Fluss.«
Sitz:	In der Höhe vom 5. Lendenwirbel und Kreuzbein. Sitzt etwa eine Handbreit unter dem Bauchnabel, der Stelle, welche die Japaner als HARA bezeichnen.

Die Entwicklung

DU, 7. – 14. Lebensjahr

Es ist die Zeit, in der die Hinwendung zum DU und der damit verbundenen Auseinandersetzung mit dem fremden »Außen« geschieht. Tiefe Freundschaften mit existentiellem Charakter werden geknüpft, wodurch das DU zum ICH »geholt« und als Instanz intergriert werden kann.

Um es vorwegzunehmen: Ich spreche beim 2. Chakra, wie schon in der Einleitung erwähnt, nicht vom »Milz-Zentrum«, weil diese Bezeichnung durch die Ablehnung von Sexualität kreiert wurde. Ebenso beziehe ich in das Chakra der Sexualität nicht die Genitalfunktionen mit ein. Beide schwingen zwar vereint und werden von den Japanern als HARA (Bereich für Lebensenergie) bezeichnet. Dennoch ist jedes mit seiner Energie unterschiedlich und auch einzeln zu sehen. Sexualität verstehe ich als Lebensmotor und Boden der Fruchtbarkeit. Der Genitalbereich mit seinen Funktionen und Drüsen ist dem 1. Chakra zugeordnet. Die Milz gehört für mich eindeutig in den Bereich des 3. Chakras.

Drüsen

Die *Nebennierendrüsen*: Die Nebennieren sind kleine Kappen, die auf den Nieren sitzen, aber mit der Nierenfunktion selbst nichts zu tun haben.

Die *Nebennierenrinde* bildet Hormone für den Mineralhaushalt (z. B. Aldosteron) für den Kohlehydrat- und Eiweißstoffwechsel (z. B. Kortisone).

Das *Nebennierenmark* mit den Hormonen Adrenalin und Noradrenalin ist für die Körperfunktionen bei Stress und in Ausnahmesituationen (wie körperliche Auseinandersetzungen) zuständig.

Menschen, die in ihrem Leben für dauerhafte Anregung des Nebennierenmarks (Dauerstress) sorgen, haben die Schwierigkeit, fruchtbaren Boden für prozesshaftes Wachstum zu bilden. Sie würden gern alles augenblicklich aus dem Boden stampfen. Dabei ist Stress die sichere Garantie, *alles* absterben zu lassen, was Emotionen, Liebe, Entwicklung und Gelassenheit bedeutet. Das Herz als Organ der Liebe reagiert auf Stress – im wahrsten Sinne des Wortes – am durchschlagendsten: mit Herzinfarkt.

Stress ist der Ausdruck fehlender Selbstliebe.

Mangelerscheinungen im Mineralhaushalt sowie Stoffwechselschwierigkeiten, die von der reduzierten Funktion der Nebennierenrinde stammen können, sind häufige Begleiterscheinungen bei dieser Art der Lebensführung.

Störungen

Wenngleich die Gebärmutter keine Drüse ist, so besteht für Frauen doch eine sehr direkte Verbindung zwischen ihr und dem 2. Chakra. Sie krampft sich bei Stress und bei Periodenproblemen schmerzhaft zusammen. Die Farbe Orange ist die beste Heilerin (nicht Rot). Die Gebärmutter ist zudem der Ort, in dem das Ungeborene (mit der Plazenta) heranreift. Wie auch bei Blockaden im 1. Chakra hat die Frau bei Periodenschmerzen ihr Geschlecht und ihre weibliche Sexualität nicht wirklich anerkannt. Die Hintergründe sind in der Kindheit zu finden. Strenge Sexualunterdrückung, Missbrauch und Vergewaltigung sind die stärksten Verletzungen, die den Fluss beider Chakras gleichermaßen behindern. Störungen, die beide Geschlechter betreffen, sind Stress, Mineralstoffmangel aufgrund von Nebennieren-Unterfunktionen und Erkrankungen des unteren Darmbereichs.

Die Farbe Orange

Sie entspannt den gesamten Unterleib und bewirkt wahre Wunder bei Krämpfen und Erkrankungen der Gebärmutter sowie des unteren Darmbereichs. Sie macht wach und lebendig. Bei Stress sollte sie jedoch vermieden werden, wenn sie noch stärker anregt. Hier hilft dann eher ein Rosenquarz oder Citrin, den Sie immer bei sich tragen können.

Stagnation

Bleibt der Mensch im 2. Chakra stecken, werden Sexualpartner häufig ohne Gefühle gewechselt. Verführungssucht wird zum Lebensinhalt. Menschen werden konsumiert wie Waren. Nichts geht schnell genug. Solche Menschen sind auf der seelischen Ebene im Dauerstress. Das Einzige, was sie ruhig erscheinen lässt, ist ihre gespielte »Coolness«.

Der Weg

Es gilt zu verstehen, dass alles, was entstehen soll, *von mehr als dem eigenen Willen* abhängt. Die psychische Voraussetzung dafür ist, erwarten und *empfangen* zu können. Dazu bedarf es einer Kraft, mit der Symbiose erfolgen kann. Allein geht es nicht, wenn wir auch so tun, als hätten wir alles »im Griff«. Etwas Raum und Zeit zu geben, bis das Ergebnis *geboren werden will*, ist Hauptthema des 2. Chakras.

Das freie Sein

Das ist ein Leben, das als Fluss angenommen wird und nicht regelnd in diesen eingreift. »Ich kann weder starten noch aufhalten und auch nicht beenden.« Alles kann ohne mein Bekümmern geschehen.

Erotik und Sexualität werden liebevoll und sensibel gelebt. Partnerschaft wird auf der Ebene tiefer Gefühle möglich.

Edelsteine

Orangefarbige Steine:

Karneol	Stein für den Lebensfluss, hilft bei Eierstockentzündung und Menstruationsschmerzen
Feueropal	2. Chakra-Bereich wärmend
Selenit	Gebärmutter; heilt Schmerzen aus der Vergangenheit (Gelborange)

Andere Farben:

Rosenquarz	gegen Stress; hilft, sich selbst lieben zu können
Pyrit-Sonne	Stressabbau
Rubin	Nebennierendrüsen, bei Darmgrippe
Hämatit	der Schwangerschaftsstein
Citrin	Stressabbau, unterstützt den Eiweiß- und Kohlehydratstoffwechsel
Rutilquarz	Stein der »Annahme«, hilft bei Darmentzündung

Roter Jaspis	bei Dünndarmentzündung, Gebärmutter- und Menstruationsschmerzen
Turmalin	Dünndarmentzündung, Eierstockentzündung
Heliotrop	dünndarmstärkend, Gebärmutter
Achat	für Geborgenheit, dünndarmstärkend, Gebärmutter, Geburtsstein
Falkenauge	erhöht Toleranz, hilft bei Darmkrämpfen
Tigerauge	gegen Darmkrämpfe
Amethyst	Ödeme, Stressabbau
Smaragd	für Fruchtbarkeit, gibt Lebenskraft

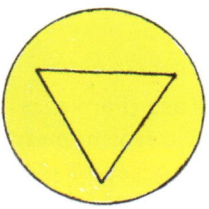

3. Chakra – Solarplexus-Zentrum

Indisch: MANIPURA
Farbe: Gelb
Aussage: »Ich gebe und werde angenommen.«
                »Es kommt und geht.«
Sitz: Im Gürtelbereich zwischen 12. Brust- und
                1. Lendenwirbel

Die Entwicklung

ER – SIE – ES, 14.–21. Lebensjahr
Die Offenheit im Charakter des 3. Chakras tritt in diesem
Lebenszyklus besonders deutlich in Erscheinung. Es ist die
Zeit, in der die Orientierung in der Welt stattfindet. Er, sie
und es werden erkundet. Reisen werden unternommen, die
reich an Erfahrung und Wissen werden lassen. Jetzt ist es
möglich, auch locker Beziehungen zu anderen Menschen
zu knüpfen.

Drüsen

Die Bauchspeicheldrüse (Pankreas) produziert die Verdauungssäfte sowie die Hormone Insulin und Glukagon. Insulin senkt den Blutzuckerspiegel, Glukagon erhöht ihn und wirkt leberanregend. Die Bauchspeicheldrüse wird mit sexuellen Wünschen, die man sich zu erfüllen verwehrt bzw. nicht erfüllen läßt, in Verbindung gebracht. Aufgrund von Verklemmung können nie ausgelebte Fantasien von Berührungen und Zärtlichkeit zu Beschwerden im Pankreas führen. Diese Menschen verwehren sich die Süße des Lebens und werden »Zucker«-krank.

Diabetiker unterwerfen sich meist schicksalhaft den Regeln, welche die Krankheit fordert. So sind sie immerfort damit beschäftigt, »zu sündigen«, Verbote zu brechen und wieder zu befolgen, zu leiden und – vor allem – etwas Besonderes zu sein. »Ich kann ja nichts dafür«, sagt man und ergibt sich dem Schicksal.

Störungen

Außer Zuckerkrankheit entstehen bei der Unterversorgung des 3. Chakras alle Krankheiten im Gürtelbereich: Magen, Leber, Galle, Nieren, Beschwerden im oberen Darm sowie jede Art von Verdauungsschwierigkeiten.

Geld-Probleme sind sehr oft auch *Gelb*-Probleme. Das rechte Maß zwischen Geben und Nehmen wurde nicht gefunden, was auch bedeutet, die Balance zwischen Aus-Geben und Ein-Nehmen nicht zu finden. Natürlich gibt es auch Armut außerhalb der Selbst-Verantwortung der Betroffenen, die nichts mit einem Gelb-Problem zu tun hat. Sehr oft finden wir hinter finanziellen Problemen einen stark ausgeprägten Suchtcharakter, z. B. immerzu kaufen »zu müssen«, wodurch große finanzielle Sorgen entstehen können. Der eigene Wert kann in einem solchen Fall nur über permanentes Anschaffen neuer Güter empfunden werden. Je teurer, desto besser – je heimlicher, desto interessanter. Diesen Menschen zu helfen, ist sehr schwer. Oft nehmen sie gerne therapeutische Hilfe in Anspruch, weil sie sich durch die Therapiekosten erneute Aufwertung verschaffen. Leider führt dies zu einem »*circulus vitiosus*«, und die Betroffenen, auf der Suche nach einem Helfer, brauchen eigentlich Hilfe vor dem Helfer.

Die Farbe Gelb

Sie kann zur Behandlung aller organischen Erkrankungen im Bereich des 3. Chakras angewendet werden. Zusätzlich hilft sie bei Rheuma, Arthritis und Arthrose. Gelb durchstrahlt die Glieder wie die Sonne. Auch Depressionen, Niedergeschlagenheit, Frühjahrsmüdigkeit und Angst erfahren mit Gelb Aufhellung und eine Wendung zur Heiterkeit.

Stagnation

Die Menschen, die das 3. Chakra zum Lebensinhalt erheben, geben der Angst den größten Raum in ihrem Alltag. Es ist Angst vor Realem wie vor Irrealem, Angst vor der Zukunft, vor Dunkelheit, Angst um die Menschen, mit denen sie zusammen sind, Verlustangst und Existenzangst. Alles wird fest- und zusammengehalten: Besitz, Geld, Partner, Lebenseinstellungen, Dogmen. Oft sehen diese Menschen »verknöchert« aus oder wirken »vertrocknet«, weil sie sich nichts gönnen.

Der Weg

Das Hauptthema dieses unterversorgten Chakras ist, sich selbst und anderen *alles* zu gewähren. Ich kann genießen und die Menschen achten, die genießen – auf welche Weise sie dies auch immer tun. Wir müssen verstehen, dass wir nichts festhalten können. *»Alles, was ihr habt, wird eines Tages gegeben werden.« (Khalil Gibran)*

Das »Teilen« meines Besitzes und auch das Mitteilen von allem, was ich weiß und anderen ein Gewinn sein könnte, ist etwas, was ich lernen muss. Es gilt, die eigene Enge zu durchbrechen, verhärtete Strukturen und Ängste aufzulösen und sich zu öffnen.

Das freie Sein

Es ist die Integration von ausgeglichenem Geben und Nehmen. Die eigene innere Sonne »Solarplexus« strahlt für alle. Aus Wissen und Erfahrung wird mit Intelligenz und Weisheit eine in sich ruhende Instanz.

Edelsteine

Gelbe Steine:

Citrin	öffnet und vermittelt Zuversicht, stärkt bei Diabetes die Bauchspeicheldrüse, gut bei Magenbeschwerden
Bernstein	Magen-, Leber- und Gallenbeschwerden, für das gesamte Verdauungssystem
Jaspis	Gastritis, Leber, Magen, Nieren
Jade	Milz, Nieren, hilft gegen Angst

Andere Farben:

Sodalith	Diabetes
Smaragd	Diabetes, Gallenentzündung, Magen, Nierenentzündung, Verdauungsprobleme
Heliotrop	Bauchspeicheldrüse, Gallenblase, Leber, Magen, Nierenentzündung
Karneol	Leberentzündung, Magen, Nierenentzündung, für die Giftstoffausscheidung
Pyrit	Magen-/Darm-Entzündung
Malachit	Bauchspeicheldrüse, Milzerkrankungen, Verdauungsprobleme
Saphir	Nierenentzündung
Goldtopas	für mentale und psychische Verdauung
Feueropal	für das gesamte Verdauungssystem
Rutilquarz	für Harmonie, bei Magenkrämpfen

4. Chakra – Herz-Zentrum

Indisch:	ANAHATA
Farbe:	Grün (Gold und Rosa)
Aussage:	»Ich bin in Liebe.«
	»Ich bin in Harmonie.«
Sitz:	In der Höhe zwischen dem 4. und 5. Brust-wirbel, in der Körpermitte im Bereich des Herzens

Die Entwicklung

WIR, 21.–28. Lebensjahr
Nachdem das ICH mit dem DU konfrontiert und die eigenen Vorstellungen von der Welt gebildet wurden, beginnt der Zyklus, Balance zu finden und eine Synthese mit allen vorherigen Prinzipien zu bilden. Liebeskraft und Herzenswärme in der Gemeinschaft (wir) finden volle Entfaltung. Es ist die ideale Zeit für Mutter- und Vaterschaft.

Drüsen

In der Regel wird dem Herz-Chakra die Thymusdrüse – auch Körperwachstumsdrüse genannt – zugeordnet. Ich halte die Thymusdrüse für eine eigenständige Instanz und ordne dem Herz-Chakra das Organ Herz zu.

Alle Funktionen der Thymusdrüse stellen den seelischen Charakter dieses Organs anders dar, als es dem Herz-Chakra zuzuordnen wäre. Vgl. hierzu die Ausführungen über Türkis, die nach dem Herz-Chakra folgen. Das Wesen des Herz-Chakras ist nicht die Abwehr, sondern ihr Gegenteil: Annahme und Liebe. Es ist die Nächstenliebe, das Mitgefühl, die bedingungslose Liebe, die Herzlichkeit, die aus diesem Zentrum strömt. Ich wage nun zu behaupten, dass das Herz-Chakra keinen Bezug zu einer Drüse hat, sondern als Organ selbst die »inkarnierte Liebe« ist. Auf der physischen Ebene nimmt das Herz eine Sonderstellung in unserem Körper ein. Es ist das einzige Organ, das nicht an Krebs erkrankt. Das kann daran liegen, dass es das »Organ der Liebe« ist und Krebs (neben Stress oder unterdrückten Problemen) der körperliche Ausdruck für fehlende Liebe. Das Herz-Chakra können wir uns wie eine Kugel vorstellen, die eine äußere Schale hat, eine mittlere Schale und einen Kern. Die äußere Schale ist grün, die mittlere goldfarben, und der innere Kern ist rosa.

Grün ist die *äußere* Herzschale, in der alles Herzeleid, das wir in unserem Leben erfahren haben, gespeichert ist. Führen wir unseren Geist an die Stelle, so brechen sehr schnell alte Wunden, die ungeheilt blieben, wieder auf. Musikalisch rühren diesen Teil des Herzens Stücke wie das »Ave Maria«, »Samson und Dalila« an.

Gold ist die *mittlere* Herzschale, in der sich der Bereich des geheilten oder des sich in Heilung befindlichen Herzens befindet. Es ist Ausdruck beschwingter Heiterkeit.

Menschen, die diesen Teil der Herzenergie verkörpern, haben etwas Wohltuendes an sich. Musikalisch stehen dafür die Klänge des Walzers.

Rosa ist der Herzkern, der mit bedingungsloser Liebe in Zusammenhang steht. Es ist der Zustand, in dem Liebe nicht mehr an einen bestimmten Menschen gebunden ist, sondern sich an alle richtet. Hier kann die Musik von Enya[*] ausdrücken, was ich meine.

Störungen

Auch wenn das Herz nicht an Krebs erkranken kann, so gibt es doch sehr viele Erkrankungen an diesem Organ: Herzrhythmusstörungen, Herzklappenfehler, Erkrankungen der Herzkranzgefäße, Angina pectoris und nicht zuletzt der Herzinfarkt, bei dem ein Loch in das Herz gerissen wird. Die jeweilige Größe des Loches entscheidet über Leben oder Tod. Ein Herzinfarkt ist ein wirklich lauter Ruf der Engel, sich an das eigene »Ich« zu wenden. Rudolf Steiner spricht bei den Herzerkrankungen von einer mangelhaften Erzeugung von Eigenwärme.[*18] Gemeint ist die Seelenwärme, mit der wir den Begriff der »Warmherzigkeit« verbinden.

Die Farben Grün, Gold und Rosa

Sie helfen bei allen Erkrankungen im Herzbereich, haben aber auch auf den Gesamtorganismus eine beruhigende und harmonisierende Wirkung. So erleichtert Grün ruhigen Schlaf

---

[*]   *Enya* hat sich mit sanften Klängen und Texten, die Gebeten gleichen, in die Charts der Popmusik gesungen.

und beruhigt die Seele bei Ärger. Negative Lebenseinstellung erfährt ebenfalls Heilung durch Grün. Gold ist das Schutzzelt für uns selbst und alle Dinge und Menschen, die wir schützen wollen. Rosa unterstützt die Bemühung, besser auf sich selbst zu achten und sensibler zu werden.

Stagnation

Ist unser Handeln hauptsächlich vom Herz-Chakra bestimmt, so hat das für niemanden negative Konsequenzen. Es ist das Chakra, aus dem heraus niemals Schaden angerichtet werden kann. Auch in der Farbbehandlung können die Farben Grün, Gold und Rosa keine negative Wirkung haben.

Der Weg

Bei Unterversorgung (Krankheit) ist der richtige Weg, sich in das Gefühl der Liebe zu begeben. Ich muss begreifen, dass Liebe durch mich selbst als Gefühl fließen kann und nicht von außen an mich herangetragen werden muss. Liebe kann ich weder vermissen noch fordern – ich muss sie leben, bedingungslos und frei.

Das freie Sein

Durch Liebe werden sich heilende Kräfte für mich selbst und andere entfalten. Wie ein Friedensengel sind wir fähig, die Wogen von Kommunikationsschwierigkeiten zu glätten. Ich bin Mitgefühl und Glückseligkeit – geschöpft aus dem Da-Sein in dieser Welt.

Edelsteine

Grüne Steine:

Malachit	Liebeskummer, Mitgefühl, Nächstenliebe, Herzkrämpfe
Chrysokoll	Verbindung von Stirn- und Herz-Chakra
Chrysopras	Herzkräftigung
Olivin	für die Heiterkeit des Herzens, bei Herzerkrankungen
Moosachat	Kontakt und Liebe zur Natur
Turmalin	Herz-Schutz, zur Konfliktbewältigung und -lösung
Jade	für Frieden und Harmonie, für die Leichtigkeit des Herzens
Saphir	Herzschmerzen
Smaragd	Herzschwäche, Verständnis für jeden und alles

Rosa Steine:

Rosenquarz	bei fehlender Liebesfähigkeit (auch für sich selbst), zur Beruhigung, bei Liebeskummer, für die Schönheit der Sinne, für geistig-spirituelle Entwicklung
Rhodonit	aktiviert Erneuerungsprozesse
Rhodochrosit	Verbindung mit der geistigen Welt, löst emotionale Verkrampfungen
Kunzit	für Gradlinigkeit (steht mit dem 6. Chakra in Verbindung)

| Gold | Wirkt als homöopathisches Mittel und als Metall-Legierung auf der physischen Ebene heilend und wärmend im Herzbereich. Auf der geistigen Ebene wirkt Gold harmonisierend auf die innere Einstellung, dass sich alles zum Guten wendet. |

Der Thymus – Die Kraft ohne Chakra-Zuordnung

Farbe:	Türkis
Aussage:	»Ich bin ich und du bist du.«
Sitz:	Da, wo wir auf unsere Brust zeigen, wenn wir »ich« sagen.
Element:	Luft

Die Entwicklung

26.–32. Lebensjahr

Es ist die Entwicklung eines Potenzials, das die Eigenschaften des Herzens mit der Klarheit des Wortes und des Verstandes verbindet. Der Thymus wird von beiden Chakras – Herz und Hals – umgeben und unterstützt, wie von einer dahinterliegenden Kraft.

Drüsen

Die Thymusdrüse (griech. Thymos = Sitz des Gemüts, des Willens, der Seele, des Mutes) schüttet das Thymo-Hormon aus. Sie wird auch immer noch als Körperwachstumsdrüse bezeichnet, was ihr den Ruf einbrachte, dass sie für Erwachsene keine Relevanz mehr habe und bereits im Alter von ca. neun bis zwölf Jahren geschrumpft sei.

Tatsächlich ist sie aber zeitlebens Hauptorgan für unser Abwehrsystem und wird heute von Naturwissenschaftlern als »Gehirn der Immunabwehr« bezeichnet. Mit dem Zentralnervensystem direkt verbunden, ist sie nicht nur Drüse, sondern gehört auch zu dem *lymphatischen* Organen, die Filter- und Reinigungsfunktionen im gesamten Körper erfüllen. Die Flüssigkeit des Gewebes (die Lymphe) enthält eine große Zahl weißer Blutkörperchen (Leukozyten), welche die Aufgabe der Abwehr und Verteidigung innerhalb unseres Körpersystems übernehmen.

Über kein anderes Organ wurde in den letzten Jahren so viel geschrieben wie über die Thymusdrüse. In den meisten Erläuterungen finden wir Kampfausdrücke wie Abwehr, Killer, Polizei, Krieg und Militär. Um dies zu verdeutlichen, habe ich einen Auszug aus einem pharmazeutischen Informationsblatt ausgewählt, der allgemein verständlich ist:

»Ist in unserem Körper ein Erreger oder Schadstoff entdeckt, so wird ein direkter Angriff gegen ihn gestartet. Die in der Thymusdrüse ausgebildeten Abwehr-Kräfte übernehmen dabei die Funktion einer Steuerzentrale und leiten den Einsatz. Es sind dies die sogenannten Thymus-Lymphozyten, die T-Zellen, die in allen Lymphknoten gespeichert sind und in regionale Lymphknoten wandern, wo sie über ihren Weg in die Blut- und Lymphbahnen auf verwandte Abwehr-Zellen treffen, die B-Lymphozyten. Diese müssen aber für einen Teil ihrer Abwehraufgaben erst noch aus-

gebildet werden. Für schnelle Hilfsaktionen werden sie von den T-Lymphozyten mit dem notwendigen Wissen über schädliche Stoffe ausgestattet. Daraufhin produzieren die B-Lymphozyten passende Fangnetze, sogenannte Antikörper. Diese heften sich an die Erreger und präsentieren ihre Beute dann zur Vernichtung weiterer spezialisierter Zellen. Hauptakteure sind dabei wieder bestimmte Formen der uns bereits bekannten T-Lymphozyten, die sogenannten Killer-Zellen. Den letzten Teil des Abwehreinsatzes bestreiten dann spezielle Fress-Zellen, die die verbliebenen Überreste der Schadstoffe verdauen und für den Abtransport sorgen.« (Dr. J.Westphal und Dr. J.Fellermeier, Ein Service der Dr. Mulli-Pharma, Neuenburg)

Der Sprachgebrauch des Textes ist beispielhaft, hat aber nicht das Geringste mit dem Wesen des Herz-Chakras zu tun. Dem Thymus geht es nur um Abwehr. Sein Lebensinhalt wird uns von Medizinern und der Pharmaindustrie als Kampf und Vernichtung dargestellt. Damit wird uns suggeriert, dass in unserem Körper zu unserem Wohle »Krieg« stattfindet. Mit Sicherheit ist die Funktion der Thymusdrüse – wie die des gesamten lymphatischen Systems – für unseren Organismus eine notwendige Lebensvoraussetzung. Dennoch glaube ich, dass diese organischen Funktionen auch positiver dargestellt werden können. Ich glaube, dass Türkis (wie schon an anderer Stelle gesagt) eine der bedeutendsten Farben der »Neuen Zeit« ist. Rufen wir uns noch einmal in Erinnerung, dass *Thymos* »Sitz der Seele und des Willens« bedeutet, so erscheint die Drüse, die diesen Namen trägt, doch in etwas anderem Licht.

Störungen

Als Störung im türkisfarbenen Zentrum möchte ich ein Verhalten bezeichnen, das keine Abwehrfunktionen im zwischenmenschlichen Bereich kennt. Dadurch entsteht eine große Gefahr, Abwehrkrankheiten (Allergien) wie Nesselsucht, Heuschnupfen, Bronchialasthma, Neurodermitis oder Kontaktekzeme zu bekommen. Ferner sind es Bronchitis, Lungenerkrankungen, häufige grippale Infekte, schwaches Immunsystem (mit Aids an der Spitze), Lymphdrüsenentzündung und Erkrankungen der Speise- und Luftröhre.

Die Farbe Türkis

Sie wirkt heilend im gesamten Thymusbereich und hilft zum Beispiel sehr schnell gegen einen Anflug von Grippe. Besonders wirksam ist sie auf der psychischen Ebene als Abgrenzungsfarbe. Menschen, die mit den Schwingungen vieler anderer umgehen müssen (Lehrer, Kursleiter, Verkäufer), werden den wohltuenden Schutz der Farbe bei ihrer Kleidung oder als Stein deutlich spüren. Sie wirkt gegen alles, was das eigene System irritiert.

Stagnation

Lässt man den charakterlichen Ausdruck der Thymusdrüse zum eigenen Hauptthema werden, so werden Kampf und Abwehrverhalten zum Leitthema des Lebens. Ziele und Vorstellungen werden ohne Rücksicht auf Seelenverletzungen gegen andere durchgesetzt. »Der Zweck heiligt die

Mittel« lautet der Kernsatz dieser Lebensstrategie. Ständig glauben diese Menschen, sich schützen zu müssen, sind auf der Hut vor vermeintlichen Angriffen und werden damit selbst zum Angreifer.

Der Weg

Es geht darum, »Krieger des Herzens« zu werden. In der Mitte zwischen Wort (Kehle) und Herz gilt es, diese Balance mit Liebeskraft und Klarheit zu festigen. Das Herz kann die Worte – die Kommunikation mit anderen – zu Instrumenten der Liebe machen. Es gilt, die Widerstände zu reduzieren, anstatt die Abwehr zu verstärken.

Das freie Sein

Es ist ein Leben voller Kraft in der Funktion des Beschützers für alle, die zu schwach und nicht in der Lage sind, sich allein durchzusetzen. Es ist die Fähigkeit, sich gegen wirkliche Angriffe mit Weisheit so zur Wehr zu setzen, dass daraus keine erneuten Verletzungen gegen den anderen entstehen. Es ist die Schärfe und Wahrheit des Wortes, vereint mit der Güte des Herzens.

Edelsteine

Türkise oder zartblaue Steine:

Türkis	starker Schutzstein für die Aura, bei Erkrankungen der Lunge, Atemwege, Drüsen, Augen, bei Grippe, Krankheiten des Immunsystems
Aquamarin	Thymusdrüse, Lymphknoten
Azurit	Thymusdrüse

Andere Farben:

Rutilquarz	Lunge
Blauquarz	Lunge, Nervensystem
Blauer Jaspis	Lunge, Klarheit
Bernstein	Schutzstein, bei Lungen- und Lymphdrüsenerkrankungen
Amethyst	Schutzstein, Thymusdrüse
Bergkristall	Thymusdrüse
Turmalin (schwarz)	Schutz gegen starke unsortierbare Schwingungen wie z. B. auf Messen, in Kaufhäusern

Sowie alle anderen Schutzsteine:

Chrysokoll, Chrysopras, Citrin, Tigerauge, Falkenauge, Regenbogen-Obsidian, Apachentränen, Moldavit, Serafinite

5. Chakra – Kehl- oder Hals-Zentrum

Indisch: VISHUDDHA
Farbe: Blau
Aussage: »Mein Wort ist wahr.«
              »Mein ist die Stille.«
Sitz: Zwischen 7. Hals- und 1. Brustwirbel
              In der Kehlgrube ausströmend auf den gan-
              zen Hals

Die Entwicklung

IHR, 28.–35. Lebensjahr
Es ist der Zyklus der nochmaligen Wendung nach außen.
Das eigene Bewusstsein drückt sich durch die Sprache und
deren Klang aus. In dem Maß, wie die Kraft des eigenen
Wortes zum Resonanzkörper in der Umwelt wird, führt
das Schweigen in die innere Klangwelt.

Drüsen

Die Schilddrüse mit dem Hormon Thyroxin organisiert die Nahrungsverwertung.

Die Nebenschilddrüse regelt den Calcium- und Phosphorhaushalt.

An dieser Drüse erkrankte Menschen haben nicht gelernt, das, was sie im Spiegel sehen, als ihr ICH anzunehmen. Mit dem Spiegel meine ich hier auch die eigenen Schattenseiten, die auf andere übertragen und dort dann abgelehnt werden.

Zwei gegensätzliche Krankheitsbilder bietet die Schilddrüse: einmal die *Überfunktion*, zum anderen die *Unterfunktion*.

Die *Überfunktion* ist die Kristallisation seelischer Überlastung. Diese Menschen können eigentlich schon lange nicht mehr und wissen gar nichts von der Not-Wendigkeit, eigene Grenzen zu setzen.

Bei der *Unterfunktion* fühlen sich die Personen dauernd überlastet, obwohl sie immer nur das Notwendige tun. Ihnen ist alles zu viel. Oft sind sie schnell gekränkt und fühlen sich diskreditiert, auch wenn absolut kein Anlass dafür zu finden ist.

Eine gute Übung, um den Geist entgegen dieser Verhaltensweisen zu stärken, kann für die »Unterfunktionierenden« sein, Briefe an jeden Menschen zu schreiben, gegen den sie ihr Wort erheben wollen (auch an sich selbst), und dabei einen Spiegel vor sich zu stellen, sodass sie sich beim Schreiben sehen. Die Briefe sollten sie sammeln und eines Tages geheilt sein.

Störungen

Die Blockaden liegen – neben den Schilddrüsenerkran-
kungen – alle im Halsbereich: steifer Hals, häufiges Husten,
permanentes Kratzen im Hals, das Gefühl, »einen Frosch
verschluckt« zu haben, Schluckbeschwerden, Stottern, eine
gebrochene Stimme, des Weiteren Schwerhörigkeit, Mittel-
ohrerkrankungen. Die Stimme klingt bei Halsblockaden
gepresst, unklar, dünn, kratzig, grell, piepsig. Je freier der
Energiefluss von unten nach oben ist, desto klangvoller,
dunkler und klarer ist die Stimme.

Die Farbe Blau

Sie beruhigt und wirkt entzündungshemmend. Sie senkt
den Blutdruck. Blau kann bei Akne und Couperose vorrangig eingesetzt werden. Sie hilft, leichter einzuschlafen
und dann auch ruhiger durchzuschlafen. Deshalb sollten
Sie Blau vermeiden, wenn Sie wach sein wollen.

Stagnation

In der Entwicklung des 5. Chakras stecken zu bleiben, bedeutet, in der Sprache selbst den Sinn der Beziehung zu anderen
Menschen zu sehen und dabei Herzenswärme, Toleranz und
Verständnis auszuklammern. Diese Menschen manipulieren
gern andere mit ihren Worten und benutzen teilweise ihre
Sprache als Waffe. Sie sind halsstarrig, selbstgerecht und streng.
Es macht ihnen Spaß, ihr Gegenüber mit rhetorischen Spitzfin-
digkeiten zu entlarven, »hereinzulegen«, zu beherrschen und in
die Enge zu treiben. Gerne halten sie stundenlange Monologe.

Der Weg

Es gilt zu lernen, dass nichts vollbracht werden kann, bevor nicht die eigene *innere* Stille eintritt, aus der heraus jede Richtung erst möglich wird. Don Juan – aus Carlos Castanedas Büchern – spricht davon, »den inneren Dialog abzustellen«. Erst mit der Meisterschaft in der Stille gelingt der Weg zum *furchtlosen und wahren* Wort.

Das freie Sein

Worte werden zu Klang, in deren Melodie andere Seelen mitschwingen können. Die Sprache wird zum Instrument, um sich und anderen zu Klarheit zu verhelfen. Sie wird Vermittler zwischen dem Innen und dem Außen, zwischen Du und Ich und zwischen den Welten aller Existenzen. Das Gehör wird zur feinstofflichen Empfangsstation, die die Dinge innerakustisch wahrnimmt.

Edelsteine

Blaue Steine:

Chalzedon	zum Sprechen, Schilddrüsenstärkung, Bronchitis, Kehlkopf
Aquamarin	für Ruhe und »Leichtigkeit« der Sprache, bei Halsschmerzen, Kehlkopf-, Nackenschmerzen, Asthma
Blauer Jaspis	Lunge, Klarheit

Saphir	starke Heilkräfte bei Schilddrüsenüberfunktion, Kehlkopfentzündung, Asthma, Mittelohrentzündung
Sodalith	Augen, Ohren, Kiefererkrankungen
Lapislazuli	Stauungen in der Kehle, Schilddrüsenüber- und -unterfunktion

Andere Farben:

Rutilquarz	Bronchitis, Mittelohrentzündung, Nackenschmerzen, Asthma, gut für die Schilddrüse
Bernstein	Bronchitis, Zähne, Halsschmerzen, Kehlkopf, Ohrenerkrankungen, Asthma
Turmalin (schwarz)	Hörstörungen
Smaragd	Schilddrüsenüber- und -unterfunktion

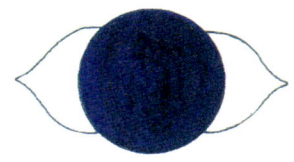

6. Chakra – Das »Dritte Auge«

Indisch:	AJNA
Farbe:	Indigo
Aussage:	»Ich bin geführt.«
	»Ich bin im Licht.«
Sitz:	In der Mitte zwischen den und bis zu 1 cm
	oberhalb der Augenbrauen

Die Entwicklung

SIE (die anderen), 35.–42. Lebensjahr
Die Frage nach »Höheren Werten« drängt in dieser Zeit
zur Beantwortung. Bis zum 42. Lebensjahr – sagen die An-
throposophen – sind wir noch immer »Leibeigene der Zeit
und des Raumes«, in den wir hineingeboren wurden. Diese
letzten Jahre vor der »Freiheit« leiten die *Sicht* zum *EINen*.
Es ist die Phase, welche die Ernte des Lebens einleitet.

Drüsen

Eine der beiden sogenannten »Meister«-Drüsen ist die Hypophyse (auch Hirnanhangdrüse genannt) zusammen mit dem Hypothalamus. Eine weitere »Meister-Drüse« ist die Epiphyse.

Die Meister-Drüsen sind die Lichtverteiler unseres Organismus und die Tore zu »Höherem Bewusstsein«. Es sind hoch entwickelte Organe mit lichtschneller Weitergabe von Informationen. Sie sind das Medium in unserem Gehirn, das uns immaterielle Natur wahrnehmen lässt.

Licht wird sowohl mit den beiden physischen Augen als auch mit dem »Dritten Auge« aufgenommen und erreicht über die Sehnerven die Hypophyse. Dort erfolgt eine Trennung in zwei Lichtstrahlen. Einer sorgt im Hypothalamus für die Sehtätigkeit des Auges, der andere wird von der Hypophyse benötigt. Je mehr Licht in die Hypophyse gelangt, desto größer ist der Lichtstrahl, der schließlich die Epiphyse im Zentrum des Gehirns erreicht. Die Stärke des Lichtstrahls, der von der Hypophyse an die Epiphyse weitergeleitet wird, ist nicht allein abhängig vom stofflichen Licht, sondern auch von der eigenen inneren Strahlkraft.

Auf der körperlichen Ebene sind Hypophyse und Hypothalamus mit dem Zentralen Nervensystem eng verbunden und haben wichtige Steuerungsfunktionen für den gesamten Körper übernommen. So regelt der Hypothalamus die Wach- und Schlafphasen, den Blutdruck, die Atmung, Genitalfunktion, Schweißsekretion und vieles mehr. Die Hypophyse steuert zusätzlich alle Drüsen des endokrinen Systems. Die Hormone, die von ihr gebildet werden, wirken auf die Geschlechtsdrüsen, die Schilddrüse, die Nebennierendrüse, auf die Eingeweidemuskulatur und auf das Wachstum.

Störungen

Entwicklungsstörungen der »Sehkraft« des Dritten Auges können die Unfähigkeit bedeuten, in sich das Lichtprinzip zum Leben zu erwecken. Als Krankheit sucht sich die Hypophyse »Seh«-Störungen – die über die normale Dioptrienzahl hinausgehen – wie Blindheit, Tinnitus[*] und den Wahnsinn.

Meist wird die Unterversorgung jedoch geistig objektiviert. Dies äußert sich durch Verwirrung und den Eindruck, schizophren o.ä. zu sein. Es werden Phänomene »wahr«-genommen. Zurück bleiben Angst und Flucht (häufig in Drogen und Alkohol) oder ein »Abdriften« in einen Zustand jenseitiger Lebensrealität (wie Psychosen oder Schizophrenie).

---

[*] Der Tinnitus ist eine, in jüngster Zeit immer stärker verbreitete, krankhafte Erscheinung, für die Mediziner keine Erklärung haben und auch selten Heilerfolge erzielen. Jedoch wird gegen das Phänomen ein großer medizinischer Apparat eingesetzt. Die geplagten Menschen, die unter der Krankheit leiden, hören permanent einen Ton in beiden oder in einem Ohr, der niemals verstummt. Es ist ein Pfeifen oder Rauschen, das stärker wird, je mehr sich der Patient in Ruhe befindet – wenn er beispielsweise zu schlafen versucht. Man sagt, van Gogh habe darunter gelitten, was ihn in den Wahnsinn trieb und weshalb er sich letztlich ein Ohr abschnitt. Die Erfahrungen, die ich mit der »Erkrankung« gemacht habe, hinterlassen bei mir den Eindruck, dass diese Menschen ihrer inneren Stimme kein Gehör schenken, die ihnen sagen will, dass sie nicht ihrer Bestimmung, sondern entfremdeten Vorstellungen folgen. Kann erreicht werden, dass sich dieser Mensch vollkommen öffnet und bereit ist, Materielles loszulassen und sich führen zu lassen, so besteht die Chance, dass das Geräusch aufhört. Das bedeutet aber immer, dass er die Bereitschaft aufbringt, sein Leben zu verändern. Oft ist er zu medialen Kräften befähigt, und der Ton im Kopf existiert nur, weil er sich weigert, als Kanal zu dienen.

Die Farbe Indigo

Sie ist für Heilanwendungen ratsam, wenn Blau zu schwach ist oder die Beschwerden zu stark sind, wie bei starken Kopfschmerzen, Migräne, starken Entzündungen, Lungenerkrankungen und großem Stress.

Grundsätzlich beruhigt Indigo stärker als das reine Blau.

Stagnation

Stagnation innerhalb dieses Chakras ist nicht möglich. Ein Leben, hauptsächlich aus diesem Zentrum geführt, ist so, wie es unter »*Das freie Sein*« beschrieben wird. Aus dem 6. Chakra heraus gibt es keine Möglichkeit negativer Auswirkungen, weder für sich selbst noch für andere.

Der Weg

»Herr, führe mich, wohin *ich nicht* will« ist ein Satz, der mich begleitet auf meinem Weg, mein Ego zurückzustellen. Es geht darum, auch das restliche Haften an Besitz, an anderen Menschen, Gedanken, Prinzipien und Vorstellungen sowie jede Polarität aufzulösen und *EINS* zu sein mit dem *GROSSEN GEIST* aller Schöpfung – ja, sich selbst als Geist der Schöpfung zu begreifen.

Das freie Sein

Es ist ein Leben in Klarheit, Wahrhaftigkeit und Weisheit. In seinem Wesen, sich zusammen mit dem Herz-Chakra zu entfalten, ist es die »Intelligenz« des Herzens, die durch das Dritte Auge in heilender Energie wirkt. Das freie Sein ist die Konzentration reiner Erkenntnis als Ergebnis sinnlicher Wahrnehmung und kosmischer Gesetze. Es ist die Verwirklichung von übersinnlichen Energieformen und Kräften in sich, für andere und für sich selbst.

Edelsteine

Indigofarbene oder blaue Steine:

Lapislazuli	Stein der Meditation, Intuition und der Heilung, hilft bei der Regelung des Schlafs (Hypothalamus)
Sodalith	Intuition, Nerven

Andere Farben:

Rauchquarz	Verbindung zur Welt und zum Körperlichen
Rosenquarz	zur spirituellen Entfaltung
Rutilquarz	Verbindung zum All
Obsidian	unterstützt Erdverbundenheit, zur Reinigung
Onyx	zur Konzentration, gegen Drogen, bei Augenkrankheiten
Chrysokoll (mit Lapis)	»Seher«-Stein, aktiviert das Dritte Auge, hat starke Heilwirkung für den Gesamtorganismus
Chrysopras	für »inneres« Sehvermögen
Azurit	bewusstseinserweiternd, für Hellsichtigkeit und kosmisches Sehvermögen

Saphir	gibt tiefes Vertrauen, für geistige Reinigung, stärkt die Hypophyse, bei Kopfschmerzen, Nebenhöhlen- und Augenentzündungen
Bernstein	Weisheit und Frieden
Fluorit	gibt Prana (Lebenskraft), kosmische Weisheit und Wahrheit
Smaragd	alle Augenkrankheiten, Bewusstseinserklärung
Sugilith	regt Heilkräfte an, für Hellsichtigkeit
Turmalin (schwarz)	bei Gehirntumor
Bergkristall	Hellsichtigkeit, die Hypophyse stärkend
Amethyst	Hypophyse und Intuition stärkend, bei Kopfschmerzen, für Konzentration, für die Augen, zur Bewusstseinserweiterung
Diamant	zur Entwicklung höchster Weisheit
Moldavit	Verbindung zum Universum, Hellsichtigkeit
Boji-Stone	»Channel«-Stein
Serafinite	ein Stein der Engel höchster Rangfolge: der Seraphim

7. Chakra – Scheitel- oder Kronen-Chakra

Indisch:	SAHASRARA
Farbe:	Violett oder weißes Licht mit einem äußeren violetten Kranz
Aussage:	»Ich bin All-Eins.«
	»Ich bin in Gott.«
Sitz:	Außerhalb des Körpers über der Scheitelmitte

Die Entwicklung

ERLEUCHTUNG, ab 42. Lebensjahr – bis zum Lebensende
Dies sind die Jahre, in denen Häuptlinge und große Medizinmänner und -frauen zu Erleuchtung und Weisheit gelangen. Es ist die Zeit, in der die Meisterschaft über alles Weltliche abgelegt werden kann. Für Frauen ist es die Zeit, in der die kolossale Energie der Gebärkraft transformiert wird zum geistigen Potenzial der Weisheit: die Wechseljahre[*]. Nach dem 49. Lebensjahr beginnt das Alter, das mit der

---

[*] Die sogenannten Wechseljahre, die meist als qualvolle Zeit erlebt werden, können wir auch als Zeit des Wechsel von der körperlichen Ge-

Entwicklung des 7. Chakras die Chance der Verjüngung nach innen birgt.

Drüse

Die höchste »Meister«-Drüse ist die Epiphyse (Zirbeldrüse).

Wir wissen, dass die Epiphyse ihre Wirkstoffe hauptsächlich nachts herstellt. Mit dem Hormon Melatonin beeinflusst sie unseren natürlichen Schlaf- und Wachzeitrhythmus. Außerdem ist sie wesentlich an psychosomatischen Vorgängen beteiligt.

Auf der geistigen Ebene ist die Epiphyse vor allem für die Ausdehnung unseres Bewusstseins verantwortlich. Zusammen mit der Hypophyse und dem Hypothalamus bildet sie die organischen Voraussetzungen zu übersinnlicher Wahrnehmung und bewusster Sendung von Energie.

Die Meister-Drüsen befähigen uns zu medialen Fähigkeiten, zu Telepathie, zum Aura-Sehen und dazu, als Empfangsstation und Sender für immaterielle Realität zu dienen.

Störungen

Die Epiphyse sorgt nicht direkt für körperliche Krankheiten. Störungen sind auf der geistigen Ebene über Machtmissbrauch möglich. Dies geschieht, wenn gleichzeitig – trotz

---

bärkraft zur Kraft der Erleuchtung sehen. Es ist ein unglaubliches Energiepotenzial, das freigesetzt wird und den Frauen zur »neuen« Geburt ihrer Spiritualität zur Verfügung steht. Wenn dieser Wechsel bewusst als Bereicherung – was er tatsächlich ist – wahrgenommen wird, vollzieht er sich nicht nur beschwerdefrei, sondern wird zu einer kraftvollen Zeit.

hoch entwickelter geistiger Fähigkeiten – noch keine genügende Ablösung vom 1. Chakra erfolgt ist. Die Schwierigkeit, sich aus dem 1. Chakra herauszulösen, verkehrt die Kraft, die daraus gezogen werden könnte, ins Negative. Dadurch wird die »Gnade« des entwickelten Scheitel-Chakras lediglich als Instrument benutzt, andere Menschen geistig zu beherrschen.

Die Farbe Violett

Sie wird in Form von Farb-Licht erfolgreich gegen Cellulitis eingesetzt, weil ihre Schwingungen so fein sind, dass sie sogar die Zellstruktur verändern können. Ebenso reduziert die Farbe Violett die Aknebildung und den Appetit.

Stagnation

Es ist – genau wie beim 6. Chakra – nicht möglich, mit negativen Konsequenzen für sich und andere in diesem Chakra zu stagnieren.

Der Weg

Es gibt nur noch eine Form des Seins: das Selbst.
Ich realisiere mein Leben als: Geistführer, Heiler, Priester (in weitestem Sinne), Medium, Medizinmann oder -frau, als Vermittler zwischen der geistigen und der materiellen Welt.

Das freie Sein

Es ist das Bewusstsein, sich zu jeder Zeit und in jedem Raum mit allen Menschen, der Natur, allen Geistwesen und dem Kosmos in Verbindung zu befinden. Es ist ein Leben im Licht und in Liebe für alles, was existiert und geschieht. Es ist die Auflösung des Gedankens, jedes Geschehen beeinflussen zu können. Es ist die Einheit aller Chakras zur Erhöhung ihrer Gesamtheit als *EINS*.

Edelsteine

Violette Steine:

Amethyst	Kontakt zum Höheren Selbst, für kosmische Einheit, zur Meditation
Fluorit	hebt jedes Problem auf eine höhere Ebene, für kosmische Weisheit und Wahrheit
Sugilith	Stein eines höheren Bewusstseins

Andere Farben:

Bergkristall	führt zur göttlichen Einheit, wirkt direkt auf die Zirbeldrüse, für Aura-Ausgleich, zur Meditation
Diamant	führt in die Demut
Moldavit	Verbindung zum Universum
Serafinite	der Stein der Engel höchster Rangordnung: der Seraphim

Die Chakras

Chakra	Entsprechungen	Themen	organische Störungen	geistige Störungen
1. Basis- oder Wurzel-Chakra MULADHARA Ich bin der Anfang. Ich bin die Kraft.	**Rot** Leben im Hier und Jetzt **Drüsen:** Frauen – Eierstöcke, Bartholinische Drüsen, Plazenta. Männer – Hoden, Prostata	Kraft Energie Aktivität Begeisterung Feurigkeit Führungsfähigkeit	Niedriger Blutdruck, Orgasmus- und Potenzschwierigkeiten, Bartholinitis, Prostata- und Blasenerkrankungen	Herrschsucht Aggressivität Cholerik Alkoholismus Gewalt
2. Sakral-Chakra SVADISTHANA Alles ist im Fluss. Ich empfange und gebäre.	**Orange** Leben im Fluss. Mit Wurzel-Chakra das HARA. **Drüsen:** Nebennieren	Zeit und Raum geben Erotik Wärme Empfangsbereit- schaft	Stress Mineralstoffmangel, Darm- und Gebärmutter- erkrankungen, Menstruationskrämpfe	Promiskuität Don-Juanismus Stress-Sucht Frigidität
3. Solarplexus MANIPURA Ich gebe und nehme an.	**Gelb** Geben und Nehmen in Balance **Drüse:** Pankreas	Offenheit Heiterkeit Intellektualität Leichtigkeit Wert-Bewusstsein	Diabetes und Gastritis, Verdauungsprobleme, Leber-, Magen- und Gallenerkrankungen, Arthritis und Rheuma	Geiz, Rigidität Diskriminierung Kaufsucht Angst Depressionen
4. Herz-Chakra ANAHATA Ich bin in Liebe. Ich bin in Harmonie.	**Grün – Gold – Rosa** Bedingungslose Liebes- Fähigkeit Mit dem Herzen handeln **Drüse:** Keine	Liebe Harmonie Sympathie Frieden Nächstenliebe Mitgefühl	Alle Herzerkrankungen	Besitzergreifende Partner- beziehungen. Sich selbst nicht lieben können Eifersucht

Thymus-Zentrum Ich bin ich und Du bist Du.	**Türkis** Abgrenzung nach Außen Schutz aufbauen **Drüse: Thymus**	»Krieger« und Beschützer für andere Abwehr Wachheit	Häufige Infekte, Bronchitis, Lungen- und Lymphdrüsenentzündung, Immunkrankheiten Luft- und Speiseröhrenerkrankungen	Abwehr um jeden Preis Skepsis Distanzverhalten Rigorosität Diskreditierungen
5. Hals- oder Kehlkopf-Chakra VISHUDDHA Mein Wort ist wahr. Mein ist die Stille.	**Blau** Klare Sprache als Resonanzkörper Guter Zuhörer **Drüse: Schilddrüse**	Klarer Ausdruck, äußere und innere Kommunikation Stille	Hals-, Kiefern-, Lungen- und Kehlkopferkrankungen, Schilddrüsen-Über- und Unterfunktion, Stottern, Mittelohrerkrankungen	Geschwätzigkeit Verleumdung Starrsinn Sprechfaulheit Verstocktheit
6. Stirn-Chakra oder »Das Dritte Auge« AJNA Ich bin geführt. Ich bin im Licht.	**Indigo** Leben in Weisheit. Auflösung von Polarität **Drüse: Hypophyse, Hypothalamus**	Mit Weisheit lehren Ein-Sicht Wahrheit Intuition Heilen	Migräne, Funktionsstörungen des endokrinen Systems, Sehstörungen, Tinnitus, Nebenhöhlenaffektionen	Realitätsfremdheit Dickköpfigkeit Drogenabhängigkeit
7. Scheitel- oder Kronen-Chakra SAHASRARA Ich bin All-Eins. Ich bin in Gott.	**Violett** Einheit aller Chakras zur Erhöhung ihrer Gesamtheit als EINS **Drüse: Epiphyse**	Spiritualität Glauben Gott-Verbundenheit All-Eins-Sein	Keine	Religiöse Dogmatik Drogenabhängigkeit

Farb-Persönlichkeiten

	1. Typische Charakterzüge	2. Äußeres Erscheinungsbild	3. Wohnungsgestaltung	4. Familie und Partnerschaft	5. Berufsbilder und Freizeit	6. Negative Strukturen
Braun	Naturbezogenheit, Sicherheit, Stabilität,	gesund, schlicht, natürlich	Ethno-Stil, Antik, Landhausstil, Naturmaterialien, Gemütlichkeit	familiär, Treuegebot, Häuslichkeit	naturbezogen, Heilpraktiker, alternative Lebensweisen	Schwerfälligkeit, Unbeweglichkeit
Rot	Power, Extrovertiertheit, starkes Charisma	Avantgardistisch provokant, modern	Avantgarde, Designermöbel, Farbintensität, Lofts, Zen-Räume	keine bürgerliche Familienstruktur	Führungsstärke, Berufssportler, Selbstständige	Herrschsucht, Gewalt
Orange	Erotik, Gefühle, Kreativität	sinnlich, nicht provokant, erotisch	exotisch, orientalisch, Liegeflächen, warm	familiär, erotische Beziehungen, Kinderwunsch	Körperlichkeit, Köche, Designer, Masseure	Don-Juanismus, Gefühlsduseleien
Gelb	wertbewusst, offen, wach, heiter, unbeschwert	locker und leger, schlank, sportlich	leicht und hell, freundlich, typische Ikea-Kunden	freie (unabhängige) Partnerschaft	Intellektualität Unternehmensberatung, Reiseführer	geizig und eng, verschwenderisch
Grün	starke Herzensqualität, Opferbereitschaft	gesund, stämmig, natürlich	traditionell, Liebe zum Platz für Pflanzen und Tiere	familiär, Treuegebot, Kinderwunsch	naturbezogen, Heilpraktiker, Tierärzte, Sozialarbeiter	Sentimentalität, Erpressung zu Liebes-»Beweisen«
Rosa	zart und sensibel, feenhaft, Ästhet, Zurückhaltung	zartgliedrig, schlank, dezent	Romantik, »Heile Welt«, zarte Accessoires, Glaskunst	gutsituierte Heirat, wollen erobert werden	gestalterisch, soziale Berufe	schwächlich, pingelig, Flucht in Krankheit
Türkis	beschützend, unabhängig, wachsam, starke Abgrenzung	betont simpel oder extrem, attraktiv	extrem individualistische Akzente, Avantgarde	keine familiäre Struktur, Einigelung in fester Zweierbeziehung	Selbständigkeit, Eigenwilligkeit, Extravaganz	sarkastisch, Rigidität
Blau	klarer Ausdruck, wacher Geist, Gelassenheit, guter Zuhörer	stets korrekt, dezent	nüchtern strukturiert, klar und sparsam	analytische Auseinandersetzung mit Partner	analytisch, Sprachwissenschaftler, Trainer, Coach	sinnesfeindlich, kalt, gefühllos, streng
Indigo	hellsichtig, starke Intuition und Gerechtigkeitssinn, Kanal für Heilkräfte	trägt die Kleider aller Welten	spirituelle Symbole, Integration von Feng Shui und Geomantie, Zen-Räume	keine bürgerliche Familienstruktur nötig	Beruf ist Berufung Heilung, Lehren	Flucht vor dem Normalen, Drogenmissbrauch
Violett	Entsagung vom Weltlichen, tiefe Religiosität, Weisheit	tragen gern Weiß oder Schwarz, legen keinen großen Wert auf Aussehen	spirituelle Symbole, Zen-Räume	keine familiäre Struktur, sucht im Partner spirituelle Entsprechung	Geistführer, Heiler, Diener Gottes	»Schwarze Magie«, Drogenmissbrauch

IV.

Die Farb-Persönlichkeiten

»Nichts auf der Welt ist stärker als eine Idee,
für die die Zeit gekommen ist.«

Victor Hugo

Der Schlüssel zur »ganzheitlichen« Farbberatung

Jede Farbe hat ein bestimmtes Wesen oder eine Aussage, die mit den Aussagen vieler Menschen über diese Farbe übereinstimmt. Tausende von Farbtests sowie Kulturvergleiche haben ergeben, dass unsere Interpretation der Farben ziemlich gleich ist. Gibt es in einer Gruppe von zwanzig noch erhebliche Unterschiede bei der Beurteilung einer Farbe, so erzielt eine repräsentative Umfrage bei tausend einheitliche Aussagen. Die Farbe Rot wird mit Feuer, Leidenschaft, Kraft und Vitalität in Verbindung gebracht, Blau mit Ruhe, Weite und Tiefe, bei Gelb denkt man an die Sonne, usw.

Den Charakter und die spezifischen Aussagen, die einer Farbe innewohnen, habe ich auf die Persönlichkeit von uns Menschen übertragen. Dadurch sind Aussagen über eine Person – als Synonym für eine Farbe – möglich. Wir können beispielsweise von einem »roten« Menschen sprechen, wenn er impulsiv und feurig ist, von einem »grünen«, wenn er harmonisch und natürlich wirkt, von einem »blauen«, wenn es ein ruhiger Mensch ist.

Es scheint, als sei jede Farbe eine Persönlichkeit für sich, sodass wir mit den Seelenkräften der Farben Persönlichkeitsbilder von Menschen malen können. Ich versuche, damit eine Sichtweise zu erschließen, sich in den Farb-Persönlichkeiten wiederzuerkennen und vor allem, darin Orientierung für die eigene Entwicklung zu finden.

Jedem farblichen Charakter-Typ werden gewisse Stärken zugeschrieben. So ist es der *braune* Mensch, der den größten Bezug zur Natur hat und am stärksten geerdet (Braun = Erde) ist. Der *rote* Mensch hat ein entwickeltes Führungstalent und unerschöpfliche »Power« (Rot = Power). Der *orange* Typ ist in der Erotik zu Hause und sehr gefühlvoll (Orange = Gefühl). Eine *gelbe* Person ist ein heiterer Sonnenschein und hat die Balance zwischen Geben und Nehmen gefunden (Gelb = Heiterkeit), dies bereitet dem *grünen* Menschen Schwierigkeiten. Dieser lebt in Liebe und manchmal sogar in Opferbereitschaft (Grün = Herz). Sucht man einen wachsamen »Aufpasser«, so ist garantiert der *türkisfarbene* Charakter der Richtige (Türkis = Abwehr), und im *blauen* findet man die lang ersehnte Gelassenheit und Ruhe (Blau = Ruhe). Der *violette* und der *Indigo*-Mensch ist zum Lehren, Heilen und auch zu geistiger Führung berufen (Indigo + Violett = Spiritualität).

Welcher von ihnen ist mehr wert als der andere?

Nehmen wir einen *blauen* Menschen, der Blockaden im Solarplexus hat. Er geht völlig anders mit diesen Blockaden um als ein *roter* Mensch ein *gelber* wieder anders, als der *grüne*. Wichtig ist, dass die Farbfolge nicht hierarchisch gesehen wird. Sie entspricht zwar der Folge der Chakra-Leiter, hat aber keinen wertenden Charakter. So ist ein *violetter*

Mensch kein »besserer« Mensch, weil Violett eine »höhere« Farbe ist. Und ein *roter* Mensch kann, wie ihn Meister Eckehart beschreibt, »*jemand [sein], der im Außen lebt und darin ausnahmslos das Göttliche sieht*«.*19

Es gibt keine Farbe, die besser oder schlechter wäre als eine andere. Wenn wir uns mit allen Farben versöhnt haben, sind alle in uns integriert und jedes der Farb-Themen (Chakra-Themen) durchlebt. Sowenig es darum geht, den Idealbildern anderer zu gleichen, so sehr geht es darum, zu erkennen: *Wer bin ich?* Die Definition der eigenen Farb-Persönlichkeit ist immer eine Momentaufnahme. Ich kann früher ein *grüner* Mensch gewesen sein, habe mir dann das Rot als Persönlichkeitsstruktur erkämpft und mich daraus zu einem *blauen* Menschen entwickelt. Ebenso werden Sie vielleicht feststellen, dass Sie sich in zwei oder drei Farben wiederfinden. Die meisten Menschen sind mit mehreren Farben identisch, und es geht im Grunde auch darum, alle Farben in sich zu vereinen.

Die Auseinandersetzung mit den Farb-Persönlichkeiten verdeutlicht den ganzheitlichen Aspekt der Farben. Gerade deshalb kann dieses Kapitel besonders für diejenigen, die beruflich mit Farben und Menschen arbeiten, besonders interessant sein. Wenn Sie sich beispielsweise mit Farbberatung, Architektur, Raumgestaltung, Modedesign und Ähnlichem beschäftigen, können Ihnen die Farb-Persönlichkeiten und die Dimensionen der Charaktere wesentlich größeren Einblick geben. Wir wissen es bereits: Farben sind mehr als nur schön anzuschauen. Mit ihnen zu arbeiten ist eine der *wunderbarsten* und *lichtreichsten*, aber auch eine der *verantwortungsvollsten* Tätigkeiten.

Wenn Sie zum Beispiel den Beruf der Innenarchitektin ausüben, machen Sie sich klar, was es bedeuten kann, wenn Sie einem *orange* oder *grünen* Menschen eine moderne Wohnung in kühlen blau-grauen Tönen gestalten und dieser sich dafür entscheidet, darin zu wohnen. Die Atmosphäre der Wohnung wird gegen ihn arbeiten, weil seiner Persönlichkeit eher eine warme, gemütliche Wohnung entspräche. Denken Sie als Farbberater oder Farbberaterin einmal darüber nach, was mit einem *rosa* Mensch geschehen kann, der als analysierter *Wintertyp* zu den harten Farbkontrasten seiner Palette überredet wird. Es kann passieren, dass er mit der Konfrontation mit seinen Farben psychisch überhaupt nicht fertig wird und mit einer ernsthaften Identitätskrise reagiert. Dieser Mensch muss eine differenzierte Beratung über andere Möglichkeiten, mit seiner Farbpalette umzugehen, erhalten. Gerade mit dem Schlüssel der Farb-Persönlichkeiten wird deutlich, warum manche Menschen die in der Analyse herausgefundenen Farben nicht tragen (können). Die Palette muss manchmal mit anderen Farben kombiniert werden.

Auf den nächsten Seiten finden Sie die wesentlichen Kategorisierungen für ein aussagekräftiges farbliches Charakterbild. Wenn Sie sich in den Bildern wiederfinden, behalten Sie bitte im Auge, dass jede der Charakterausprägungen verändert werden kann. Aus einer ganz und gar *braunen* Frau, die einen häuslich-mütterlichen Typ darstellt, kann durchaus eine *rot-orange* Persönlichkeit werden, wenn sie es will und den *orangefarbenen* Themen in ihrem Leben mehr Raum und Zeit gibt (sowie natürlich auch noch mit entsprechendem Styling nachhilft).

Für die Darstellung der nun folgenden Farb-Persönlichkeiten habe ich typische Merkmale beschrieben, die ich in den letzten 20 Jahren meiner Arbeit mit Farbe und Styling bestätigt sehen konnte. Wie schon erläutert, entsprechen die meisten Menschen mehreren Persönlichkeitstypen. Sie mögen also feststellen, dass Sie einen Teil vom Rot haben, einen anderen der *blauen* Persönlichkeit und vielleicht eine einzige negative Struktur der *gelben*. Die nachfolgenden Darstellungen beschreiben besonders aussagekräftige Charakterstrukturen von nur einer Farbe. Sie können jeweils schauen, was und wie viel Sie von einer bestimmten Farbe in Ihrer Persönlichkeit integriert haben bzw. was Sie an anderen Qualitäten hinzugewinnen können. Im Übrigen ist es nicht leicht, sich selbst zu bestimmen, weil wir alle unsere »rosaroten Brillen« tragen, die das Bild von uns selbst verfälschen. Fragen Sie Ihren Partner, eine/n Freund/in oder ihre Kinder. Welche Farbe »man ist«, können meist Kinder geradeheraus einfach sagen.

Als Themen der Gliederung wählte ich:

1. Typische Charakterzüge
2. Äußeres Erscheinungsbild
3. Wohnungsgestaltung
4. Familie und Partnerschaft
5. Berufsbilder und Freizeit
6. Negative Strukturen

1. Typische Charakterstrukturen beschreiben Verhaltensweisen und psychische Strukturen, die dem Wesen der entsprechenden Farbe gleichkommen. Die Persönlichkeit wird zusätzlich von den eigenen astrologischen Bestimmungen beeinflusst und den *Elementen*, die auf die Person maßgeblich einwirken. Mir liegt fern, ein astrologisches Gesamtbild aufzuzeigen, weil ich keine Astrologin bin. Deshalb habe ich schlichtweg nur die *Sternzeichen* genannt. Sollte Ihnen bekannt sein, dass Sie beispielsweise im Sternzeichen des Widders mit dem Aszendenten Fische o.a. geboren wurden

und Ihr Fische-Aszendent den bestimmenderen Einfluss auf Ihre Persönlichkeit hat, so werden Sie sich auch dahingehend entwickeln, dass Sie eher eine *grüne* oder *rosa* Farb-Persönlichkeit sind als eine *rote*, wie es für den Widder typisch wäre.

2. Mit dem äußeren Erscheinungsbild, unserer zweiten Haut, verraten sich die Farb-Persönlichkeiten am deutlichsten. Bei der Imageberatung ist es immer wieder als interessantes Phänomen zu beobachten, dass, wenn wir das Erscheinungsbild verändern, die Person nicht nur sofort anders wahrgenommen wird, sondern sich auch anders fühlt, verhält und bewegt. Die Veränderung des »Sichtbaren« wirkt immer gleichzeitig von außen nach innen. Andererseits sehen wir an der äußeren Erscheinung, was sich im Innenraum vollzieht.

3. Unsere Wohnungsgestaltung ist, sogar noch stärker als unser Outfit, der Raum, in dem unsere Seelenkräfte Gestalt annehmen. Damit gehört die Wohnung zu unserem Innenraum, sie ist quasi der Spiegel unserer Seele. Wir laden auch nicht jeden zu uns nach Hause ein, während wir uns durchaus so kleiden, dass wir den Blicken der Öffentlichkeit standhalten. Eine Einladung in die Wohnung eines anderen Menschen sollte immer mit größtem Respekt und größter Aufmerksamkeit für das, was er darin zeigt, angenommen werden. Eine Wohnung muss so eingerichtet sein, dass sie Schutzfunktion vor der Welt draußen hat und nicht nur eine architektonische Attraktion darstellt (außer für *türkisfarbige* Persönlichkeiten). Deshalb ist es für Paare und Familien sehr wichtig, dass jeder in der gemeinsamen Wohnung seine eigenen Wünsche und Vorstellungen verwirklichen kann.

4. Jede Farb-Persönlichkeit geht bei der Entscheidung zur Gründung einer eigenen Familie oder dem Eingehen einer Partnerschaft anders mit diesem Thema um. Besonders an dieser Stelle ist entscheidend, welche anderen Farben und Lebensqualitäten man noch herausgebildet hat. Und für manche gilt: Alles ist immer in Bewegung! – Nichts ist für immer!

5. Berufsbilder und Freizeit-Beschäftigung bauen auf Neigungen und Talenten auf, die sich aus einem bestimmten Charakter ergeben. Tatsächlich konnte ich in meiner Praxis für diese Annahmen immer wieder Bestätigung finden.

6. Mit negativen Strukturen möchte ich nicht den Gegenpol zu einem »guten Menschen« darstellen, sondern ich zeichne das Bild einer Person, die ihre Entwicklung in einer bestimmten Farbe nicht ungehindert durchlaufen konnte (durfte). In einem solchen Fall kann aus der eingeschränkten Entfaltungsmöglichkeit in der Kindheit die Entwicklung in den »negativen Pol« der Farbaussage begünstigt werden. Häufig wird, wenn wir uns in diesem negativen Pol bewegen, die Auseinandersetzung mit uns selbst vermieden und stattdessen werden andere zu Objekten der Kritik. Wir beschäftigen uns ersatzweise mit Vorstellungen und Forderungen, wie und was der andere zu ändern hat.

Dieses »normale« Verhalten gilt für fast alle Farb-Persönlichkeiten gleichermaßen, und außerdem ist fast jeder Mensch davon betroffen. Mit einem Begriff aus der Psychoanalyse, dem *Übertragungssatz*, möchte ich diese Haltung verdeutlichen. Dieser Satz ist jeweils derjenige, mit dem jeder seine eigenen Themen, mit denen er identifiziert wird und an denen er festhält, auf andere »überträgt«.

Zu jeder Farbe nenne ich immer noch den einen oder anderen »Prominenten« bzw. eine Persönlichkeit aus dem öffentlichen Leben, durch die sich das Phänomen der Farb-Persönlichkeiten exemplarisch besser nachvollziehen lässt. Natürlich nenne ich diese Menschen aufgrund dessen, wie sie mir – durch ihr »Nach-außen-Treten« – erscheinen, und mir ist klar, dass ich die eine oder andere Person nicht in ihrem wirklichen Wesen darstelle. Es geht bei den Farb-Persönlichkeiten nicht darum, wie jemand wirklich ist, sondern darum, wie er sich zeigt. Bei Braun fiel mir die Auswahl unter den Stars allerdings schwer, weil *braune* Menschen selten den Schritt in die Öffentlichkeit unternehmen. Bei *Indigo* und *Violett* hätte ich im Grunde eine ganze Seite voll aufzählen können. Aber diese Menschen sind zwar in ihren Reihen bekannt, der Weltöffentlichkeit aber weitgehend unbekannt geblieben, sieht man einmal von Persönlichkeiten wie dem Dalai-Lama, Gandhi oder ähnlichen Meistern ab. So habe ich mich also beschränkt auf diejenigen, die bekannt sind, und habe sie für beide Farben (*Indigo* und *Violett*) genannt, weil sie auf der Ebene ihrer Erscheinung nicht unbedingt differenzierbar sind.

Der Zeitgeist dieses Buches bietet es geradezu an, die vier Freundinnen aus »Sex and the City« genauer auf ihre Persönlichkeitsstrukturen hin zu untersuchen. Sie sind nicht, wie in den Medien propagiert, komplett unterschiedlich. Alle vier bewegen sich hauptsächlich in den Farben Rot, Orange und Gelb, mit unterschiedlichen Gewichtungen und jeweils noch ein bis zwei Zusatzfarben: So hat Carry die Zusatzfarbe Grün und manchmal viel Rosa. Am stärksten ist bei ihr Gelb entwickelt. Charlotte hat ebenfalls ein starkes Gelb und zusätzlich Rosa und Blau. Samantha ist nicht etwa vorrangig *orange*, sondern *rot*, und an zweiter

Stelle erst folgen Orange und auch eine gute Portion Tür-kis. Miranda hat ebenfalls ein starkes Rot, was mit Braun gemischt ist.[*]

Die veröffentlichten Fotos zeigen fast nur Menschen, die ich persönlich kenne. Sie haben sich zur Verfügung gestellt, als Farb-Persönlichkeit abgebildet zu werden. Die meisten von ihnen vereinen jedoch mehrere Farben in sich, die ich jeweils zusätzlich genannt habe. Obwohl ich die Personen zum Teil sehr gut kenne, weil wir befreundet sind, und um ihren Facettenreichtum weiß, ist es doch auch bei ihnen so, dass sie eine Farbe besonders deutlich nach außen zeigen (zum Ausdruck bringen).

---

[*] Sollten Ihnen die vier Frauen gänzlich unbekannt sein, gehören Sie zu einer Minderheit in Deutschland. Die vier Frauen aus der amerikanischen TV-Serie haben es geschafft, über sechs Jahre (1998–2004) Verabredungen an Dienstagabenden (zur Zeit ihrer Fernsehausstrahlung) unmöglich wer-den zu lassen. Sie haben, hauptsächlich von Frauen »verfolgt«, den Mode-trend und die Frisuren einer ganzen Generation bestimmt. (Carry musste sich z. B. ihre Haare kürzen lassen, weil die amerikanischen Frauen, wie Carry, über Jahre nicht mehr zum Friseur gingen.) Sie hatten Einfluss auf Beziehungsstrukturen und intime Gespräche der TV-Zuschauer, und vor allem haben sie Millionen Frauen Mut gemacht, mit ihrem Körper und ihrer Sexualität offener umzugehen.

Braun – Die Naturverbundenheit

> »Die Natur ist nicht an der Oberfläche,
> sie ist in der Tiefe.«
>
> Paul Cézanne

1. Typische Charakterzüge

Das Leitbild der *braunen* Menschen ist Natürlichkeit, Erdigkeit und Fruchtbarkeit. Sie sind in sich ruhende Persönlichkeiten, auf die man sich felsenfest verlassen kann. Sie erscheinen als Menschen, an die man sich gerne anlehnt, die eine gemütliche Ruhe ausstrahlen. Dabei wirken sie sehr natürlich und vermitteln dem Haltsuchenden Sicherheit, Ruhe und solide Festigkeit. Eine warme Behaglichkeit geht von ihnen aus. *Braune* Menschen haben sehr oft auch viel Grün (starke Herzqualitäten) und einen deutlichen Bezug zu Indigo (Spiritualität oder Schamanismus).

So wie Braun die Grundfarbe unseres Bodens und der Bäume ist, so stellen die *braunen* Menschen auch die Verkörperung der Natur dar. Sie schillern nicht, sondern klingen in Moll-Tönen warmherzig und vertrauensvoll. *Braune* Menschen wechseln den Wohnort nur aus wirklich zwingenden Gründen. Sie sind eher sesshaft und personifizieren die typischen Eigenheimbesitzer mit angelegtem Garten. Sie schaffen ein schönes »trautes Heim«, in dem viel Wert auf gutes Essen gelegt wird. Oft sind sie auch besser genährt, als ihnen lieb ist. Sie mögen einen guten Wein und harmonische Stimmung bei Kerzenlicht. Mit ihrem starken Bezug zur Natur sind sie in der Lage, mit Selbstverständlichkeit Großfamilien zu pflegen.

Sternzeichen, die dieser Persönlichkeitsstruktur entsprechen: Stier, Steinbock.

Elemente: Ihr vorherrschendes Element ist die Erde.

2. Äußeres Erscheinungsbild

Das Aussehen der *braunen* Menschen zeichnet sich – besonders auffallend bei Frauen – durch gesund durchblutete Haut aus. Ihr Blick ist gütig und herzlich. Die Frisur ist meist unkompliziert. *Braune* Frauen tragen gerne langes Haar mit Natur(dauer)wellen, Männer gerne Bärte. Beide haben nicht viel Lust und Geschick, sich zu »stylen«. Sie lieben bequeme, strapazierfähige Freizeitkleidung. Zumeist besitzen sie ein einziges »gutes Stück«, das speziell zum Ausgehen angeschafft wurde. Die Orientierung an Mode ist ihnen nicht so wichtig. Alles sollte eher zweckgebunden und

Gudrun Jung ist auf der Erscheinungsebene typisch braun. Sie hat außerdem viel Grün, Rot und Indigo (Schamanismus) integriert.

praktisch sein. *Braune* Menschen kultivieren ihre Liebe zum Tier. Dabei fühlen sie sich besonders zum Hund hingezogen, weil sie mit ihm in der Natur spazieren gehen können.

Farben, die zu ihnen passen, sind Naturfarben und Erd-Töne.

Wer bei *Braunen* sexuelle Abenteuer sucht, muss mit Enttäuschungen rechnen. Sie brauchen Zeit, um Dinge in Bewegung zu bringen, Spontaneität ist ihnen beim Einlassen auf einen neuen Partner eher fremd. Außerdem sind sie von Grund auf anständig und reagieren deshalb auf Fehltritte dramatisch.

Für den *roten* Menschen wirken sie auf willkommene Weise dämpfend, weil sie nach innen – und nicht wie der *rote* Typus nach außen – gewendet sind. Außerdem bilden sie den Boden für das lodernde Feuer des Rot und bringen den *roten* Menschen immer wieder auf den Boden der Normalität zurück. Beide ergänzen sich auf der Gefühlsebene, weil jeweils der eine hat, was dem anderen fehlt.

Intensiver ist ihre Beziehung zu *orangefarbenen* Menschen, da diese, außer der Warmherzigkeit, auch oft das Thema der Fruchtbarkeit und des Behütens vertreten. Der *braune* Mensch lässt durchaus zu, dass der *orange* in ihm sexuelle Attraktivität entfacht.

Der *grüne* und der *braune* Mensch sind sehr ähnlich, und man könnte fast sagen, dass sie ein Zwillings-Verhältnis haben.

Wirklich schwierig wird die Beziehung zu *türkis* und *blauen* Charakteren. Der *türkisfarbene* Mensch wird das Verhalten des *braunen* als Naivität und manchmal sogar als Dummheit auslegen. Der *blaue* Mensch erscheint dem *braunen* zu kühl und strukturbetont. Auch hätte der *braune* Schwierigkeiten, eine gemeinsame gemütliche Wohnung mit den beiden einzurichten.

Prominente:

- Liv Ullmann, schwedische Filmschauspielerin
- Alexandra Maria Lara, deutsche Filmschauspielerin
- Jodie Foster, amerikanische Filmschauspielerin und Regisseurin
- Manuel Andrak, deutscher TV-Moderator bei Harald Schmidt

3. Wohnungsgestaltung

So gemütlich und behaglich, wie die *braunen* Personen erscheinen, sind auch ihre Wohnungen eingerichtet. Das Interieur kann aber auch von Konservativität bestimmt sein. Die jungen *Braunen* gestalten ihre Wohnung gern im Ikea-Stil und richten sie zusätzlich mit Naturmaterialien ein. Sind ihre Möbel traditionell, so werden sie oft für die Ewigkeit angeschafft oder sie sind antik. Wir finden Eiche oder andere echte Hölzer, Korb, Terrakotta und Naturtextilien. Ihre Räume gestalten sie – ähnlich den *Grünen* – oft mit kleinen, liebevoll gehüteten Gegenständen, von denen sie stolz berichten, wie viele Jahre sie diese schon besitzen. Sie bewahren zudem gern Erbstücke ihrer Eltern oder Großeltern auf. Aufgrund ihrer Natürlichkeit besitzen sie selbstverständlich viele Pflanzen. In der Wohnungsgestaltung insgesamt sind sie fast identisch mit *grünen* Menschen und könnten deshalb sehr gut mit ihnen gemeinsam leben. Allerdings tut sich dann auch nicht sehr viel in Hinblick auf Veränderungen und Entwicklung.

4. Familie und Partnerschaft

Eine Familie zu gründen ist für *braune* Menschen ein selbstverständlicher Lebensinhalt. Bis es so weit ist, haben sie feste, oft lange Beziehungen mit Treuegebot. Freunde werden auf ihre Zuverlässigkeit hin ausgewählt und dann oft bis ins hohe Alter gehalten. Haben sie eine eigene Familie, so beschützen und bewachen sie alle Mitglieder. Sie tun nahezu alles um der lieben Harmonie willen. Auf emotionale Ausbrüche anderer Personen wird mit tiefer Verletztheit reagiert. Abnabelung von den Eltern fällt ihnen genauso schwer, wie sie sich gegen die Abnabelung ihrer eigenen Kinder wehren. Nicht, dass sie ein lebendiges Verhältnis zu ihren Eltern aufrechterhielten. Es ist vielmehr eine, an Konventionen gebundene, Beziehungsverpflichtung.

5. Berufsbilder und Freizeit

Den *braunen* Menschen entsprechen alle Berufsbereiche, in denen Hinwendung zur Natur möglich wird, zum Beispiel: Gärtner, Förster, Landwirt, Töpfer, Heilpraktiker oder Tierarzt. Auch arbeiten sie in Naturkostläden. Statt in der Natur zu arbeiten, können sie aber auch auf kreative Berufe ausweichen, wie in den Bereich der Dekoration oder der Innenausstattung (auch das haben sie wieder mit dem *grünen* Menschen gemeinsam). An Computer gewöhnen sie sich, wenn überhaupt, nur widerwillig. Buchhaltung und Bilanzen sind für sie ein ähnlicher Graus wie systematisierte Büroarbeit.

Als Freizeitbeschäftigungen kommen für sie das Reiten, Wandern und Jogging in Frage. Aber sie legen nicht unbedingt Wert auf Sport, sondern bewegen sich lieber ganz selbstverständlich in der Natur, bei täglichen Gängen mit dem Hund oder während der Gartenarbeit.

Alternative Heil- und Lebensweisen scheinen von ihnen geschaffen worden zu sein. Sie interessieren sich für Landkommunen, Schamanismus, für Kräfte der Edelsteine sowie Heilkräuter und -pflanzen. Ihre Edelsteine sind der Achat, Blut- und Wüstenjaspis, versteinertes Holz, Türkis, Bernstein.

6. Negative Strukturen

Wenn *braune* Menschen beispielsweise im Zeichen des Stieres geboren wurden und ihre Eltern sie wiederholten Veränderungen aussetzen, können sie ihre Persönlichkeit in der Kindheit nicht voll entfalten. Der *Stier* ist nun mal gern sesshaft und fühlt sich verunsichert und bedroht, wenn man ihm diese Struktur nicht lässt. Umso stärker fällt er als Erwachsener in dieses Bedürfnis zurück. Dann kann es passieren, dass er mehr und mehr zu einem schwerfälligen Menschen wird, bis er gänzlich unfähig für Spontaneität ist. Für *braune* Menschen gilt (was durch das Sternzeichen Stier noch begünstigt wird): Haben sie einmal Wurzeln geschlagen – ob in der Arbeit, mit der Wohnung oder dem Partner –, so sind sie kaum mehr zu Veränderungen bereit.

Sie konfrontieren sich ungern mit eigenen Problemen, aus Angst, ihre Sicherheit aufgeben zu müssen. Sie halten sich für überaus ernsthaft und sind stolz darauf, beständig zu sein. Ihre Mitmenschen werden von ihnen gern für zu schnell, zu oberflächlich, zu spontan, zu leichtlebig, zu »abgehoben« gehalten.

Ihr Übertragungssatz, mit dem sie anderen begegnen, ist:

> »Du musst erst mal in die Tiefe geh'n.«

Begeben sie sich in therapeutische Hände, so sind sie die geborenen Langzeit-Klienten. Zu ihnen passen schwerwiegende Probleme und chronische Krankheiten. Oft ist ihnen auch zuwider, sich in ihrer Aussprache den Dialekt abzugewöhnen oder Fremdwörter anzueignen. In ihrer Anständigkeit neigen sie dazu, moralisch zu sein und andere für Übertretungen zu verurteilen. Bei Partnern und eigenen Kindern sollten sie darauf achten, ihnen ihre freie Entfaltung zuzugestehen. Natürlich meinen sie es »nur gut«, und natürlich haben sie Angst um die Lieben, aber sie bauen anderen gern den Käfig, in dem sie sich selbst ganz wohlfühlen.

Rot – Die Power-Menschen

»Die den Sturm kennen,
werden krank von der Ruhe.«

Dorothy Parker

1. Typische Charakterzüge

Rote Menschen sind die Verkörperung der »Power«. Ihre Energie und Kraft scheint unerschöpflich. Sie werden als starke Persönlichkeiten wahrgenommen, die mit beiden Beinen fest auf der Erde stehen. Sie sind dynamisch und Menschen der Tat. Als extrovertierte Persönlichkeiten haben sie immer ein großes Mitteilungsbedürfnis. Meist bilden sie den Mittelpunkt einer Gruppe oder füllen sofort den ganzen Raum aus, den sie betreten. Mit ihrer Spontaneität und Impulsivität macht es ihnen Vergnügen, andere Menschen zu begeistern und in ihren Bann zu ziehen. Sie sind die geborenen »Geschichtenerzähler« und gelten – in Gemeinschaft mit anderen – schnell als Leitfigur. In ihren Neigungen, ihrem Kleidungsstil und ihrem Denken fühlen sie sich anderen immer eine Nasenlänge voraus. Ihre Vorstellungen, die sie mit Vehemenz durchzusetzen versuchen, sind oft extrem. Stars oder Prominente zu kennen, ist für sie normal bzw. erstrebenswert.

Sternzeichen, die ihrer Persönlichkeitsstruktur entsprechen:
Widder, Löwe
Element: eindeutig Feuer

2. Äußeres Erscheinungsbild

Der Kleidungsstil ist zumindest modern, wenn nicht provokant und außergewöhnlich. Sehr oft tragen die *roten* Charaktere ausschließlich Schwarz. Darin wirken sie stärker, wurde mir von *Roten* gesagt. *Rote* Frauen tragen gern starkes Make-Up, auffallend lackierte Fingernägel, verrückte Kurzhaarschnitte oder langes Haar. *Rote* Männer finden wir oft mit langem Haar oder mit Zöpfen, auch wenn sie die 40 überschritten haben.

Charlotte Hohn – sichtbares *Rot*. Man kann auch *Orange* und *Gelb* erkennen (und sie hat auch *Blau* und *Indigo*, was man auf dem Foto nicht sehen kann).

    Farben, die zu ihnen passen: Sie fühlen sich am wohlsten in dem Farbtyp »Winter« und auch noch gut in den Frühlingsfarben.

Prominente:

- Madonna, Pop-Ikone (fürs Image natürlich gemixt mit sehr viel Orange)
- Sandra Maischberger, TV-Moderatorin (mit Blau gepaart)
- Udo Walz, deutscher Star-Friseur
- Anthony Quinn, amerikanischer Schauspieler

3. Wohnungsgestaltung

So modern wie das Outfit der *Roten* ist, ist auch ihre Wohnung eingerichtet. Der Grundtenor ist ein avantgardistisches Ambiente mit Designermöbeln. Einen Loft zu bewohnen, ist für sie ideal. Als Wandfarben oder in den Vorhängen und Polstern verwenden sie gern starke Farben und Farbkontraste. Aber auch die harte Schwarz/Weiß-Kombination (weiße Wände – schwarze Möbel) ist ein Interieur nach ihrem Geschmack. Die *roten* Menschen fühlen sich auch in sogenannten Zen- oder Leer-Räumen sehr wohl. Ihr Geschmack hat eine gewisse Ähnlichkeit mit dem der *türkisfarbenen* Charakter, wobei dieser noch extremer ist.

4. Familie und Partnerschaft

In der Familie hat häufig der Partner den häuslichen Teil des Familienlebens übernommen. Dennoch ziehen *Rote* die Verantwortung für alles, was es »im Großen« zu organisieren gilt, magisch an. Darüber hinaus »führen« sie auch gern ihre Partner, bestimmen deren Kleidung, das Urlaubsziel und die gemeinsamen Anschaffungen.

Chance zur Partnerschaft ist mit Menschen möglich, die Direktiven brauchen, und mit denen, die ebenfalls sehr eigenständig leben. Ehrlichkeit und Sensibilität sind Werte, die ihnen an ihrem Partner am meisten bedeuten.

Nie werden sie »verschlagen« sein. Und sie reinzulegen, hat eiskaltes Abserviert-Werden zur Folge. Sie können gnadenlos konsequent sein. Leben sie ihre Sexualität aus, so sind sie leidenschaftliche Liebhaber. Treu sind sie nur sich selbst und ihren eigenen Tugenden. Affären sind stets intensiv und unvergesslich. Nur ein einziges Mal verheiratet gewesen zu sein, mutet sie eher merkwürdig als normal an. Unverheiratet bleiben sie jedoch auch nicht, weil ihnen sonst eine Erfahrung entgehen würde. Sie leben schnell und intensiv. Mittelmäßigkeit ist für sie ein Graus. Sie überschreiten sehr oft ihre eigenen Grenzen, aber auch die ihrer Mitmenschen, und vergessen dabei, dass das, was für sie selbst nichts mehr als eine Lebensübung ist, für andere schon massive Übergriffe sein können.

Von sich aus hat der *Rote* den Eindruck, mit keinem Menschen Schwierigkeiten zu haben. Beziehungen werden für ihn nur dadurch eingeschränkt, dass die anderen nicht mit ihm klarkommen.

Unterstützt und bewundert wird er vom *braunen* Typus, sofern dieser eine in sich gefestigte positive Entwicklung durchlaufen hat. Mit dem *orangefarbenen* Menschen ist in der Partnerschaft die sexuelle Komponente stärker und wichtiger als mit anderen. Beide passen in jedem Fall gut zusammen, weil der *orange* Mensch dem *roten* den Raum lässt, den dieser braucht. Außerdem hat der *rote* Mensch auch immer eine deutliche Portion Orange in sich integriert. Das trifft besonders für Frauen zu, die ihre Weiblichkeit kraftvoll ausdrücken.

Wenn sich der *rosa* Mensch allzu mimosenhaft verhält, wird er zum »roten Tuch« für den *Roten*, der dann wütend wird und der Person künftig aus dem Weg geht. Die Tatkräftigkeit, die der *rosa* Person fehlt, übernimmt der *Rote* jedoch gern.

Für einen *blauen* Menschen wird er sich entscheiden, wenn er sein Interesse auf die Kommunikation gerichtet hat. Mit ihm kann er wunderbar diskutieren und/oder streiten. Außerdem gefällt ihm dessen Klarheit und Direktheit.

Der *Indigo*-Mensch könnte einer der interessantesten Partner für ihn sein oder werden, wenn es dem *roten* gelingt, sich mit seiner materiellen irdischen Kraft von der göttlichen Kraft führen zu lassen.

5. Berufsbilder und Freizeit

Ihre Berufe haben eher Berufungscharakter. Meistens sind sie in leitender Position oder selbstständig tätig. Sie können sich schlecht oder gar nicht unterordnen. Sie brauchen kreative Entfaltungsmöglichkeiten und den Reiz, etwas Neues zu erforschen. Gern entwickeln sie ihren Sport zum Beruf und zeigen ihren Mut im Hochleistungssport, bei Autorennen, als Flieger und Fallschirmspringer, beim Kampfsport, Segeln oder Surfen. Hauptsache, es ist anstrengend, außergewöhnlich und – wenn möglich – gefährlich. Ihr avantgardistischer Hang kommt ganz hervorragend in Bereichen der Mode, Musik, Kunst und der Schauspielerei zum Ausdruck.

Im esoterischen Bereich sind sie Guru oder wenigstens Seminarleiter. Ihrem Führungs- und Forschergeist entsprechen alle Lehren, die Disziplin erfordern. Sie fühlen sich kompetent, anderen Menschen Lebensberatungen zu geben. Deshalb sind sie auch gute ganzheitliche und psychologische Farbberater/innen. Mit dieser Tätigkeit können sie Kreativität, Charisma, Modeorientiertheit und ihre Führungsqualitäten verwirklichen.

Von allen Meditationen entsprechen ihnen Zen oder die »Dynamische Meditation« am ehesten.

Ihre Edelsteine sind: Granat, Rubin, Saphir, Smaragd, Diamant, Lapislazuli, Apachentränen, Onyx und Bergkristall.

6. Negative Strukturen

Weil sie von sich den Eindruck haben, dass ihnen alles gelingt, was sie sich in den Kopf gesetzt haben, benutzen sie diesen Anspruch als Dogma auch für den Rest der Welt, ohne die Begrenzungen der Möglichkeiten anderer zu berücksichtigen.

Ihr Übertragungssatz lautet deshalb:

»Du kannst, wenn du nur willst.«

Drückt sich das Potenzial der *Roten* in negativen Strukturen aus, so führt ihre Hybris dazu, dass sie auf einem »hohen Ross« sitzen. Mit einfachen Menschen oder gar mit »Verlierern« geben sie sich dann überhaupt nicht ab. Diejenigen, die nicht wie sie »alles« schaffen, sind Schwächlinge. Die negative Entwicklung des *roten* Menschen ist über »Verhaltensstrukturen« manchmal nicht erklärbar. Was bei jedem anderen eine Depression verursachen kann, schlägt bei ihm leicht in gewaltvolle Aggression um. Negativ sind sie enthemmt, cholerisch und herrschsüchtig. Im schlimmsten Fall leben sie ihr Führungstalent als Diktatoren, Sadisten und Gewalttäter aus und sind dazu fähig, andere Lebewesen zu züchtigen und zu quälen. Sie bergen geballte Wut in sich, sind brutal, triebhaft und triebbestimmt.

Orange – Die gelebte Erotik

»Dich gebar meine Sehnsucht,
aus Durst, Begier und Schrecken.«

Pablo Neruda

1. Typische Charakterzüge

Orange Menschen sind die Hingabe selbst, ganz gleich, ob
es sich um eine Person oder eine Sache handelt. Ihre Art,
Menschen im Augenblick des Kennenlernens anzusehen,
ist oft von so magischer Intensität, als wollten sie in die
Menschen hineintauchen. Sie wirken, als sei die Verfüh-
rungskunst ihr Lebensinhalt. Tatsächlich ist Eros auch ihr
ständiger Begleiter. Sie leben in einer Welt, in der sich ihr
ganzes Leben nur über Gefühle organisiert. Dabei sind sie
keineswegs Träumer, sondern befinden sich fest auf dem
Boden der Realität. Sie lachen gerne laut, können mit un-
stillbarem Liebesbedürfnis wollüstig wirken und geben
damit leicht Anlass zur Eifersucht. Sie sind aber meistens
treu, wenn mit dem Partner genussvolle Erotik möglich
ist. Sexualität ist für sie nie eine oberflächliche Beziehungs-
komponente, sondern immer der Mutterboden für eine Lie-
besbeziehung. *Orange* Menschen sind die »Leben-Geben-
den«, wobei sie die Dinge nicht aus dem Boden stampfen
wie der *rote* Typ. Sie lassen sie auf natürliche Weise wachsen wie den Embryo im Mutterleib. Sie haben die Stärke,
Raum zu geben für alles, was werden will.

Sternzeichen, die ihrer Persönlichkeitsstruktur entsprechen: Krebs, Fische
Element: Wasser, das gleichzeitig das Symbol für Gefühle ist

2. Äußeres Erscheinungsbild

Mit ihrer Kleidung versuchen *orange* Menschen, ihrer Sinnlichkeit vollen Ausdruck zu geben. Sie kann den Körper umfliessen oder körperbetont sein, jedoch ohne provokant aufreizend zu wirken. Frauen neigen zu tiefen Dekolletés, weiten Hosen und langen Röcken. Gern versuchen sie, erotische Versprechungen zu verkünden. Sie schmücken sich gerne mit Kraftsymbolen alter Kulturen und Symbolen für Weiblichkeit und Fruchtbar-

Ingeborg Behrendt – sichtbar *Orange*. Auch *Rot* kann man erkennen, und sie hat in jedem Fall zusätzlich *Gelb* und *Grün*.

keit. Ihre Figur erinnert an die Frauenbilder von Rubens und Botticelli. Sie tragen ihr Haar lang und gewellt und fast immer mit einer roten Tönung.

Zu ihnen passen die Farben des Frühling/Herbst-Mischtypen, aber auch die Sommer- und Herbstfarben.

Prominente:

- Madonna, Pop-Ikone (gepaart mit viel Rot)
- Johnny Depp, amerikanischer Schauspieler
- Prince, Pop-Künstler

3. Wohnungsgestaltung

Die Sinnlichkeit der *orangefarbenen* Menschen wird in ihrer Wohnung dadurch repräsentiert, dass sie allem einen exotisch-orientalischen Touch geben. Große Liegeflächen im Wohnbereich mögen sie als Sitzgelegenheiten viel lieber als Sessel oder Stühle. Mit Seide, Samt, Brokat, Naturmaterialien und Fellen lässt sich eine Stimmung zaubern, die warm und erotisch wirkt. Oft sind Wohn- und Schlafbereich in einem Raum integriert, in dem beides seinen Platz hat. Die Vorstellung eines kalten Schlafzimmers mit weißer Bettwäsche stößt bei ihnen auf massive Ablehnung. Für die »Partnerschaftsecke« aus dem Feng Shui können wir uns bei den *orangefarbenen* Menschen etwas abgucken. Sie könnte mit einer Sitz- und Liegemöglichkeit gestaltet sein, die körperliche Annäherung zweier Partner geradezu herausfordert.

4. Familie und Partnerschaft

Für den weiblichen *Orange*-Charakter ist weniger das Familienleben als die Schwangerschaft ein Zustand, nach dem er sich – oft schon als Kind – sehnt. *Orange*-Männern erscheint es häufig völlig normal, Hausmann zu werden oder den Beruf aufzugeben, wenn ihre Frau ein Kind erwartet. *Orange*-Männer findet man jedoch sehr selten unter Heterosexuellen. Homosexuelle werden als *orangefarbener* Typ sehr häuslich und adoptieren oft Kinder (allerdings ist dies bis jetzt nur in den USA möglich). Trotz ihrer Sehnsucht nach Mutter- oder Vaterschaft sind sie nie die »Mütter vom Dienst«. Wenn sie auch hingebungsvoll sind, achten sie darauf, nicht ausgenutzt zu werden. Sie besitzen die

Fähigkeit, sich abzugrenzen, was durch ihre erotische Ausstrahlung unterstützt wird. Der *orange* Mensch zeigt seinen Körper stolz und legt Wert auf Pflege.

Bei der Wahl seines Partners ist ihm dessen erotische Ausstrahlung der wichtigste Aspekt. Partnerschaft zu anderen Farbpersönlichkeiten ist weitgehend unproblematisch.

Ausnahmen sind: der *Blau*-Typ, der beim *Orange*-Typ fehlende Struktur und Klarheit bemängelt. Außerdem kann er ihm zu aufdringlich und wollüstig erscheinen. Auf den *Indigo*-Menschen können die sexuellen Bedürfnisse des *Orangefarbenen* schnell bedrängend wirken.

5. Berufsbilder und Freizeit

Ihren besonders ausgeprägten Sinn für schöne Körper zeigen *orange* Menschen in Berufen, die sich mit Kunst oder Körperkultur befassen. Sie beschäftigen sich mit Malerei, Bildhauerei, Raumgestaltung, Design, Musik, Tanz, Gymnastik. Sie arbeiten als Masseure am Körper anderer, oder sie stylen gerne Haare. Sie lieben es auch, sich im Wasser zu bewegen und sich nackt zu zeigen. Jeder Sport, der den Körper kraftvoll und doch mit Anmut zeigt, wird gern praktiziert. Auf große Anstrengung kann dagegen verzichtet werden.

Unter ihnen finden wir Frauen, die sich mit Hexenkult, Kartenlegen und Runen beschäftigen. Auch sind sie die »geborenen« Bauchtänzerinnen. *Orange* Typen beiderlei Geschlechts machen *Tantra* und beschäftigen sich mit therapeutischer Körperarbeit, wie z. B. Biodynamik, Orgodynamik und Tai-Chi.

Ihre Edelsteine sind der Karneol, Bernstein, Feueropal, Gold-Topas, Schaumkoralle.

6. Negative Strukturen

Sie laufen durch die Welt in dem Glauben, kein anderer sei fähig, ihre Gefühle so authentisch zu leben wie sie selbst.

Der Satz, den sie für ihre Mitmenschen immer parat haben, ist:

»Zeig doch mal deine Gefühle.«

Um den anderen zu »helfen«, verführen sie sie und verleben mit ihnen gern eine gewisse Zeit des sexuellen Rausches. Da der Partner ihrer Meinung nach den Anforderungen ihrer vermeintlichen Gefühlsintensität auf keinen Fall gerecht werden kann, kann er nach relativ kurzer Zeit wieder fallen gelassen werden. So »töten« sie Seele um Seele, und immer ist der andere für das Misslingen der Beziehung verantwortlich. Da sie die Welt ausschließlich aus ihrem Gefühl heraus begreifen wollen, steigert sich ihre Sensibilität zur Hysterie. Sie mit Auseinandersetzungen zu konfrontieren, trifft sehr schnell auf den Nerv ihrer Gefühle.

Gelb – Der offene Geist

> »Das Einzige, was die Sonne bedeckt, ist jemand,
> der seine Augen vor ihr verschließt.«
>
> Philippinisches Sprichwort

1. Typische Charakterzüge

Nach außen begegnen *gelbe* Menschen ihren Mitmenschen mit offenem und wachem Geist. Sie sind Menschen, die heiter und angstfrei durch das Leben »schwingen«. Ihre Lockerheit, mit Problemen umzugehen, ist äußerst angenehm. Eines haben sie vor allem gelernt: Sie können im gleichen Maße nehmen, wie sie geben können. Sie kennen klar ihre Grenzen und wahren sie auch. Sie sind so in sich gefestigt, dass man von ihnen den Eindruck völliger Autonomie gewinnt. Sie laufen nicht Gefahr, sich die Identität anderer anzueignen. Wenngleich sie jeden erst einmal analytisch erfassen müssen, können sie ihn so lassen, wie er ist, wenn dieser nicht seinerseits versucht, an ihnen herumzukorrigieren. Sie brauchen absolute Unabhängigkeit. Geld für Dienste zu nehmen, die andere bereitwillig schenken, bereitet ihnen keine Schwierigkeiten. Von allen Farb-Persönlichkeiten sind sie dem Umgang mit Geld am ehesten gewachsen. Sie geben es nicht überschwänglich aus und wissen es zu vermehren, ohne dabei geizig zu sein.

Sternzeichen, die ihrer Persönlichkeitsstruktur entsprechen: Zwillinge, Wassermann
Der »offene Geist« gehört dem **Element** Luft an.

2. Äußeres Erscheinungsbild

Dorota Dingerkus hat die typische Ausstrahlung eines *gelben* Menschen. Vielleicht können Sie zusätzlich ihr Rot, Orange und starkes Grün erkennen. Auch ihr Blau ist stark ausgebildet.

Die Figur der gelben Menschen ist meistens schlank. Da sie sich bei ihren Mitmenschen holen, was sie brauchen, müssen sie nichts mit Essen kompensieren. Sie sind leger gekleidet, was ihrem aufgeschlossenen Wesen entspricht. Ihre Frisuren sind unkompliziert und schlicht. Sie legen beim Kauf ihrer Garderobe Wert auf Qualität und nicht auf Quantität. Sie tragen gern *helle Farben*, oft kombiniert mit Dunkelblau. Ihre konfliktfreie Art ist angenehm und macht sie zu einem willkommenen Partner (geschäftlich wie privat).

Prominente:

- Meg Ryan, amerikanische Schauspielerin
- Anke Engelke, deutsche Comedian
- Johannes B. Kerner, TV-Moderator

3. Wohnungsgestaltung

Die *gelben* Persönlichkeiten sind die typischen Ikea-Kunden. Ihr Mobiliar sollte modern und schlicht sein. Zusätzlich muss es leicht sein, damit es schnell verwandelt und umgestellt werden kann. Kreative Details werden eigenhändig hinzugefügt. Da die *Gelben* sehr gerne reisen, haben sie immer ein Mitbringsel parat, mit dem sie ihre Räume wieder neu schmücken können. Sie sind sehr wertbewusst, und das sollte man auch den Wohnaccessoires ansehen. Deshalb kaufen sie lieber echte Gemälde oder Kunstgegenstände als Fotoleinwände. Ihre Wohnung wirkt niemals vollgepfropft, sondern eher klar, hell und freundlich, was sie mit dem Geschmack der *blauen* Menschen verbindet.

4. Familie und Partnerschaft

Freunde und Lebenspartner dürfen keine »Sensibelchen« sein, da der *gelbe* Mensch sich nicht mit Problemen das Leben erschweren möchte. In Beziehungen, die ihn nicht einengen, hat er immer etwas Heiteres, Lebenslustiges an sich und strahlt, wie der Sonnenschein, in den grauen Alltag hinein. Eine Familie braucht er nicht; er heiratet oft spät und nur dann, wenn er einen Partner mit gleichen beruflichen oder intellektuellen Interessen finden kann. Hat der *gelbe* Mensch Kinder, wird frühzeitig für deren Unabhängigkeit gesorgt.

Sein Freiheitsbedürfnis erschwert Bindungen mit *orange* und *rosa* Menschen, weil diese zu viel Verbindlichkeit von ihm fordern. Das Strukturverlangen und die Ernsthaftigkeit des *blauen* Typs kommen ihm sehr entgegen. Beide entsprechen einander auch auf der intellektuellen Ebene. *Rote* Charaktere sind für ihn nur dann interessant, wenn er mit ihrer Intellektualität korrespondiert. Ansonsten erscheinen sie ihm als »zu laut«. Probleme, die er mit *grünen* Menschen bekommen kann, bestehen in deren Opferbereitschaft, die er nicht mag. Sein Streben ist eines nach Balance für sich und andere.

5. Berufsbilder und Freizeit

Im Berufsleben legen sie viel Wert auf intellektuelle Beschäftigung. Ihr wacher Geist will gefordert sein. Sie sind dazu geboren, Bücher, Zeitungsartikel und Drehbücher zu schreiben, weil sie dadurch – ohne mit ihrer Person in die Öffentlichkeit treten zu müssen – ihr Wissen nach außen weitergeben können. Immer lassen sie sich für ihre Arbeit gut bezahlen. Sie sind hervorragende Reiseveranstalter und -begleiter aufgrund ihrer Angstfreiheit und Offenheit anderen Völkern und Ländern gegenüber. Es gelingt ihnen leicht, Fremdsprachen zu lernen und akzentfrei zu sprechen. Ebenfalls sind sie erfolgreich im Unternehmens- und Maklerbereich tätig. Ihren Wert in der Freizeit optimal unter Beweis stellen zu können, gelingt ihnen durch leistungs- und rangorientierten Sport.

In Helferberufen haben *gelbe* Menschen allen anderen eines voraus: Sie haben nicht die geringsten Abgrenzungsschwierigkeiten gegenüber ihren Klienten. Diese Fähigkeit ist ideal in therapeutischen und beratenden Bereichen.

Ihre Edelsteine sind, allen voran, der Citrin und der Diamant.

6. Negative Strukturen

Ihre Fähigkeit, zwischen dem, was sie geben, und dem, was sie nehmen, die Balance zu halten, entwickelt sich in negativer Wendung zu »Aufrechnerei«. Ihr Übertragungssatz ist:

»Du musst lernen, Werte anzuerkennen.«

Damit meinen sie natürlich ihre eigenen Werte. Was ihnen bei positiver Entwicklung vortrefflich gelingt, nämlich mit Geld umzugehen, können sie bei negativer Entwicklung überhaupt nicht. Sie sind entweder raffgierig oder verschwenderisch oder auch permanent in Geldnot. Jedenfalls dreht sich ein wesentlicher Teil der Gedanken ihres täglichen Lebens um Geld, Leistung und Wertvergleiche. Ihre Heiterkeit und Offenheit verkommen zu zynischem Spott allen gegenüber, die ihr Leben nicht »meistern«. Menschen mit Gewichtsproblemen sind ihnen ebenso zuwider wie der sogenannte »einfache« Mensch. Sie wirken eng und vertrocknet, sind akribisch besessen, alles fest- und zusammenzuhalten.

Grün – Die Diener des Herzens

>»Man sieht nur mit dem Herzen gut.«
>Antoine de Saint-Exupéry

1. Typische Charakterzüge

Wie die Natur mit sattem Grün ihr Leben entfaltet, so drücken *grüne* Menschen den Charakter ihrer Persönlichkeit durch Herzlichkeit aus. Sie ruhen in ihrer Mitte wie die Farbe Grün, die Balance hält zwischen oben und unten, dem Kalten (Blau) und dem Warmen (Gelb), dem Kopf und dem Bauch. Bei Streitigkeiten unter den Mitgliedern einer Gruppe sind sie stets die Schlichter. Mit großem Einfühlungsvermögen für alle Beteiligten vermitteln sie die

Interessen der Einzelnen untereinander. Sie nähren sich selbst von dem Gefühl, ihre Mitmenschen zu lieben. Als Erholungsstätte und »breite Schulter«, an der man sich ausweinen darf, bieten sie sich gerne an und entwickeln dabei ein hohes Maß an Opferbereitschaft. Sie werden von anderen als durch und durch »gute Menschen«, angesehen. Sie selbst finden sich ganz normal und sind lediglich nach Harmonie bestrebt. Manchmal werden sie als »einfache Menschen« beschrieben, weil sie nicht verbildet sind. Das, was sie kennen, bietet ihnen die Sicherheit, die sie brauchen. Neugierde oder Forschergeist bewundern sie bei anderen. Selbst machen sie jedoch keine Experimente und können meist von keinem einzigen Abenteuer berichten. In festen Bindungen fühlen sie sich wohl. Sie lieben bequemes Leben, gutes Essen, Gemütlichkeit und brauchen »ihre Ruhe«.

Sternzeichen, die ihrer Persönlichkeitsstruktur entsprechen: Krebs, Stier, Waage.
Ihre **Elemente** sind die Erde und das Wasser.

2. Äußeres Erscheinungsbild

Den *grünen* Menschen erkennt man am leichtesten an seinem herzlichen Blick. Er wirkt wie die Verkörperung von Liebe und Mitgefühl. Sein körperliches Aussehen ist nicht selten, wie beim *braunen* Menschen auch, von kräftiger Natur. Das rührt daher, dass er entweder »gut geerdet« ist oder dass sein Herz einen »Panzer« braucht. Im Styling bleibt die *grüne* Frau oft bei Hosen oder langen Röcken und flachen Schuhen oder Stiefeln. Genau wie die *braune* Frau hat sie meist eine gesunde, gut durchblutete Haut und sieht sonnengebräunt sehr gut aus. Sie trägt kurzes oder mittellanges

Haar mit unkomplizierten Frisuren. Gerne trägt sie auch langes Haar, zum Knoten gedreht. Die männlichen *Grünen* tragen gerne Bärte. Der Versuch, sich »chic« zu machen, kann leicht dazu führen, dass sie – wie der *braune* Mensch – verkleidet wirken.

Sie mögen die gleichen Farben wie die *braunen* Menschen.

Gabriela Ristow-Leetz strahlt sehr starkes Grün aus, das gepaart ist mit Gelb, Indigo und Orange.

Prominente:

- Julia Roberts, amerikanische Schauspielerin
- Lady Di, als »Prinzessin der Herzen« benannt
- Günther Jauch, der erfolgreichste deutsche TV-Moderator

3. Wohnungsgestaltung

Grüne Menschen orientieren sich gern an den Bedürfnissen des Partners oder den Erfordernissen der Familienorganisation. In jedem Fall gehen sie darin auf, ein schönes, gemütliches Heim zu gestalten, das ein Optimum an Behaglichkeit bietet. Ihre Räume können denen des *braunen* ähneln, aber mehr noch als der *braune,* entwickeln sie große Liebe fürs Detail. Die Vorhänge werden in imposante Falten gelegt, die Kissen haben einen besonders schönen Bezug und liegen nach einer bestimmten Anordnung. Die

Fotos von lieben Verwandten und Freunden füllen ganze Wände. Überall wird Raum für Pflanzen geschaffen, auch für Tiere. Gern werden auch Herzen und Engelfiguren in allen möglichen Varianten untergebracht, oder andere niedliche »Aufhängsel«. Sie müssen aufpassen, dass sie nicht dem Kitsch verfallen.

4. Familie und Partnerschaft

Die Heirat ist für sie der größte Beweis der Liebe, und ihre Familie ist ihnen so wichtig, wie die Luft, die sie atmen. Sie sind grenzenlos treu. Ihre Kinder werden liebevoll umsorgt. Die *grüne* Frau fühlt sich zur Mutterschaft gewissermaßen berufen. Ein *grüner* Mann führt gern den Haushalt und bekocht seine Lieben häufig. Zu streiten kommt den *Grünen* überhaupt nicht in den Sinn. Bei Auseinandersetzungen, die von anderen entfacht werden, leiden sie sehr und fühlen sich gedemütigt. Sie brauchen keine Auseinandersetzungen. Sie nehmen die Realität so, wie sie ist, und geben sich zufrieden.

Grüne Frauen gelten oft als von ihren Männern dominiert, Männer desselben Typs werden nicht selten als »Pantoffelhelden«, bezeichnet. Meistens bildet ihr Partner charakterlich einen Gegenpol zu ihnen. Von ihm lassen sie sich gern »mitziehen« und büßen dabei manchmal ihren eigenen Willen ein.

Das Schlimmste, was ihnen passieren kann, ist, von einem *türkisfarbenen* Menschen »aufgegabelt« zu werden. Er gibt ihnen keine Chance, sich zu entwickeln, außer nach den Vorstellungen, die von dem *Türkisfarbenen* vorgegeben werden. Mit jeder anderen Farb-Persönlichkeit kann der grüne Mensch seine Herzensqualität ungehindert entfalten. *Grüne* Menschen sind Freunde und Partner »fürs Leben«.

5. Berufsbilder und Freizeit

Als Beruf ist für die *Grünen* – wie für die *braunen* Menschen – alles ideal, was Leben in oder mit der Natur beinhaltet. Besonders geeignet sind für sie Heilberufe, weil sie darin zusätzlich ihr Mitgefühl entfalten und anderen Menschen helfen können. In gleicher Weise gelingt ihnen dies bei der Arbeit mit Kindern und Tieren. Sportlicher Betätigung werden ausgedehnte Spaziergänge vorgezogen. Da sie keine Einzelgänger sind, ist Wandern oder Radfahren in der Gemeinschaft ein passendes Hobby.

Mit sanften Massagen, Aroma- und Edelsteintherapie, Bach-Blüten-Beratung und *Aura Soma* können sie ihr Wesen verwirklichen. Sie würden nichts tun, auch nicht zu therapeutischen Zwecken, was dem anderen weh tun könnte, und brauchen bei allem immer den Bezug zur Realität oder der Natur. Egal, wie feinstofflich eine Methode ist, wenigstens vom Namen her muss sie an eine stoffliche Basis erinnern, wie z. B. Düfte, Blüten, Kräuter oder Edelsteine.

Ihre Edelsteine sind Achat, Jaspis, Bernstein, Rosenquarz, Turmalin, Fluorit, Peridot.

6. Negative Strukturen

Bei verklemmter Entwicklung der »*grünen* Aspekte« der Persönlichkeit kann sich aus der strömenden Herzenswärme Gluckenhaftigkeit entwickeln. Die *Grünen* »klammern« und verpflichten Partner und Freunde zu Liebesbeweisen. Sie sind sentimental und bei jeder Gelegenheit zu Tränenergüssen bereit. Sie wirken hoffnungslos und kommentieren ihr Schicksal mit dem Satz:

Ihre Opferbereitschaft leben sie bis zum Masochismus aus. Sie zeigen große Bereitschaft, sich unterzuordnen oder sich unterdrücken zu lassen. Leidensbereit geben sie sich jeder Situation willenlos hin. Wie der *braune* Mensch, neigen sie dazu, eher vollschlank zu sein. Oft wirken sie schwermütig und melancholisch. Sie lieben rührselige Schnulzen und schicksalsschwangere Filme und Geschichten. Das Berufsleben stellt für sie meist eine raue, harte Welt dar. So flüchten sie sich am Feierabend gern in die Traumwelt ihrer vier Wände, wo möglichst niemand Forderungen an sie stellt. Sie haben mit andauernder Müdigkeit zu kämpfen, weil sie sich überfordert fühlen.

Rosa – Die Sensibilität

»Anpassung ist die Stärke des Schwachen.«
Wolfgang Herbst

1. Typische Charakterzüge

Auch wenn die Farbe Rosa ein mit Weiß aufgehelltes Rot ist, so besitzt doch der *rosa* Mensch nichts vom Rot. Unter den *rosa* Persönlichkeiten gibt es – männlich wie weiblich – Menschen, die zartgliedrig und sensibel sind. *Rosa* Menschen erinnern an einen mit Licht durchfluteten Rosenquarz. Sie haben etwas Feenhaftes – wirken oft sphärisch oder ätherisch. Es sind Menschen mit leiser Stimme und verhaltenem Lächeln. Kraftprotzereien und Bierfrohsinn sind ihnen zuwider. Sie sind die Prinzessin oder der Prinz auf der Erbse. Man ist geneigt, ihnen den schweren Koffer abzunehmen oder für sie im Lokal die Bestellung aufzugeben. Mit dem Blick eines Rehs erreichen sie, dass andere ihnen behilflich sind. Sie finden auch immer Bereitwillige, die ihnen unterstützend unter die Arme greifen.

Wenn es darum geht, Dinge selbst in die Hand zu nehmen, stehen sie nicht in der vordersten Reihe. Sie verweilen eher introvertiert im Hintergrund. Dennoch sind sie Menschen, die unabhängig ihren Weg gehen und allein und zurückgezogen leben können. In ihrem Heim umgeben sie sich mit schönen Dingen und sind zufrieden.

Sternzeichen, die ihrer Persönlichkeitsstruktur entsprechen: Krebs, Fische.
Ihr **Element** ist das Symbol für Gefühle: Wasser.

2. Äußeres Erscheinungsbild

Rosa Menschen sind zumeist sehr schlank bzw. grazil. Von anderen hören sie oft, dass sie mehr essen sollen, weil sie »ausgehungert« und »zerbrechlich« wirkten. Dabei sind ihnen Fastenkuren und völlige Askese tausendmal lieber, als »kräftig« auszusehen. Ihre Haare sind fein, die Frisuren bei Frauen sehr weiblich, bei Männern schlicht oder etwas länger. Sie bevorzugen feine Materialien

Foto von Hess Natur. Typisch für den *rosa* Menschen ist der abgewandte verträumte Blick.

und kleiden sich gern in Seide. Mit ihrem Stil bleiben sie eher im Hintergrund, ebenso mit den Farben, die sie tragen. Die Palette des Sommertypen passt am besten zu ihnen.

Typische *rosa* Frauen sind die sogenannten »Kindfrauen«, die noch als reife Frauen wie junge Mädchen wirken. Ihr Körperbau ist so zierlich wie der von Kindern. *Rosa* Männer bekommen hingegen häufig noch als Erwachsene »Kinderkrankheiten«.

Prominente:

- Kylie Minogue, australische Pop-Sängerin
- Kate Moss, amerikanisches Fotomodell
- Kevin Bacon, amerikanischer Schauspieler

3. Wohnungsgestaltung

Die *rosa* Persönlichkeit richtet sich in ihrer Wohnung eine »heile Welt« ein. Das Mobiliar wird gern im Romantik-Stil bzw. antik-klassisch gewählt. Die Stücke bestehen allerdings nicht aus schwerem braunem oder dunklem Holz, sondern sind sehr oft Schränke mit viel Glas und weiß lackiertem edlem Holz, manchmal mit Goldverzierung. Sie mögen aber auch Glasregale und -vitrinen. Als Muster für Vorhänge und Polster lieben sie Blumen, vorzugsweise Rosen, als Farben Pastelltöne. Zarte Accessoires, wie z. B. Gefäße aus mundgeblasenem Glas und filigrane Blumenarrangements, schmücken ihr kleines Paradies.

4. Familie und Partnerschaft

Die Gründung einer Familie ist für sie immer mit ausreichendem finanziellem Background verbunden. Sie werden sich mit niemandem einlassen, der außerhalb ihrer gesellschaftlichen Sphäre liegt, und eine Partnerschaft nur mit jemandem eingehen, bei dem sie keine Existenzsorgen befürchten müssen. Sie haben Schwierigkeiten, zu teilen, und wirken dadurch recht geizig. In Wirklichkeit aber haben sie Angst vor grobem Umgang mit ihren erarbeiteten Werten und »Heiligtümern«.

In der Liebe wollen sie nicht erobern, sondern (er-)warten, erobert zu werden. Leben sie zusammen mit einem Partner, übernehmen sie die Rolle, für stilvolle Einrichtung zu sorgen. Sie sind absolute Ästheten, lieben filigrane Arbeiten und Skulpturen aus Glas und Kristall. Diese Dinge scheinen Abbilder ihrer eigenen Durchsichtigkeit zu sein.

Die Menschen, die für eine Partnerschaft in Frage kommen, sind die *gelben* wegen ihres vornehmen Erscheinungsbildes und die *roten*, weil sie starke Persönlichkeiten sind. Mit beiden wird das Glück aber nur von kurzer Dauer sein. Der *gelbe* Mensch ist viel zu abgegrenzt und will keine Verantwortung für das Leben anderer tragen, schon gar nicht für jemanden, dessen Stärke seine Schwäche ist. Der *rote* Typus findet *rosa* Menschen zu unselbstständig. Ideale Partnerschaft finden die *rosa* Charaktere mit *Indigo*-Menschen, die eher die geistigen Qualitäten einer Beziehung kultivieren. *Rosa* Menschen sind mehr Geist als Körper und finden deshalb im *blauen* Menschen einen guten Partner.

5. Berufsbilder und Freizeit

Gestalterische Berufe und der Umgang mit Kunstgegenständen sind für sie ideal. Das Flair von großen Gütern
oder Schlössern entspricht ihnen sehr, sodass auch dies ein
Tätigkeitsfeld für sie sein könnte. Eines der elegantesten
Feinschmeckerlokale am Ort zu besitzen, wäre eine Möglichkeit, sich voll entfalten zu können. Auch in sozialen
Berufen oder bei der Arbeit mit kleinen Kindern finden sie
Erfüllung. Sollten sie einen Beruf wählen, in dem sie sich
lautstark durchsetzen müssen, entwickelt sich dies für ihre
sensible Psyche zur absoluten Herausforderung.

Rosa Menschen sehen leicht so aus, als seien sie vergeistigt oder spirituell. Tatsächlich können wir unter ihnen
viele finden, die meditieren und auf der Suche nach Erleuchtung sind. Sie machen alle Arten von Yoga, channeln
oder stellen geistige Medien dar. Sportarten, bei denen sie
die Möglichkeit haben, graziös auszusehen, wie Ballett,
Schwimmen, Geräte- und Bodenturnen, sind für sie die
ideale Freizeitgestaltung.

Von Edelsteinen lieben sie alle kristallinen Arten wie
Amethyste, Rosenquarz, Aquamarin, Fluorit und den klaren Bergkristall.

6. Negative Strukturen

Wenn sie ihre Zartheit und Sensibilität selbst nicht positiv annehmen, reagieren sie – besonders wenn sie krank
werden – giftig, wenn man sich mit ihnen auseinandersetzen will. Sie verhalten sich demonstrativ schwächlich,
pingelig, unfähig und mimosenhaft und bestehen auf der
Objektivität dieses Zustandes.

Jede Handlung wird hinausgeschoben, bis sie von anderen erledigt wird. »Ich habe eben nicht die Kraft und die Fähigkeiten anderer.«

Ihr Vorwurf, den sie gern an ihre Mitmenschen richten, ist:

»Alle tun mir immer nur weh.«

Ihre Umwelt ist für sie grob, laut und gewaltvoll. Um Anerkennung als »schwacher Mensch« zu erlangen, wählen sie gern eine Krankheit, die das Bild, das man sich von ihnen gemacht hat, objektiv untermauert. So werden sie für ihre Partner zu Erpressern, denen man Hilfe aus moralischen Gründen nicht mehr verweigern kann. Aus diesem Lebenskonzept auszusteigen, ist für *rosa* Charaktere enorm schwierig, da sie dazu einsehen müssten, dass sie ihre Realität nur selbst verändern können. Es fehlen ihnen vermeintlich die Kraft und die Möglichkeit dazu.

Türkis – Die Skeptiker

»Nur das Seltene erweitert unseren Sinn.«
Stefan Zweig

1. Typische Charakterzüge

Die *türkisfarbenen* Menschen sind zum einen Abwehrcharaktere, zum anderen Beschützer und Bewacher. Auf der Ebene der Abwehr sind sie die geborenen Skeptiker, die sich anderen gegenüber prüfend und beobachtend verhalten. In einer Runde versuchen sie, die Gruppe anzuführen und zu unterhalten. Unter allen Umständen wollen sie Eindruck machen.

Auf der Ebene der Beschützer nehmen sie sich gern »schwacher« Personen an. Es reicht schon, wenn diese jünger sind oder einfach nur Probleme – gleich welcher Art – haben, die sie für sie lösen wollen. In ihrer Eigenschaft, beschützen und bewachen zu können, sind sie nicht selbstlos hingegeben, sondern ziehen daraus eher Gewinn für ihr Ego.

Türkisfarbene Menschen geben sich weltoffen und sind sehr unabhängig und freiheitsliebend. Man kann jedoch bemerken, dass sie ihre Meinung gern erst einmal zurückhalten und lange brauchen, bis sie von anderen etwas annehmen können, und noch länger, ehe sie Gefühle zeigen. Dies ist eine der größten Herausforderungen für sie, wobei sie selbst darin kein Problem sehen. Sie halten Offenheit ganz einfach nicht für nötig. Lieber erwecken sie den Eindruck eines »Lonesome Cowboy«, als nett zu wirken. In der Politik kennen sie sich aus und versäumen keine Gelegenheit, ihr kritisches Bewusstsein durch eifrige Warnungen zum Ausdruck zu bringen. Dabei sind sie sehr auseinandersetzungsfreudig, jedoch nicht spontan, sondern sie wissen genau, bei wem sie ihre Position riskieren können.

Sternzeichen, die ihrer Persönlichkeitsstruktur entsprechen: Skorpion, Zwillinge, Wassermann.
Element: am stärksten gehören sie dem Luft-Element an.

2. Äußeres Erscheinungsbild

Ihre Kleidung ist im Styling sehr extrem, dafür halten sie sich jedoch farblich reserviert (hauptsächlich Schwarz oder Bluejeans). Sie geben sich gern den Anschein, als achteten sie überhaupt nicht auf die Zusammenstellung ihrer Garderobe. Deshalb wählen sie manchmal Kombinationen, die »danebengegriffen« wirken. In Wirklichkeit sind die Stücke jedoch mit Absicht so verschroben ausgesucht. Man darf sie nicht einkleiden, und sie gehen auch nicht zur Farb- und Stilberatung, weil sie sicher sind, ihre Farben »genau zu kennen«. Sie

Monika Gruber-Schmuck bei einem meiner Seminare zur türkisfarbenen Persönlichkeit gestylt.

würden sich »niemals« von anderen in ihren Stil hineinreden lassen. Ihre Frisur muss immer wirken, als seien die Haare nicht gestylt. Sie tragen sie lang – auch die Männer – oder sehr kurz. Sie achten darauf, dass ihr Körper seine Attraktivität nicht verliert. Sie essen gerne viel – wenn auch nicht unbedingt gut – und schieben immer wieder Fastenkuren oder Hungerpausen ein. So können sie beide Extreme leben.

Prominente:

- Nina Hagen, deutsche Pop-Ikone
- Sean Penn, amerikanischer Schauspieler, Regisseur
- Dennis Hopper, amerikanischer Schauspieler, Regisseur und Fotograf

3. Wohnungsgestaltung

Ihre Wohnungen ähneln in der Gestaltung denen der *roten* Farb-Persönlichkeiten. Jedoch hat man den Eindruck, dass die *türkisen* Menschen ihre Räume noch eine Note radikaler einrichten müssen. Sie brechen Wände durch, Türzargen heraus, klopfen Mörtel ab und belassen es bei dem blanken Mauerwerk. Oder es werden Tapeten abgelöst und die Wände wie mit einer Ölschicht lackiert. Starke Farbakzente bestimmen, zusammen mit bizarren Beleuchtungskörpern, die Stimmung der Räume. Hauptsache, alles ist extrem individualistisch und außergewöhnlich. Die Wohnungen von Lenny Kravitz (Pop-Musiker) und Jean Oddes (Designer) sind typische Türkis-Domizile.

4. Familie und Partnerschaft

Mit Partnerschaft und Familie haben sie absolut kein Problem, solange der andere sich ihnen anpasst. Meist versprühen sie so viel Esprit, dass der Partner immer wieder aufs Neue verzaubert wird. Ihren Rückzug auf sich selbst, den sie immer wieder brauchen, übertragen sie auch auf die Zweiergemeinschaft. In einer Partnerschaft hören sie auf, gesellig zu sein. Jeder Dritte wird als Angreifer der vermeintlichen Idylle entsprechend attackiert. Häufige Besuche von Bekannten und Freunden sind unerwünscht. Mit dem Partner werden die Gespräche fast ausschließlich über dessen Probleme geführt, über seine eigenen Themen spricht der *türkisfarbene* Mensch nur, wenn er sie schon lange für verarbeitet hält. Sind diese Menschen gerade mit einer brennenden Frage beschäftigt, kann man sie nächtelang vor dem Fernsehapparat, Musik hörend (am liebsten mit

Kopfhörer) oder vertieft in Literatur erleben. Sie äußern nicht, was sie bedrückt oder bewegt.

Obwohl die *Türkis*-Persönlichkeit mit den *Roten* viel Ähnlichkeit hat, werden beide nicht gern zusammen sein wollen. Der *rote* Charakter muss selbst im Mittelpunkt stehen und wird sich dem *türkisfarbenen* nicht unterordnen. Ideal für den *türkisfarbenen* Charakter sind *braune, orange, grüne* und am besten *rosa* Partner. Mit ihnen kann er die Beziehung nach seinen Vorstellungen verwirklichen, und sie beten ihn an.

5. Berufsbilder und Freizeit

Beruflich finden sie Ausdruck in allen Tätigkeiten, die auf Selbstständigkeit, Eigenwilligkeit und Extravaganz basieren. In der Schriftstellerei sind sie Satiriker oder Existentialisten. Als Ärzte arbeiten sie ungern im Krankenhaus und richten sich bald eine eigene Praxis ein. Als Maler oder Modedesigner gehören sie der Avantgarde an. Auf jeden Fall brauchen sie eine selbstständige Tätigkeit und die Gewissheit, anders als die anderen zu sein. Nicht zuletzt tut ihnen das Gefühl gut, anerkannt zu sein und Einfluss zu haben.

Als Beschützer und Bewacher finden sie Erfüllung in allen Berufen, in denen es um die Sicherheit anderer geht, wie bei der Polizei und in Wachgesellschaften. In esoterischen Kreisen sind sie immer die Menschen, die allen anderen erzählen, wie wichtig es sei, sich mit speziellen Steinen oder Aromen »zu schützen«.

Der Türkis als Stein hilft bei starkem Schutzbedürfnis, wobei sie ihn selbst nicht brauchen, weil sie die »Aufpasser« sind. Ihnen würde ein Rosenquarz, Malachit oder

Olivin ganz gut tun, weil diese Steine Herzensqualität unterstützen.

6. Negative Strukturen

Unfreiheit missfällt dem negativ entwickelten *türkisfarbenen* Charakter am meisten. Er muss unantastbar bleiben.

Sein Übertragungssatz lautet deshalb auch:

> »Das Schlimmste auf der Welt sind Abhängigkeiten.«

Es ist die Angst, die eigene Selbstständigkeit zu verlieren, und noch mehr die Befürchtung, das gut funktionierende Abgrenzungskonzept könne ins Wanken geraten. Ihre Abwehr ist auch eine sichere Garantie, dass ihre Mitmenschen nicht viel von ihnen erwarten können. Wenn ihnen andere mit Gefühlen begegnen, reagieren sie vernichtend. Sie zeigen sarkastischen »Humor« und machen Einzelne gern vor der ganzen Runde lächerlich. Dabei wachsen sie mit jeder neuen ironischen Bemerkung. Im Grunde werden sie von der Angst getrieben, dass ihr Inneres gesehen werden könnte, und tun alles, um sich unangreifbar zu machen. Sie benutzen ihre Sprache wie eine Waffe. Wer ihnen nicht gewachsen ist, wird vernichtend geschlagen. Ist man mit ihnen zusammen, dauert es Jahre, die Kraft zur Trennung zu finden, weil sie eben sehr außergewöhnliche Geschöpfe sind.

Blau – Die Kommunikation

»In der Stille liegt die Kraft.«

Bernhard von Clairvaux

1. Typische Charakterzüge

Der *blaue* Mensch legt großen Wert auf Sprache und Struktur. Er plappert nicht, spricht kein Wort zu viel. Er ist präzise und denkt analytisch. Seine Gefühle sind ernst und tief wie das Meer. Der Umgang mit anderen Menschen ist weit und klar wie der blaue Himmel. Er schränkt niemanden ein, sondern kann auch alle Andersartigen ernsthaft annehmen. Bedingung ist allerdings, dass er sie geistig erfassen und kategorisieren kann. So hat er Schwierigkeiten mit der Mystik und allem, was er nicht als genügend bewiesen ansieht. Für Intellektuelle ist er ein wertvoller Freund. Mit wachem Geist und Gelassenheit setzt er sich mit allen geistigen Problemen gern auseinander. Er ist ein konzentrierter Zuhörer und ein druckreif sprechender Redner. Die Korrektheit seiner Sprache und seines Verhaltens lassen ihn – besonders den *Orange*-Menschen, den *Braunen* und den *Grünen* – kalt oder gar kaltblütig erscheinen. Diese möchten ihm gern immer wieder sagen, er solle doch mal »mit seinen Gefühlen rauskommen«.

Für den *blauen* Menschen ist seine innere Welt warm und geordnet. Chaos kann er nicht leiden, verurteilt es aber auch nicht unbedingt bei anderen. In dieser positiven Eigenschaft bleibt er meist unerkannt. Er kämpft nicht darum, verstanden und akzeptiert zu werden, sondern zieht sich eher zurück. Diese Menschen schreiben häufig

Tagebuch oder Gedichte. Sie beschäftigen sich analytisch mit ihren Träumen und ihrer Geschichte. Allein zu sein, ist für sie etwas Heiliges. Wie die *rote* Persönlichkeit sich beispielsweise Ruhe verordnen muss, müssen die *blauen* sich den Besuch einer Diskothek oder das Ansehen eines lustigen Films verordnen. Karneval ist für sie ein Horror – genau wie alles andere Oberflächliche und Laute.

Sternzeichen, die ihrer Persönlichkeitsstruktur entsprechen: Steinbock, Jungfrau, Waage.
Ihre **Elemente** sind die Erde in ihrem Wesen und die Luft in ihrer Erscheinung.

2. Äußeres Erscheinungsbild

Christina Buhl. Bei ihr steht das Blau auf der Erscheinungsebene im Vordergrund, ist aber untermalt von Orange (wenn sie agiert, mit Rot und Gelb).

Sie essen gern leichte Kost und bleiben schlank. Die Beherrschtheit ihres Wesens ist ihnen anzusehen. Ihr ritualisierter Ordnungssinn drückt sich auch in der Kleidung aus. Diese ist stets außerordentlich korrekt, gepflegt und dezent. Ihr Stil wirkt reserviert hanseatisch und die Farben ihrer Kleidung sind entsprechend: Dunkelblau, Weiß, Schwarz und Grau. Sie fühlen sich in den *Sommer-* und *Sommer/Winter*-Mischtypfarben sowie im Beige des Frühlings sehr wohl. Bei den *Winter*-Farben verzichten sie auf die kräftigen Töne seiner Palette.

Prominente:

- Sabine Christiansen, deutsche TV-Moderatorin
- Franz Beckenbauer, Vorsitzender des DFB
- Jochen Busse in seiner Rolle in »7 Tage – 7 Köpfe«

3. Wohnungsgestaltung

Ihre Wohnungen sind klar und nüchtern strukturiert und
wirken kühl. Zudem mögen sie ihre Wände weiß und integrieren zusätzlich kühle Farben. Es ist wichtig für sie,
dass die Gegenstände oder Pflanzen in den Räumen einer
Symmetrie folgen, wie z. B. jeweils ein Regal rechts und
links neben der Tür und darin jeweils in gleicher Höhe ein
Wohnaccessoire. An Pflanzen finden wir meist zwei gleiche, von denen die eine der anderen in Größe und Aussehen immer angeglichen wird. Ihrem Konservatismus
entsprechend, kombinieren sie gerne modernes, gradliniges
Mobiliar mit einzelnen klassischen Elementen.

4. Familie und Partnerschaft

Ihren Kindern gegenüber sind sie geduldig. Sie setzen sich
mit der Erziehung ebenso wie mit ihrem Partner geistig
auseinander. Die in ihrem Wesen verankerte Ruhe führt
zu harmonischen Beziehungen, weil sie dem anderen viel
Achtung schenken. Wer allerdings bei ihnen das Extreme
sucht oder Höhen und Tiefen gleichermaßen braucht, wird
enttäuscht.

Versucht der *blaue* Mensch, mit dem Partner einen Ausgleich zu sich selbst zu finden, wie es bei einem *Orange-*

Menschen, *Braunen* oder *Grünen* der Fall wäre, könnte es sein, dass diese Beziehung sehr schnell dramatisch endet, weil die Unterschiede zu groß sind. Partnerschaft mit einem *roten* Menschen ist nur möglich, wenn dieser gelernt hat, sein Rot zu zügeln.

Mit *gelben* Menschen kommt er gut zurecht. Als begehrenswert wird ihm immer der *rosa* Mensch auffallen, der sogar seine Treue ins Wanken bringen kann.

Zusammen mit dem *Indigo*-Menschen fühlt er sich wie für die Ewigkeit vorgesehen.

5. Berufsbilder und Freizeit

Unter den *Blauen* findet man Frauen und Männer in den Bereichen der Wissenschaft und Forschung, Ökonomie, Politik und Philosophie. Es sind Naturwissenschaftler, Gesprächstherapeuten und Sprachwissenschaftler. Sie legen nicht gerne Hand an und vermeiden es, sich schmutzig zu machen. Sport brauchen sie nicht. Eine Beschäftigung, die ihnen das Philosophieren gestattet, könnte das Angeln sein. Außerdem lieben sie die Weite des Meeres.

Körpertherapien oder *Tantra* sind ihnen zu wenig vergeistigt. Sehr nah ist ihnen die Anthroposophie. Das stille Sitzen während der Meditation entspricht ihrer Sehnsucht nach Innerlichkeit und Stille. Es ist für sie gar nicht abwegig, eine Zeit in einem buddhistischen oder hinduistischen Land oder in einem Kloster zu verbringen.

Ihre Edelsteine sind Sodalith, Blauquarz, Lapislazuli, Bergkristall und Saphir.

6. Negative Strukturen

Finden wir negative Strukturen in ihrer Persönlichkeit, so wirken sie nach außen verknöchert, sinnesfeindlich, kalt und rigide. Struktur bedeutet für sie die Quelle ihrer Kraft, und sie bleiben dabei, den Bogen nicht größer zu ziehen.

Ihr Lieblingssatz, den sie an andere richten, ist:

»Erst denken – dann handeln.«

Sie scheinen körperlos zu sein und sehen auch oft so aus. Sie verachten und verurteilen andere wegen ihres oberflächlichen Hangs zum »Styling«. Sie haben Schuldgefühle wegen ihrer Bedürfnisse nach Lust und Genuss und finden nur Rettung in Selbstgeißelungen. Je mehr Regeln eine Institution für sie parat hält, für desto erstrebenswerter halten sie die Zugehörigkeit zu ihr. Ihre sprachlichen Fähigkeiten kommen in Diskussionen durch rhetorische Schachzüge zum Ausdruck. Sie neigen dazu, ihren Mitmenschen zwanghaft und mit Strenge zu begegnen.

Indigo – Die Seher und Heiler

> »Die Seele ruht nun nicht mehr,
> bis sie mit der ganzen Wirklichkeit erfüllt ist.«
> Meister Eckhart

1. Typische Charakterzüge

Der *Indigo*-Mensch nimmt sich aller an, die unterdrückt, verlassen und betrogen worden sind. Er ist ein Mensch, der helfen *muss*. Sein Wesen lässt ihm keine andere Wahl. Oft ist er Anlaufstelle für unheilbar Kranke und Drogenabhängige. Menschen, die in Geldnot sind, gibt er so viel er kann. Geben ist für ihn eine heilige Handlung, bedingungslose Liebe sein Streben. Er ist spirituell und glaubt an den göttlichen Kern in jeder Seele. Verbunden mit der geistigen Welt, ist er fähig zu Hellsichtigkeit und Hellhörigkeit. Sein Leben sieht er nicht selbstzentriert, sondern als begnadetes Geschenk. Er fühlt tiefe Dankbarkeit für alles Schöne, was ihm widerfährt.

Bei Schicksalsschlägen hegt er keinen Groll gegen die Situation oder andere Menschen, sondern er sucht nach der Bedeutung, die dahinter steckt, und den Lernaufgaben für sein Ego. Wird er betrogen, so dauert es sehr lange, bis er es überhaupt glauben kann. Er mag selbst keine Prozesse führen, außer für andere Menschen. Um den *Indigo*-Menschen scharen sich zeitweilig viele Freunde, die seinen Rat und seine Gesellschaft schätzen. Seine Ausstrahlung vermittelt gefestigte Sicherheit und Weisheit. Intuitiv fühlt man, dass Wahrheit in seinen Worten steckt.

Sternzeichen, die ihrer Persönlichkeitsstruktur entsprechen: Schütze, Fische.

Ihre **Elemente** sind ebenso gegensätzlich wie ihre Sternzeichen: Feuer und Wasser.

2. Äußeres Erscheinungsbild

Der *Indigo*-Mensch legt Wert auf Natürlichkeit, kann sich aber auch bewusst »verkleiden«, ja es macht ihm sogar Spaß. So kann er in die Gewänder aller Welten schlüpfen. Sein Ideal besteht jedoch darin, den äußeren Schein abzulegen und authentisch zu sein. Manchmal streift er auch die Kutten irgendwelcher Gruppierungen über, die sich spirituellen Idealen verschrieben haben. Er wird jedoch nur so lange ihr Mitglied bleiben, wie er bei ihnen die Umsetzung ihrer Ideale real erlebt. Im Grunde braucht er weder Organisationen noch eine Glaubensgemeinschaft. Der *Indigo*-Mensch fühlt sich selbst in direktem Kontakt mit den geistigen Kräften, von denen er sich führen lässt.

Dagmar Wolf-R. Neben Indigo hat sie auch viel Rot, Gelb und Grün. Ihr Orange ist ebenfalls nicht zu übersehen, und ihr Blau ist wunderbar herzlich. Außerhalb des Geschäftslebens lebt sie ihr Braun und Rosa sowie auch ihr Türkis.

Prominente:

- Enya, musikalische Künstlerin
- Shirley McLane, Schauspielerin und Buchautorin
- Xavier Naidoo, musikalischer Künstler

3. Wohnungsgestaltung

Sie richten ihre Wohnung meist nach geomantischen Erkenntnissen ein. Auch Feng Shui und der Stellenwert der Himmelsrichtungen finden bei ihnen praktische Anwendung. Wenn der Wohnraum es von seiner Größe her erlaubt, schaffen sie gern Zen- oder Heil-Räume (Leer-Räume). Wichtige Lebensbegleiter innerhalb der Wohnung sind spirituelle Symbole wie Buddhas, christliche Figuren und Bilder, indianische Heiligtümer, Mandalas etc. sowie Kristalle. Sie kümmern sich darum, die elektrische Strahlungsbelastung zu reduzieren, und versuchen, das Schlafen auf Wasseradern, die unter dem Haus verlaufen, zu vermeiden. Bei ihrer Einrichtung ist nichts dem Zufall überlassen.

4. Familie und Partnerschaft

Familiäre Gebundenheit in bürgerlichem Sinn ist für den *Indigo*-Menschen unnötig. Für ihn gilt der Satz: »Wir alle sind eine große Familie.« Er kann in Kommunen leben und die Kinder anderer aufziehen, als seien es seine eigenen, auf die er genauso wenig Eigentumsanspruch erhebt, wie auf seine Partner. Der *Indigo*-Mensch würde gern so viele Kinder adoptieren, wie es seine Situation zulässt. Er wählt jede Bindung frei und bewegt sich darin auch frei. Er stellt keine Bedingungen an Aussehen, Rang, Herkunft, Alter oder Geschlecht des Partners. Seitensprünge empfindet er nicht als Betrug, weil er darüber mit seinem Partner kommuniziert. Allerdings ist er darauf bedacht, ihn mit seiner Art der Lebensführung nicht zu verletzen.

Meistens lebt er mit *grünen, roten, braunen, violetten* oder *Indigo*-Menschen zusammen. Mit einem spirituellen *roten*

Menschen wird er die größte Erfüllung finden, weil beide zusammen wie »Alpha und Omega« sind. Wenn es auch nicht offensichtlich ist, so sind sie doch zwei Pole derselben Kraft. Mit *türkisfarbenen* Menschen wird er nicht leben können, weil diese zu negativ sind. Ein Leben mit *blauen* oder *gelben* Menschen ist möglich, wenn diese den Weg zur Spiritualität gefunden haben. Eine sexuelle Beziehung gelingt ihm über längere Zeit nur im Sinne des *Tantra*.

5. Berufsbilder und Freizeit

Die Berufe des *Indigo*-Menschen können jeglicher Art sein: ob im Handwerk, in der Technik, Kunst, Kultur, Wissenschaft oder im kaufmännischen Bereich. Ihre Struktur, sich für die Rechte anderer bedingungslos einzusetzen, macht ihren Einsatz in sozialen Verbänden und Organisationen unentbehrlich. Der Kampf gegen die Unterdrückung von Menschen und Tieren entspricht ihrem Wesen ebenso wie die Abkehr vom puren Materiellen. In ihrer Freizeit meditieren sie häufig, oder sie beschäftigen sich mit anderen Möglichkeiten der Kontemplation wie Spazierengehen, Wandern, Gartenarbeit.

Wirkliche Erfüllung findet der *Indigo*-Mensch in der Spiritualität. Das kann als Meister, Lehrer, Heiler oder Schriftsteller, Sänger oder Künstler geschehen. Dabei ist ihm bei allem, was er bewirkt, immer klar, dass es göttliche Kräfte sind, die durch ihn wirken und denen er sich lediglich zur Verfügung stellt.

Seine Steine sind Amethyst, Lapislazuli, Bergkristall, Rosenquarz, Fluorit, Mondstein, Diamant, Rutilquarz, Sugilith, Saphir, Serafinite, Boji-Stones.

6. Negative Strukturen

Die negative Seite des *Indigo*-Menschen tritt nur zutage, wenn er sich gegen seine sprirituelle Entwicklung wehrt.

Dieser Angst entspringt der Übertragungssatz:

> »Ich bin ein Anderer. Ich bin nicht von dieser Welt.«

Arthur Rimbaud

Wenn er mit seinen negativen Strukturen auch niemandem schadet, so kann er sich durchaus selbstzerstörerisch verhalten. Oft verliert er sich in Drogen und Alkohol, weil er von der geistigen Welt nur vorbewusst weiß oder nichts wissen will. Er flieht vor seinen Erfahrungen und Erkenntnissen. Dabei entwickelt er mitunter den Wahn, schizophren zu sein oder sein Leben halluzinativ gestalten zu müssen. Er versucht mit aller Gewalt, seinem Lebenssinn – der darin besteht, einen direkten Draht zur geistigen Welt zu schaffen – aus dem Weg zu gehen. Sein ausgeprägter Wahrheits- und Gerechtigkeitssinn schafft Feindbilder, die sich ihm entgegenstellen. So wird er zum fanatischen Prozessierer oder zum Kämpfer für alle Unterdrückten, auch wenn er von niemandem darum gebeten wurde.

Violett – Die Gläubigen

»Gott ist in allem. Ich bin in Gott.«

Rudolf Steiner

1. Typische Charakterzüge

Violette Menschen leben in tiefem Glauben an höhere Kräfte und arbeiten daran, ihr Ego zurückzustellen für das ALL-EINE der Schöpfung. Frei im Geist, haben sie den irdischen Verlockungen und materiellen Gütern längst entsagt. Sie sind wie Besitzlose, die alles haben. Es ist ihre Aufgabe, Vermittler zwischen der geistigen und der materiellen Welt zu sein. Gern sind sie bereit, sich den Idealen einer Religion oder eines Glaubens hinzugeben. Polaritäten, wie arm/reich, stark/schwach, weiblich/männlich, gut/schlecht, schwarz/weiß, Tod/Leben, sind in ihnen aufgelöst. Sie befinden sich weder auf der einen noch auf der anderen Seite, wenn sie kommunizieren. Alles ist in einem. Eines ist in allem.

Sternzeichen, die ihrer Persönlichkeitsstruktur entsprechen: Schütze, Fische.

Ihre **Elemente** sind wie die des *Indigo*-Menschen: Feuer und Wasser.

2. Äußeres Erscheinungsbild

In ihrem Aussehen wirken sie entweder offen und herzlich oder mystisch verschlossen. Meist erscheinen sie ganz in Weiß oder ganz in Schwarz. Wir finden sie von Kristallen, Kreuzen oder anderen religiösen Symbolen begleitet.

Prominente:

Wie schon gesagt, wirklich bekannt sind nur wenige, z. B.: Mutter Teresa, Gandhi, der Dalai-Lama, Rudolf Steiner.

3. Wohnungsgestaltung

Sie richten ihre Wohnung im Grunde genauso oder so ähnlich wie *Indigo*-Menschen ein. Allerdings spürt man in ihren Räumen stärker die Religiosität durch spirituelle Symbole, wie christliche, buddhistische oder hinduistische Figuren und Bilder. Wenn der Wohnraum es von seiner Größe her erlaubt, schaffen auch sie gern Zen-Räume. Sie kümmern sich um elektrische Strahlungsbelastung, Wasseradern, Feng Shui etc. – aber weniger als der *Indigo*-Mensch. Auch ist ihre Einrichtung nicht so stilvoll und bewusst gewählt, sondern eher spartanisch.

4. Familie und Partnerschaft

Langzeitige Beziehungen sucht er zwar, findet sie aber nur mit Gleichgesinnten oder Menschen, die ihm die Möglichkeit geben, das Weltliche abzulegen. Seine Partner könnten *grüne* und *rosa* Charaktere sein. Der *Indigo*-Mensch ist für ihn ein idealer Spiegel zum Austausch seiner Gedanken, seiner Religiosität und der Erfahrung des übersinnlichen Raumes, den beide erschlossen haben.

5. Berufsbilder und Freizeit

Grundsätzlich trennen *violette* Menschen nicht zwischen ihrem Leben im Alltag und ihrem Beruf, der immer auch gleichzeitig Berufung ist. Ihre kosmische Verbundenheit leben sie durch ihre Tätigkeit, die gleichzeitig ein »Gottesdienst« ist. Sie müssen zumindest Schriftsteller oder Künstler sein dürfen, eher aber Mystiker, Magier, Geistliche oder Träger einer dem »Großen Geist« geweihten Gruppen. In unserer Welt wirkend, kennen wir sie als Geistführer, Diener Gottes, Heiler, Heilige, Gurus, Schamanen, Medizinfrauen und Medizinmänner.

Ihre Steine sind: Amethyst, Lapislazuli, Bergkristall, Rosenquarz, Fluorit, Mondstein, Diamant, Saphir, Rutilquarz, Sugilith, Boji-Stones.

6. Negative Strukturen

Die Psyche des *violetten* Menschen wird verstümmelt, wie die eines geschlagenen Kindes, wenn es ihm seitens der Gesellschaft nicht ermöglicht wird, seine Gottverbundenheit zu leben. Eine negative Wendung seiner Entwicklung macht ihn despotisch und dogmatisch. Besonders wichtig wird ihm dann, Macht über andere Menschen zu haben, was er pervertiert auslebt, weil diese Macht nicht offensichtlich ist, sondern die eines »geheimen Führers«.

Sein Übertragungssatz ist:

»Du musst mir folgen, wenn du gerettet werden willst.«

Fatalerweise beginnt er, sich selbst für den »Einen Gott« zu halten, und glaubt sich bisweilen sogar fähig, die Erdachse zu verschieben. Im äußersten Extrem macht er sich zum Boten des »Teufels« und versucht, mit magischen Kräften (»Schwarze« Magie) andere Menschen und deren Gedanken zu beeinflussen. Gelingt es nicht, wird an »dem großen Plan für den Tag X« gearbeitet, der nicht selten den Weltuntergang einläuten soll. Entsagung auf der Ebene »gewöhnlicher« Freuden wird oft durch Konsum von Drogen ausgeglichen. Es werden Opfer-Rituale gefeiert, die immer etwas mit Macht über andere zu tun haben.

V.

Ganzheitliche Farb-Beratung

»Kleidung und Schmuck sind immer nur
eine Widerspiegelung des Herzens.«

Coco Chanel

Farbanalysen sind hierzulande meist unter dem Begriff
»Farb- und Stil-Beratung« geläufig. In den USA sind sie
erstmals schon in den dreißiger Jahren bekannt geworden.
Hollywood-Stars haben sich für ihre Filmrollen die Farben ihrer Kleidung »bestimmen« lassen. Das System war
damals aber lange nicht so ausgereift, wie es später von
Carole Jackson[*] entwickelt wurde. Aber auch ihre Art der
Farbberatung war – und ist immer noch – ausschließlich
auf den äußeren »schönen Schein« ausgerichtet. Die Analyse eines Farbtyps kann durchaus auf einer rein äußerli-
chen Ebene vollzogen werden. Dennoch ist sie für mich
ihrem Wesen nach keineswegs äußerlich, sondern sie ist
eine der Möglichkeiten, einen Menschen über seine Farben
auf den Weg zu sich selbst zu führen. Starke Veränderungen
der Persönlichkeit können mit dem Offerieren einer bestimmten Farbpalette eingeleitet werden. Mit jeder persönlichen Farbauswahl wird das »Kleid einer Persönlichkeit«
gewählt. Jemand, der sich hauptsächlich in Schwarz oder
dunkle Farben kleidet, wird durch das Analyseergebnis,

---

[*] Carole Jackson (Farb- und Stilberaterin) veröffentlichte erstmals 1974
ihr System, an dem sich viele immer noch orientieren.

ein *Frühling* zu sein, plötzlich mit einer anderen Erscheinung seines Selbst konfrontiert. Die hellen, fröhlichen, leuchtenden Farben des *Frühlings* zeigen ihn in totaler Opposition zu seinem vorherigen Aussehen. Jetzt drängt sich die Erfahrung auf, dieses neue Bild als das eigene, bisher verdeckte, zu erkennen. Natürlich kann »das Neue« den Sprung ins innere Chaos bedeuten und so lange Verunsicherung auslösen, bis die tiefe, bedeutungsvolle Wahrheit erkannt wird:

Der Farbtyp, der wir aufgrund von erblichen Faktoren sind, ist – auf dem Weg der Selbsterkenntnis – ein Teil der eigenen inneren Wahrheit.

Nachdrücklich möchte ich hier zum einen darauf verweisen, dass es nur »ein Teil« der Kenntnis des eigenen Selbst ist. Zum anderen kann ich mit voller Überzeugung sagen, dass dieses Quäntchen nicht oberflächlich ist, sondern uns helfen kann, uns mit Vorstellungen, die wir uns von uns selbst machen, auseinanderzusetzen. Zusätzlich ist es wichtig, zu wissen, dass die Bestimmung des Farbtyps, die wir aufgrund der Haut, Haare und Augenfarbe vornehmen, *auf keinen Fall* eine Aussage über die Persönlichkeit und den Charakter eines Menschen zulässt. Ob jemand ein *Frühling*, *Sommer*, *Herbst* oder *Winter* ist, sagt nichts darüber aus, ob er damit gleichzeitig ein vitaler, romantischer oder karrierebewusster Mensch ist. Diese Differenzierungen werden durch die Analyse der Farb-Persönlichkeiten möglich.

Eine Farbtyp-Bestimmung ist *eine tiefgehende Aufforderung*, sich mit seiner eigenen Farblichkeit auseinanderzusetzen. Es ist wie ein Antippen, das uns aus einem Tagtraum holt.

Die Auseinandersetzung beginnt für jeden Einzelnen im Umgang mit den neuen Farben.

Wie gehen nun die einzelnen *Farb-Persönlichkeiten*, die Sie im vierten Kapitel kennengelernt haben, mit der Palette ihrer Farben um, nachdem die Analyse ergab, dass sie ein bestimmter Farbtyp sind?

Farbtyp und Farb-Persönlichkeit sind nur idealerweise identisch. Wenn nicht, so können sie sich nur mit einem Teil der Farbpalette arrangieren. Manchmal werden sie die Palette auch gänzlich ablehnen, weil diese Farben nicht ihrer Persönlichkeit entsprechen. Auf jeden Fall ist entscheidend, die Charakterstruktur eines Menschen in die Beratung über die Farben, die ihm am besten stehen, mit einzubeziehen und niemanden zu überreden, dass er oder sie nichts weiter zu tun hat, als die Farben der eigenen Palette zu tragen.

»Das hätte ich nie gedacht« ist der Satz den wir am häufigsten bei der Farbanalyse hören. Die Kunden erleben vor dem Spiegel wirklich zum ersten Mal, wie stark sie sich durch die richtigen oder falschen Farben verändern. Es ist Ausdruck eines entwickelten Bewusstseins, wenn wir uns darauf einlassen, die Farben kennenzulernen, die wir ganz persönlich für unsere Entfaltung brauchen und in denen wir authentisch aussehen. Natürlich können die Farben, die auf den vier Ebenen (geistig, psychisch, organisch und im Erscheinungsbild) wirken, unterschiedlich sein. Das erschwert die Farbauswahl nicht, sondern macht die Palette größer.

Den Farbtyp zweifelsfrei zu analysieren, ist meistens nicht so einfach, wie sich das manche so vorstellen und wie uns Berichte in diversen Magazinen immer wieder weismachen wollen. Da wir alle verschieden sind, ist es nicht möglich, einzig aufgrund eines Rasters mit Sicherheit zu behaupten, zu welchem Farbtyp wir gehören. Es existieren zwischen den einzelnen Typen zwar Regelmäßigkeiten, aber auch viele Abweichungen. Menschen mit braunen Augen können wir z. B. unter allen Farbtypen finden. Auch der Teint ist kein sicheres Indiz für die Aussage über einen bestimmten Farbtyp: *Frühlingstypen* und *Wintertypen* werden meist schnell braun, manche von ihnen wiederum gar nicht. Erst recht kann die Haarfarbe zu enormen Verwirrungen führen: *Frühlingstypen* sind meist blond, einige von ihnen jedoch dunkelhaarig. Wurde das *Frühlings-* und auch das *Herbst-Haar* häufig chemischen Prozeduren unterworfen, kann es aschig, wie das des *Sommers*, wirken.

Das sicherste Verfahren, den jeweiligen Farbtyp zu ermitteln, ist, die Person vor dem Bestimmungsspiegel unbeeinflusst erfahren zu lassen, welcher Farbtyp sie *wirklich ist*. Ein spezielles Verfahren ermöglicht durch die Zusammenarbeit zwischen dem Kunden und dem Farbberater oder der Farbberaterin die Erfahrung der eigenen Persönlichkeit in anderen als den bekannten Facetten.

Eine Farbberatung darf nicht so aussehen, dass die Farbberaterin dem Kunden einfach sagt, welcher Farbtyp er ist, sondern der Kunde muss es *immer selbst* (mithilfe der Fachkraft) sehen oder spüren. Dem Kunden dieses »Sehen« erfahrbar zu machen, ist die eigentliche Arbeit bei einer Farbberatung. Wir beginnen die Farbberatung grundsätzlich damit, dass sich der Kunde ungeschminkt nur bis zur Kinnspitze im Spiegel sieht und unterhalb seines Gesichtes Tücher in verschiedenen Farben aufgelegt und gewechselt werden. Er sieht weder die Tücher noch die Farben; sieht aber andauernde Veränderungen in seinem Gesicht, weil die Farben der Tücher unterschiedlich in sein Gesicht reflektiert werden.

Diese Technik erlaubt, dass die Kunden unvoreingenommen die Wirkung der Farben fühlen oder sie in ihrem Gesicht sehen. Jeder hat Vorlieben für und Abneigungen gegen bestimmte Farben. Werden die Farben nicht gesehen, kann man sich ganz auf die eigene Wahrnehmung einlassen und sie aktiv erleben. Diese Erfahrung ist meist neu und sehr entscheidend dafür, die Kraft der Farben überhaupt realisieren zu können.

Fragen wir, wie die eine oder andere Farbe empfunden wurde, so erhalten wir Beschreibungen intensiver Gefühle. Das Erlebnis, den eigenen Farbtyp selbst zu erkennen, ist unverwechselbar. Wenn dies nicht selbst vor dem Spiegel erlebt wurde, kann man nicht von einer kundenzentrierten Farbberatung sprechen. Der »Job«, Farbberater/in zu sein, ist der wunderbarste, den ich kenne. Abgesehen davon, dass Farbberater selbst ständig in der Welt der Farben leben, arbeiten sie mit den Kunden tatsächlich an der Quelle zu deren Schönheit und Wohlbefinden. Die Begleitung in die Selbsterfahrung mit Farben ist sehr intensiv. Oftmals fanden sich Frauen nie vorher so schön wie nach der Entdeckung ihrer »richtigen« Farben. Das Erlebnis, sich attraktiv und »entdeckt« zu fühlen, ist wie eine Neugeburt.

Wenn eine Farbberatung jedoch bei der simplen Farbtyp-Bestimmung stehen bleibt, hat es nur noch wenig mit dem weiten Erfahrungsfeld zu tun, das mit Farben eröffnet werden kann. Ich spreche dabei immer von einem »Prozess«.

Das bedeutet, dass das Hineinleben in den Farbtyp länger dauert, als einfach die Garderobe durch einen Einkaufsbummel umzustellen. Und ich warne auch davor, sich radikalen Aufforderungen von Farbberater/inne/n zu unterwerfen, die auf konsequente sofortige Umstellung plädieren. Da wird z. B. echter Goldschmuck umgefärbt oder verschenkt, weil die Farbberaterin gesagt hat, das solle jetzt »nicht mehr passen«, oder es wird die gesamte Garderobe weggeworfen, weil man sich nach den neuen Farben einkleiden will.

Lassen Sie sich Zeit, Ihre Garderobe auszutauschen. Bleiben Sie bei Ihren »Lieblingsfarben«, weil Sie diese wahrscheinlich auf der organischen oder psychischen Ebene »brauchen«.

Die Textilindustrie und auch die Frauenzeitschriften haben sich lange gegen die Farbberatung gewehrt und gehen nun leider sehr seelenlos damit um. Zuerst wurde das Thema belächelt, dann abgelehnt. Jetzt wird es an die Öffentlichkeit »gebracht« und dabei so getan, als hätte man es erfunden. Was darüber geschrieben wird, entbehrt meist jeglicher Fachkenntnis und ist einzig von dem Antrieb getragen, die Verkaufszahlen von allen möglichen Auftraggebern zu erhöhen. Leider sind Industrie und Medien mächtiger als alle Farbberatungs-Kolleginnen zusammen, die mit ihrer fachlichen Kenntnis gern etwas gegen die Art tun würden, wie das Thema reißerisch »an die Frau« gebracht wird.

Wie können Sie wissen, dass Sie zur »richtigen« Farbberatung kommen? Die meisten Menschen gehen auf Empfehlung zur Farbberatung, sodass sie im Voraus Kenntnis davon haben, wie die Beraterin oder der Berater arbeiten.

Ist die Beraterpraxis nicht bekannt, könnten Sie – zusätzlich zur Klärung des Preises – ein paar differenzierte Fragen stellen, wie z. B.

1.Wie lange dauert die Farbberatung?
Sie sollte (inklusive Make-up und kurzer Stilberatung) ca.
zwei Stunden dauern. »Ganzheitliche« Beratungen dauern
manchmal sogar länger.

2. Was beinhaltet der Preis für die Beratung im Einzelnen?
Eine Farbberatung kann unterschiedlich akzentuiert sein.
Sind Styling-, Frisur- und Brillenberatung enthalten? Das
sollte vorweg geklärt werden. Eine intensive Stilberatung
kann allein schon etwa zwei Stunden dauern.

3. Wird bei der Stilberatung die Figur vermessen?
Wenn ja, begegnen Ihnen meist festgefahrene Richtlinien,
die Ihrer Persönlichkeit nicht unbedingt Rechnung tragen
(z. B.: der Sommer trägt Rüschen, kleine Frauen sollten keine langen Röcke tragen, etc). Im Übrigen halte ich das Vermessen der Figur einer Kundin nur dann für angebracht,
wenn beide in etwa die gleichen Körpermaße haben (z.B.
bei den Weight Watchers).

4. Gehört eine Make-up-Beratung dazu?
Visagistik gehört nicht zwingend zu einer guten Farbberatung. Manche Beraterinnen schminken nicht, beraten
dafür aber intensiv in andere Richtungen (z. B. Heilkräfte
der Farben, Gesundheit, Ernährung, Energiearbeit). Die
Beraterin sollte Ihnen aber zumindest Ihre jetzigen neuen
Schminkfarben zeigen können.

*5. Umfasst die Beratung auch die Auskunft über die Wirkung
der einzelnen Farben?*
Dies wird bislang nur von »ganzheitlichen und psychologischen« Farbberaterinnen geleistet, ist aber eines der
wichtigsten Elemente einer Beratung. Bei beiden Bera-

tungspraktiken geht es um den »ganzen« Menschen, auch um die Psyche, darum, den Rosengarten in sich selbst zu sehen und den Sinn der Stacheln zu verstehen.

Vielleicht sollten Sie auch bei der telefonischen Terminvereinbarung fragen, wie lange die Grundausbildung der Farbberaterin gedauert hat. Es gibt Ausbildungsinstitute, die ihren Teilnehmern nach sechs Stunden, einem oder zwei Tagen Unterricht ein Zertifikat, das jene zu Farbberatungen berechtigt, in die Hand drücken. Dabei haben diese neu gebackenen Beraterinnen oftmals während der Ausbildung an keinem einzigen Modell selbst praktische Erfahrungen gemacht. Mit solcher Unkenntnis kann natürlich niemand sichere Analysen machen. Andere Farbberaterinnen erzählen von monate- oder jahrelangen Ausbildungen, denen man keinen Glauben schenken sollte. Hier werden oft Kurse, die auf die Dauer von einem Jahr verteilt werden, als Kompaktausbildung, welche die ganze Zeit ausgefüllt hat, vorgetäuscht.

Meine Ansicht darüber, wie ein/e gute/r Farbberater/in sein sollte:

Er/sie sollte grundsätzlich auf allen Ebenen des »schönen Scheins« geschult oder talentiert sein. Ob sie das ist, sehen Sie am besten an ihr selbst. Sie braucht Geschick in Frisurfragen, muss sehen, worauf es bei einem bestimmten Gesicht bei der Brillenberatung ankommt. Sie muss Modulationstricks mithilfe von Make-up beherrschen (Schlupflid, Rouge, Augenkontur). Es wäre gut, wenn sie in Modefragen immer up to date wäre, und vor allem, wenn sie wüsste, wo ihre Kunden die empfohlenen Kleidungsstücke kaufen können. All das kann man lernen. Was nicht unbedingt gleichermaßen schnell erlernbar ist, ist das Mitgefühl für andere Menschen. Ein/e Farbberater/in muss die Kunden wirklich mögen, um ihnen mit Respekt – und nicht von oben herab – mit Rat und Tat zur Seite zu stehen.

Die Pigmentierung der Farbtypen

Es gibt zwei grundsätzlich voneinander unterschiedene *Pigmentierungs-Gruppen:*

- Zu *Frühling*, *Herbst* und *Frühling/Herbst*-Mischtyp »gehören« die warmen Farben mit starkem gelbem Unterton.

- Zur zweiten Gruppe: *Sommer*, *Winter* und *Sommer/ Winter*-Mischtyp gehören Farben, denen der gelbe Unterton fehlt. Einige dieser Farben (nicht alle!) haben einen blauen Unterton. Allgemein wird die erste Gruppe als warme, die zweite Gruppe als kalte »Jahreszeit« bezeichnet.

Die Pigmentierung der Haut und der Haare ist bei jedem von uns genetisch festgelegt. Die Farbe der Haare kann sich zwar im Laufe unseres Lebens auf natürliche Weise ein paar Mal ändern, aber das geschieht nach einer bestimmten, festgelegten Ordnung. So ist das erste Haar – Lanugo-Haar genannt – in Deutschland meist ein weißblonder Flaum. In Südeuropa ist es ein schwarzer Flaum. Unsere eigentliche Haarfarbe (Terminar-Haar) ist erst im Alter von ungefähr 10 Jahren voll ausgereift. Nach dieser Haarfarbe zu fragen (nach der früheren), ist für die Farbberatung sehr wichtig. Ein Erwachsener kann in diesem Alter kupferrotes Haar haben und später aschblond oder gelbblond sein.

Das Haar kann zu dieser Zeit dunkelbraun sein und später flachsblond oder umgekehrt. Die Kenntnis all dieser Faktoren hilft bei der Farbberatung, Analysefehler zu vermeiden.

Wie und wann das Haar grau wird, liegt nicht in der Macht des Schicksals, sondern ist ebenfalls in unseren Genen determiniert. Machen wir eine Farbanalyse bei einem zehnjährigen Kind – was ich persönlich ablehne – und finden heraus, dass es ein *Wintertyp* ist, können wir – ohne hellseherisch zu sein – sagen, dass dieser Mensch wahrscheinlich zwischen 25 und 30 Jahren graues Haar bekommen wird. Die *Winter* werden meistens früh grau, wofür einzig und allein ihre (ererbte) Pigmentierung verantwortlich ist. Dafür werden die meisten auch schnell und schön braun.

Das, was unterschiedliche Hauttönung und Haarfarbe ausmacht, bestimmt gleichfalls die Art, wie wir braun werden, ob wir Sommersprossen haben oder nicht und wann unser Haar ergraut. Es ist die spezifische Verteilung der drei Stoffe im Blut: *Melanin, Karotin* und *Hämoglobin*.

Hat jemand – im Verhältnis aller drei Stoffe zueinander – ein Übergewicht an *Melanin*, so wird er meist schnell braun. Melanin beeinflusst die Bräunung unserer Haut maßgeblich und ist für den (natürlichen) Farbstoff im roten Haar zuständig.

Mit viel *Karotin* im Blut ist man nie besonders blass. Es bleibt immer eine leicht gelbbraune Tönung, oder der Karotinwert drückt sich durch Sommersprossen aus, die eine gelbbraune Färbung haben und durch UV-Strahlen an die Hautoberfläche gelangen.

Ein hoher Anteil an *Hämoglobin* bewirkt, dass der Betreffende leicht errötet und dass die Haut wirkt, als hätte sie eine leicht rote oder rosa Färbung. Auffällig ist, dass die

Haut dünner und zarter wirkt als die der anderen und dadurch auch – besonders bei Kälte – etwas bläulich ist. Diese Haut neigt zu Couperose (an die Hautoberfläche dringende Blutäderchen) und bekommt leicht Sonnenbrand. Werden diese Menschen braun, sind sie zuvor erst einmal gerötet. In Ausnahmen können sie auch zu sehr schneller Bräunung gelangen, wobei ihre Haut dann einen tiefen Bronzeton hat.

Nun ist es aber nicht so, dass ein Übergewicht eines der drei Stoffe direkt auf einen bestimmten Farbtyp schließen ließe. Das wäre zu einfach, und die Analyse des Farbtyps könnte mithilfe eines Fragebogens erfolgen.

Tatsache ist, dass sowohl der *Frühling* als auch manche *Herbsttypen* und sogar der *Winter* mehr *Melanin* als die anderen Farbtypen aufweisen können.

Ebenfalls haben *Frühling* und *Herbst* zusätzlich mehr *Karotin* als der *Sommer* und der *Winter*.

Diese haben dafür – jetzt wieder gemeinsam mit dem *Herbst* – mehr *Hämoglobin*.

Sie sehen, so einfach ist es wirklich nicht.

Die Pigmentverteilung kann z. B. bei einer Person 34 % Melanin, 30 % Karotin und 36 % Hämoglobin ausmachen.

Das zeigt, dass die einzelnen Stoffe im Blut relativ gleich gewichtet sind. Der gelbliche Hautton, der durch die beiden Anteile Melanin und Karotin entsteht, lässt die Person auf den ersten Blick wie einen *Frühling* wirken. Durch die Farbanalyse können wir jedoch deutlich sehen, dass sie ein *Sommer* ist. Sie sieht nur so ähnlich aus wie der *Frühling*.

Zusätzlich zeigt die Erfahrung, dass es im Aussehen der einzelnen Farbtypen keine Regelmäßigkeiten gibt. In Mitteleuropa sind *Frühlinge* beispielsweise weitgehend (zu 80 %) blond. In slawischen Ländern hingegen finden wir viele dunkelhaarige *Frühlinge*. Hierzulande sind sie – wenn sie blond sind – ohne Analyse oft nicht von den *Sommern* zu unterscheiden. Afroamerikanische *Frühlinge* haben einen hellen Schokoladenteint.

Beim Lesen der Farbtypbeschreibungen auf den nächsten Seiten bitte ich, nicht zu vergessen, dass sie immer nur zu etwa 80 Prozent auf die einzelnen Typen zutreffen und sich auf die – im Erwachsenenalter befindliche – mitteleuropäische Bevölkerung beziehen. Die restlichen 20 Prozent sehen für den jeweiligen Farbtyp untypisch aus, gehören aber trotzdem in diese Kategorie.

Vorab möchte ich über die einzelnen Farbtypen noch einmal besonders hervorheben:

Ein Farbtyp ist *nicht* mit bestimmten Charakterzügen oder Persönlichkeitsmerkmalen identisch – *sondern* es ist ein Mensch, dessen Pigmentierung sich in Harmonie zu einer bestimmten Farbpalette befindet, die irgendwann einmal »zufällig« *Frühling*, *Sommer*, *Herbst* und *Winter* genannt wurde.

Es sind andere Begriffe als die der Jahreszeiten denkbar, aber der Versuch, sich auf sie zu einigen, scheiterte immer wieder, weil andere Benennungen auch leicht eine Wertung implizieren. Die Jahreszeiten sind – abgesehen von persönlichen Sympathien für Hitze oder Kälte – angenehm neutral. Sie entsprechen zwar dem Bild der hiesigen Jahreszeiten nicht, treffen aber auf die USA zu. Da die Bezeichnungen von Carole Jackson kommen und diese in Kalifornien lebt, ist es logisch, dass sie sich auf die dortigen Jahreszeiten bezieht. So kommen die Farben des *Frühlings* dem kalifornischen Frühling mit all seiner Blütenpracht gleich. Der Sommer in Kalifornien zeigt sich durch die große Hitze im Bereich der gedeckten Farben. Stellen Sie sich grauweißen Sandstrand vor, mattblaues Meer und das rosa-blau-grüne Schillern einer Meeresmuschel, und Sie haben die *Sommer*-Palette. Auch der *Herbst* findet Übereinstimmungen mit dem Herbst in der Natur. Einzig den *Winter* mit den Farben des Regenbogens und dem Schwarz-Weiß-Kontrast finden wir nicht jahreszeitenspezifisch in der Natur, sondern eher in den Blüten tropischer Länder oder in den Stoffen der Hochlandbewohner Lateinamerikas.

Die Varianten einer Farbpalette

Wie wir wissen, hat Goethe in seiner Farbenlehre erstmals von warmen und kalten Farben gesprochen. In seinem sechsteiligen Farbenkreis macht er anschaulich, dass lediglich Rot und Grün einen Mittelwert haben, d.h., dass sie sowohl in die warme (gelbe) als auch in die kalte (blaue) Richtung tendieren. Dieses nahezu 200 Jahre alte Wissen aus Goethes Farbenlehre ist entscheidend für die Praxis der Farbberatung.

Farbmischungen sind grundsätzlich abhängig vom Farbmaterial. Wenn Sie die Mischungen nachvollziehen wollen, brauchen Sie beim Malen mit Temperafarben andere Mischungsverhältnisse, als würden Sie Aquarellfarben verwenden. Mit Acrylfarben erreichen Sie wiederum eine völlig andere Wirkung als mit Wachsstiften. Farbenhersteller arbeiten mit hoch differenzierten, digitalen Computern, bei denen die Farbanteile bis zu vier Stellen hinter dem Komma ausschlaggebend sein können. Farbverfälschungen entstehen leicht durch Druckmethoden, die der Konzeption der ursprünglichen Farbgebung nicht entsprechen. Die Farbpaletten, die hier gedruckt sind, unterscheiden sich von den Originalen. Die Farben der Paletten werden durch das Nachdruckverfahren immer verfälscht, wenn ein Druck nochmals gedruckt wird. Aus diesem Grund sind sehr viele der in Zeitschriften abgedruckten Farbpaletten total falsch. Häufig entsteht die Misere dadurch, dass mit dem Nachdruck der Gelbwert extrem erhöht wird, was die *Sommer*- und *Winter*-Palette in einen Farbbereich bringt, der falsch ist.

Farb-Palette für den Frühlingstyp

In ihr dürfen ausschließlich Farben zu finden sein, die einen starken Gelbanteil (mind. 50 %) enthalten oder ihren »warmen« Charakter *durch Addition von Gelb noch erhöhen.* Wenn eine *Frühlings*-Palette ein »warmes« Marineblau oder gar Dunkelblau in der Skala enthält, so ist das nicht richtig, da Blau grundsätzlich eine kalte Farbe ist. Nehmen wir Hellblau und geben Gelb hinzu, so wird daraus Türkis und dieses gehört zur *Frühlings*-Palette. Dunkelblau plus Gelb ergibt Dunkelpetrol. Es ist zu dunkel für eine *Frühlings*-Farbe, aber es ist eine ideale *Herbst*-Farbe. Ebenso gibt es kein warmes Grau, da Grau die Mischung aus Schwarz und Weiß ist. Geben wir Gelb hinzu, ergibt es Beige. Je stärker der Grauwert im Beige ist, desto eher gehört die Farbe in die *Sommer*-Palette.

In vielen *Frühlings*-Paletten findet sich ein helles Violett, was nach den Erkenntnissen der Farbenlehre keine warme Farbe sein kann. Es entsteht durch die Mischung von Rot plus Blau (plus Weiß). Ein Gelbanteil existiert einzig im Rot, weil Magenta plus Gelb gleich Rot ergibt. (Mit der Entwicklung des Vierfarbendrucks haben wir gelernt, dass Rot als physische Primärfarbe nicht existiert, sondern erst durch Mischung mit Gelb entsteht.) Der Gelbanteil im Violett ist also so gering, dass es keinesfalls als warme Farbe gelten kann. Hinzu kommt, dass dem reinen Violett das Gelb komplementär gegenübersteht. Komplementärfarben gemischt, »vernichten« sich gegenseitig als Farben, weil durch die Mischung ein dunkles Graubraun entsteht. Das Violett, das wir in den *Frühlings*-Paletten finden, ist einfach nicht in den warmen Bereich zu zaubern und hat deshalb auch nichts in der *Frühlings*-Palette zu suchen.

Ebenso ist es wichtig, zu wissen, dass Gelb prinzipiell die Leuchtkraft aller hellen warmen Farben verstärkt.

Farb-Palette für den Herbsttyp

Den Farben des *Herbst*-Typs ist ebenfalls ihr gelber Farbanteil gemeinsam, der allerdings nicht so hoch ist wie der der Frühlingsfarben. Zusätzlich werden die *Herbst*-Farben abgetönt (gedeckt) und durch Addition von Grau dunkler. Dies nimmt den gelbtonigen Farben ihre Leuchtkraft. Reines Grau gehört allerdings nicht in die *Herbst*-Palette (weil dem Grau das Gelb fehlt), ebenso wenig Blau und Violett, weil sie die Komplementäre der *Herbst*-Farben Orange und Gelb sind.

Es gibt allerdings in der *Herbst*-Palette Farben mit geringem Blauanteil. Diese »Ausnahme-Farben« sind:

- Weinrot (Primär-Rot + Blau + Grau + (wenig) Gelb)
- Braun-Violett (erhält man durch die Komplementär-mischung Violett + Gelb)
- Petrol (Grün + wenig Blau + wenig Gelb + etwas Grau)
- Pflaume (Violett + Orange + wenig Blau)

In der *Herbst*-Palette finden wir also einige Farben, die auch Blau enthalten. Es sind deshalb *Herbst*-Farben, weil sie durch die Addition von Gelb warm werden bzw. bleiben oder durch Komplementärmischung dunkel werden.

Farb-Palette für den Frühling/Herbst-Mischtyp

Sie enthält gedämpfte helle warme (mit gelbem Unterton)

Farben. Es sind die Farben, die den reinen Herbsttyp gerade noch kleiden, weil sie heller sind und ihm eher die dunklen Farben stehen. Also können beide Farbtypen die gleichen Farben tragen; dem Mischtyp stehen sie allerdings wesentlich besser bzw. richtig gut. In der Frühlingspalette ist für den Mischtyp kaum etwas dabei, weil diese Farben zu leuchtend für ihn sind. Die Anlehnung zum Frühling hat der Mischtyp einzig wegen des Helligkeitscharakters seiner Farben. Die Farben seiner Palette, die ihm am besten stehen, sind: alle gedeckten Korallenrot-Töne, Beige und helles Olive.

Farb-Palette für den Sommertyp

Diese Palette ist am schwierigsten herzustellen. In den meisten *Sommer*-Paletten finden sich höchstens zu einem Drittel *Sommer*-Farben. Der Rest gehört in eine Mischtyp-Palette oder zum *Winter*. Die Palette der *Sommer*-Farben muss zum überwiegenden Teil hell sein.

Helle *Sommer*-Farben sind: Puderrosa, Hellblau, Flieder, Schilf, Hellgelb, Hellgrau, Wollweiß. *Sommertypen* sollten ihre hellen Farben am Oberkörper tragen.

Dunkle *Sommer*-Farben sind: Bordeaux, Steingrau, Anthrazit, Taubenblau, Dunkel-Mint, Malve, Rosabraun, Graubraun.

Alle *Sommer*-Farben müssen gedeckt sein. Diese Farben wirken an Menschen, die *Sommertypen* sind, fein und elegant. Die Abtönung ist sehr speziell und wird keineswegs nur durch einen bestimmten Grauwert hervorgerufen (Betriebsgeheimnis). Die Farben sehen aus, als sei man mit einer dicken Puderquaste darüber gegangen. Dadurch verlieren sie an Glanz und Strahlkraft, sind aber nicht »abgegraut«. Aufgrund des Pudereffektes stehen dem *Sommer* auch Beigetöne (mit Ausnahme des leuchtenden Gelb-Beige des *Frühlings*). Der Puder macht aus Rosa Rosenquarz, aus Blau wird Taubenblau, aus Pink Himbeere und Malve, aus Weiß wird Wollweiß.

Farb-Palette für den Wintertyp

Die Farben werden meist als ausschließlich kalte (blaue) Farben bezeichnet, was nicht ganz korrekt ist. Im Grunde hat der *Winter* »klare« Farben, von denen einige einen blauen Unterton haben: Blau, Violett, Flieder, Magenta, Blau-Rot, Blau-Grün, Blau-Türkis.
Nichtblaue Farben sind: Rosa, alle Grautöne, Schwarz, Weiß, Silber.

Farben in der *Winter*-Palette, die Gelb enthalten, sind: Primär-Rot, Primär-Grün, Primär-Gelb, Zitronengelb, Türkis.

Die sogenannten Eis-Farben des *Winters* sind so stark mit Weiß aufgehellt, dass sie »eisig« wirken und somit zur Palette des *Winters* gezählt werden können.

Es sind dies: Eis-Rosa, -Blau, -Violett und -Gelb.

Warme Farben sind durch Hinzugabe von Weiß nicht in den kalten Bereich zu bringen. Ausnahme ist für den *Win-*

ter das Gelb. Es wird durch Weiß extrem aufgehellt und eisig. Grün ist eine Mittelwertfarbe, die gemischt wird aus Blau + Gelb. Der Gelbwert im Grün ist so hoch, dass er bei Aufhellung mit Weiß immer stärker hervortritt, weil er sich mit dem hellen Element (Weiß) verbindet. Selbst ein blaues Grün wird durch die Aufhellung mit Weiß gelbstichig und somit zur warmen Farbe. Deshalb gibt es bei den Winterfarben kein Eis-Grün.

Farb-Palette für den Sommer/Winter-Mischtyp

Sie wird von dunklen Tönen bestimmt, wie: Dunkelblau, Aubergine, Dunkelgrün, Dunkelgrau, Bordeaux. Die gleichen Farben wären dem *Winter* nicht klar genug und sind für den reinen *Sommertyp* zu dunkel. Aber es gibt auch bestimmte kühle Farben, die sowohl vom *Sommer* als auch vom *Winter* getragen werden, und sie stehen auch dem Mischtyp sehr gut. Es

sind: reines Rosa, Hellblau, Flieder, helles Gelb. Wollweiß, als helle Farbe, steht dem Mischtyp und dem *Sommer* (dem *Winter* nicht), Türkis dem *Winter* und dem Mischtyp (dem *Sommer* nicht).

Wenn ich über die Palette der einzelnen Farbtypen schreibe, geschieht dies nach wie vor unter Einbeziehung meines Standpunktes: *Jeder Mensch sollte alle Farben tragen, die er braucht.*

Das kann für den Bereich der Farbtyp-Bestimmung nur bereichernd sein. Ich denke, dass es für jeden wichtig ist, seine Idealfarben, die er aufgrund seines Aussehens – seiner Pigmentierung – hat, zu kennen. Daraus folgt aber nicht, dass das gesamte Outfit des Betreffenden auf diese Farben abgestimmt werden muss, sodass er oder sie sich von Kopf bis Fuß nur noch in diese Farben hüllt.

Wir gehen davon aus, dass die Farbtyp-Bestimmung nur einen Teil dessen abdeckt, was wir mit Farben alles für uns tun können.

Ich empfehle Ihnen,

- alle Farben Ihrer Palette auszuprobieren, um neue Erfahrungen zu machen;
- die Farben, die Sie mögen und die in Ihrer Palette nicht vorhanden sind, mit den Farben Ihrer Palette zu kombinieren;
- Ihre Lieblingsfarben am Unterkörper zu tragen, wenn sie Ihnen nicht zu Gesicht stehen.

Die Farbtypen

»Der neue Raum . . .
ist für jene, die ihn noch nicht betreten haben,
auch nicht wirklich sichtbar.«

Mary Daly

Das theoretische Wissen, das Goethe hinterlassen hat, ist für Menschen, die mit Farben arbeiten (natürlich auch für Farbberater), notwendiges Rüstzeug. Es dient den Menschen dazu, zu erkennen, dass es keine Mischungen der kalten mit den warmen Jahreszeiten geben kann. Die Gruppe der warmen Farben enthält Gelb und kann ihren typischen Farbcharakter durch Addition von Gelb noch verstärken. Der Gruppe mit den sogenannten kalten Farben fehlt der gelbe Unterton zum größten Teil. Dadurch entsteht jeweils eine völlig andere Farbfamilie.

Nicht möglich sind Mischtypen zwischen:

* *Frühling* und *Winter*,
* *Frühling* und *Sommer*,
* *Sommer* und *Herbst*,
* *Winter* und *Herbst*.

Warme Farben wirken stimulierend auf den Menschen, der sie trägt, während die kalten Farben eher beruhigend sind. Wir können und sollten die Kräfte sowohl der kalten als auch der warmen Farben für uns nutzen, aber sie gehören nicht beide in die Farb-Palette eines bestimmten Farbtyps. Wollen wir sowohl warme als auch kalte Farben tragen, so können wir die Farben der anderen Paletten jeweils am Unterkörper tragen oder sie in unseren Wohnbereich integrieren.

Farbkombinationen innerhalb der warmen Jahreszeiten, *Frühling* und *Herbst* sowie der kalten Jahreszeiten, *Sommer* und *Winter* sind möglich. Die Mischtypen lassen sich wie die Überschneidungsmenge aus der Mengenlehre erklären. Es sind Menschen, die sich mit ihrer Pigmentierung genau in der Mitte zwischen *Frühling* und *Herbst* oder *Sommer* und *Winter* befinden. Hinzu kommen für die Mischtypen bestimmte Besonderheiten (die später noch näher erläutert werden), die es notwendig machen, dass jeder einen speziellen Farbpass erhält.

Innerhalb eines Farbtyps gibt es zusätzlich noch Varianten, wie den »kräftigen« *Frühling*, dem die kräftigen Farben seiner Palette (Rot, Orange, Grün) am besten stehen, und den »zarten« *Frühling*, dem Apricot, Beige und Pistazie besonders gut stehen. Es gibt den *Sommer*, der mehr in die Blau- und Grünrichtung seiner Palette tendiert, und den *Sommer*, dem die Rosatöne besser stehen. Beim *Winter* haben wir die Variante des kontrastreichen oder die des zarten *Winters* (Eisfarben, keine harten Kontraste).

Jeder Farbtyp begünstigt durch die Farben seiner Palette eine bestimmte Ausstrahlung. Dies kann man besonders bei Frauen bemerken, weil wir Frauen mit unserer Kleidung doch tiefer in den Farbtopf greifen als die meisten Männer. So wirkt die *Frühlings*-Frau durch die Lebendigkeit der Farben meist eher »jugendlich«, die *Herbst*-Frau wirkt durch die Erdigkeit ihrer Farben sehr »fraulich«. Der Mischtyp *Frühling/Herbst* strahlt eine natürliche Erotik aus, die auffällt. Die *Sommer*-Frau hat etwas sehr Feines, Edles. Die *Winter*-Frau wirkt mit ihren Farben eher karriere- und selbstbewusst, und den *Sommer/Winter*-Mischtyp begleitet durch seine dunklen Farben eine gewisse Mystik.

Wir müssen jedoch vorsichtig sein mit Aussagen, die einem Farbtyp eine bestimmte Persönlichkeit geben und meinen: »Der *Frühling* ist dies oder jenes.« Bei jedem Farbtyp sind es die Farben, die eine bestimmte Aussage über das Erscheinungsbild dieses Menschen treffen. Natürlich ist ein Farbtyp von seiner Persönlichkeit her nicht an bestimmte Wesenszüge gebunden und auch nicht an einen bestimmten Kleidungsstil. Es gibt für jeden Farbtyp einen streng klassischen Stil wie es auch einen sportlichen oder avantgardistischen Stil gibt.

Der Stil, den eine Frau tragen kann, ist abhängig von ihrer *Figur*, ihrer *Persönlichkeit* und dem *Anlass* für die richtige Kleidung. Die jeweilige Persönlichkeit eines Farbtyps ist maßgeblich dafür verantwortlich, welche Farben der eigenen Palette bevorzugt werden oder ob nicht vielleicht sogar der herausgefundene Farbtyp total abgelehnt wird. Bei der Beschreibung der einzelnen Farbtypen gehe ich darauf gesondert ein.

Frühling

»Das ist die Drossel, die da schlägt,
Der Frühling, der mein Herz bewegt;
Ich fühle, die sich bald bezeigen,
Die Geister aus der Erde steigen.
Das Leben fließet wie ein Traum
Mir ist wie Blume, Blatt und Baum.«

Theodor Storm

Silke Frank

Frühlinge haben zumeist einen goldenen oder cremefarbenen Hautton. Selten sind sie weißhäutig. Der Goldton ist charakteristisch für diesen Farbtyp. In den Wintermonaten können sie allerdings sehr blass werden, sehen aber mit gelblich getöntem Make-up oder Tagescreme völlig natürlich aus. Auch sogenannte »Afrikanische Erde« (ein unter diesem Begriff bekannter brauner Puder) gibt ihnen ein gesundes, frisches Aussehen. Ihre Haut bräunt meist schnell und hält die Tönung auch wesentlich länger als z. B. die *Sommer*-Haut. Die Farbe der Bräunung erinnert an ein knuspriges Brathähnchen. Leben sie in Sonnenländern, brauchen sie immer nur wenige Strahlen, damit der Teint ihrer Haut einen natürlichen Goldton hält. Bedauerlicherweise wird der *Frühling* jedoch merken, dass er mit den Jahren (ab 30 bis 40) immer langsamer braun wird. Hat der *Frühling* Sommersprossen, intensivieren sie meist ihren Goldton.

Die Haare des *Frühlings* haben einen warmen Grundton. Es ist meist das gelbe Blond der typischen Blondinen oder die Farbe des Honigs – ob hell oder dunkel. Ist das Haar gesund, so hat es immer einen goldenen Glanz in der Sonne, der selbst bei sehr dunklem *Frühlings*-Haar deutlich erkennbar ist. Menschen dieses Farbtyps, bei denen der Melaninanteil im Blut sehr hoch ist, können in der Kindheit kupferrotes Haar gehabt haben, und jetzt ist es mittelblond. Das Gleiche trifft auch auf viele *Herbste* zu. Hier entscheidet die Analyse. Ausgesprochen signifikant für einen flachsblonden *Frühling* ist das Phänomen, dass das Haar ab Mitte dreißig immer dunkler wird. Mit gelbblonden Strähnen können sie das erste Ergrauen abdecken, wobei der *Frühling* in der Regel relativ spät und langsam (ab etwa dem vierzigsten Lebensjahr) ergraut. Ist das Haar ganz grau, so hat

Foto: Hess Natur

es, im Gegensatz zum Schneeweiß des *Sommers* und *Winters*, einen leicht gelblichen Ton.

Bei den Augen des *Frühlings* finden wir die größte farbliche Bandbreite. Die typischsten sind die goldgrünen oder Bernstein-Augen. Sind sie blau, so ist es selten ein kaltes Blau, häufiger haben sie einen leichten Gelbtürkisanteil, wie die Farbe Aqua. Aber es gibt natürlich auch blauäugige *Frühlinge*. Vergleicht man sie jedoch mit den Augen des *Sommers*, werden diese daneben in jedem Fall kühler wirken. Hat der *Frühling* braune Augen (hell, mittel oder dunkel), so steht ihm das Nachdunkeln seiner Haare gut.

Die Farben des Frühlings

Sie sind leuchtend, hell und warm (mit gelbem oder goldenem Grundton). Immer sind die Farben klar, niemals gedämpft oder gar dunkel. Sie müssen so jung und frisch sein wie der *Frühling* in der Natur.

Die Nichtfarben *Schwarz*, *Weiß* und *Grau* kann der Frühlingstyp genauso wenig am Oberkörper tragen wie die ausnehmend kalten Farben *Blau, Indigo, Violett* und *Silber*.

Seine Favoriten sind: *Apricot, Pfirsich, Lachs, Hummer* und *Maigrün*. Es sind Farben mit einer sehr hohen feinstofflichen Schwingungsfrequenz. In Räumen, die in diesen Farben gestrichen sind, fühlt sich jeder für unbegrenzte Zeit behütet und geborgen. Es ist eine ideale Farbgebung für Heilpraxen und Kinderzimmer.

Frühlinge mit starker Couperose oder Akne sind in ihrer Farbpalette eingeschränkt, da alle Rot- und Orangetöne Hautrötungen optisch verstärken.

Ideal-Farben für die Betroffenen sind die Farben *Türkis, helles Maigrün, Beige* und manchmal auch *Gelb*.

Braun

Das Braun sollte hell und warm wie Honig sein. Auch Kamel und Goldbraun stehen ihm gut.

Rot

Ein helles Tomatenrot, Orangerot, das weiche Rot der Koralle sowie das Rot, das die größte Power gibt: das Primär-Rot.

Orange

Alle Orangetöne, wenn sie warm strahlen, sie können auch richtig grell sein.

Gelb

Ein warmes Cremegelb und das Primär-Gelb.

Gold

Gelbgold, nicht grell – aber leuchtend.

Grün

Alle klaren, hellen, leuchtenden Grüntöne, wie das der Knospen und jungen Blätter sowie das Grün der Sekundärfarbe von Johannes Itten.

Türkis

Ein gelbes, helles Türkis, wie Aqua oder die Farbe des strahlenden Himmels.

Blau

Ein eindeutiges Blau gibt es für den *Frühling* nicht, da seine Farben immer einen gelben Unterton haben müssen. Wenn man zu einem hellen Blau Gelb hinzugibt, wird es zum hellen Türkis.

Beige

Die ideale Farbe für den *Frühling*, wenn dieser sich einmal aus seiner Farbenprächtigkeit zurückziehen will. Dann empfiehlt sich ein helles, gelbgoldenes Beige.

Heilfarben, die der Palette fehlen: *Blau, Indigo, Violett, Rosa, Silber, Weiß*.

Ideale Kombinationen mit Farben, die nicht in der Palette sind:

Unterkörper:	Oberkörper (Frühlings-Farben):
Dunkelblau	Orange, Lachs, Goldgelb, Lindgrün, Tomatenrot, Beige
Violett	Rot, Lindgrün, Lachs
Pink	Türkis, Goldgelb, Maigrün, Orange
Rosa	Beige, Kamel, Maigrün
Braun	Kamel, Lachs, Orange, Türkis
Olivgrün	Lindgrün, Tomatenrot
Weinrot	Beige, Goldgelb, Lindgrün, Orange, Türkis

Kombinationen mit *Sommer*- oder *Winter*-Farben sehen besonders einfallsreich aus.

Damit fehlt Ihnen keine der anderen Farbwirkungen. Der *Frühling* sollte darauf achten, seine Palette immer wieder mit den »Kopffarben« Blau und Violett auszugleichen, weil seine Farben weitgehend aus dem Bereich der kräftigen Energiefarben stammen.

Das kann nach einiger Zeit dazu führen, sich »ausgebrannt« zu fühlen. Auch Konzentrationsschwierigkeiten und der Verlust innerer Ruhe können die Folge sein, wenn sich der *Frühling* ständig – und über Jahre hinweg – in den Farben seiner Palette kleidet.

Foto: Hess Natur

Die Erscheinung des Frühlings

Seine Farben verleihen ihm viel Lebendigkeit und Vitalität. Es sind hauptsächlich Farben der unteren Chakras, die ein Optimum an Energie ausstrahlen. Davon profitiert er selbst auf der direkten Ebene, schafft aber auch bei seinen Mitmenschen den Eindruck eines Energiebündels. Durch die Farben strahlt er Jugendlichkeit und Fröhlichkeit aus, ohne dass er noch viel dazutun muss.

Nun könnten alle, die eine frühlingshafte Erscheinung haben wollen, einfach diese Farben tragen. Aber sie würden nicht das gleiche Resultat damit erzielen, weil die Frühlings-Farben einzig mit dem Frühling Harmonie bilden. Ein Sommer oder Herbst würde in den Frühlings-Farben nicht authentisch wirken, sondern »laut«. Der Winter würde so aussehen, als habe er sich zum Karneval verkleidet.

Farb-Persönlichkeit kontra Farbtyp

Der braune und grüne Frühling:
Sie geben sich gern dezent und werden deshalb auf ihre lauten Farben und auf kontrastreiche Kombinationen verzichten. Im warmen Beige, hellen Braun und Blattgrün ihrer Palette werden sie sich am wohlsten fühlen.

Der rote und türkisfarbene Frühling:
Der *Rote* fällt gerne auf und trägt deshalb mit der *Frühlings*-Palette exakt die Farben seiner Persönlichkeit. Er könnte sie zusätzlich noch kontrastreich mit *Sommer*- oder *Winter*-Farben kombinieren.

Der orange Frühling:
Sie wirken in den Farben lebendiger und leichter. Sie werden wahrscheinlich Rot und Orange als Hauptfarbe wählen. *Orangerosa Frühlinge* werden die starken Farben schlichtweg nicht tragen.

Der rosa Frühling:
Ihm sind die Frühlingsfarben viel zu laut, und er wird aus der Palette die sanften Beige- und Apricottöne aussuchen.

Der gelbe und der blaue Frühling:
Beide würden in den Farben bodenständiger wirken. Mit den leichteren Farben der Palette, wie Apricot, Gelb, Beige, fühlen sie sich mehr in Übereinstimmung als mit den kräftigen.

Der Indigo- und violette Frühling:
Mit wachsender spiritueller Entfaltung werden sie auf Rot verzichten und sich mehr und mehr in zarten *Frühlings*-Farben kleiden.

Herbst

»Dies ist ein Herbsttag, wie ich keinen sah!
Die Luft ist still, als atmete man kaum,
Und dennoch fallen raschelnd, fern und nah,
Die schönsten Früchte ab von jedem Baum.
O stört sie nicht, die Feier der Natur!
Dies ist die Lese, die sie selber hält.
Denn heute löst sich von den Zweigen nur,
Was vor dem milden Strahl der Sonne fällt.«

Friedrich Hebbel

Die Haut des *Herbstes* ist meist sehr hell, fast weiß mit einem zarten Hauch von Rosa. Deshalb wird er gern mit dem *Sommer* verwechselt. Der *Herbst* hat jedoch meist Sommersprossen, die sogar im Winter deutlich sichtbar bleiben können. Die *Herbsttypen* sind oftmals noch nie in ihrem Leben braun geworden und vertragen die Sonne auch nicht. Es gibt aber auch die Ausnahme des *Herbstes,* der schnell und tief braun wird. Er hat nur in seltenen Fällen Sommersprossen. Der Teint hat dann – wie beim *Frühling* – einen goldbraunen Ton.

Gitti Scheiber

Die Haare des *Herbstes* sind so unterschiedlich, wie die keines anderen Farbtyps. Ist er blass mit Sommersprossen, so hat er meist feuerrotes Haar, wie wir es von den Iren kennen. Oft hat das Haar auch einen Aschton, was auf den ersten Blick wiederum an einen *Sommer* erinnert. Das Rot verliert sich aus manchem *Herbst*-Haar mit den Jahren völlig. Der *Herbst* kann aufgrund seiner Haarfarbe an jeden anderen Farbtyp erinnern und wird deshalb auch oft falsch analysiert.

Die Farbe des *Herbst*-Haares erinnert an dunklen Honig und weist – wie bei den *Frühlingen* – einen goldenen Schimmer auf. Einige haben aber sogar tief dunkelbraune Haare und werden deshalb auch gern für einen *Winter* gehalten. Die *Winter*-Farben machen den *Herbst* jedoch hart und streng. In der Übergangszeit zum grauen Haar wirkt er nicht attraktiv, da das Grau, vermischt mit dem warmen Ton, der Frisur einen stumpfen Ausdruck verleiht. Hier ist eine rote Tönung, die dem *Herbst* überhaupt immer gut steht, sehr geeignet, dem Haar Glanz zu verleihen. Ist das Haar ganz ergraut, hat es einen sehr schönen warmen Ton.

Foto: Hess Natur

Die Augen des *Herbstes* sind im wahrsten Sinne des Wortes Spiegel seiner Seele. Sie sind sehr ausdrucksvoll und wechseln die Farbe je nach Stimmung. Die meisten *Herbste* haben braune Augen, wobei das Braun sehr vielfältig sein kann. Es ist goldenes Bernstein, Haselnussbraun, helles oder dunkles Rotbraun oder ein Braun, das fast schwarz wirkt. Die Grünvarianten der *Herbst*-Augen sind Oliv- oder Avocadogrün mit goldenen Flecken (sog. Katzenaugen) und ein Türkis, das mehr grün als blau ist. Sehr interessant sehen sie mit petrolfarbenen Augen aus, was allerdings selten vorkommt.

Die Farben des Herbstes

Man stelle sich einen Waldspaziergang im Herbst vor, und schon hat man das ganze Spektrum der *Herbst*-Palette vor Augen. Es sind tief warme und goldene Farben (mit einem gelben Unterton), die nicht leuchten.

Im Gegensatz zum *Frühling* und *Sommer* sind es die dunklen Töne, die ihm am besten stehen. Seine hellsten Farben sind ein mittleres Beige und Dottergelb. Die Nichtfarben, Schwarz, Weiß und Grau, kann er am Oberkörper ebenso wenig tragen wie die ausnehmend kalten Farben Blau, Indigo, Blauviolett und Silber.

Herbst-Frauen werden nach der Farbanalyse mehr oder weniger starke Veränderungen in ihrer Beziehung zu sich selbst wahrnehmen können, weil der größte Teil der *Herbst*-Farben der farbliche Ausdruck der unteren Chakras ist, was Erdigkeit und weibliche Energie unterstützt.

Braun

Alle Brauntöne sind ausnahmslos ideal.

Rot

Tiefes, dunkles Rot mit einem gelben Unterton, Ziegelrot, aber auch das gleiche Weinrot oder Bordeaux wie das des *Sommers* und des *S/W*-Mischtyps.

Orange

Etwas gedeckt – nicht so leuchtend wie das des *Frühlings*.

Gelb

Goldenes Sonnengelb, Dottergelb, Maisgelb.

Gold

Warmes Gold mit stärkerem Rotanteil; es sollte nicht glänzen.

Grün

Das Grün darf nicht leuchten; dunkles Olive ist ideal.

Petrol

Es ist eigentlich ein mit Grau, Blau und Gelb abgemischtes Türkis. Wir können es auch Blaugrün nennen, das einmal mehr ins Grün und einmal mehr ins Blau gehen kann. Es ist die einzige Blau-Variante des *Herbstes*.

Violett

Ein Violett, das durch eine Komplementärmischung entstand (Gelb oder Orange plus Violett) und dadurch fast ins Braun geht.

Beige

Dunkles, gedecktes Beige bis zu einem Fuchsbraun.

Heilfarben, die der Palette fehlen: *Blau, Indigo, Blauviolett, Silber, Rosa* und *Weiß*.

Herbst-Kinder sollten keinesfalls dazu angeregt werden, »ihre« Farben zu tragen, da ihnen die dunklen, gedeckten Töne der Palette nicht guttun. Kinder sollten sich (immer) ihre Lieblingsfarben unter den Spektralfarben selbst aussuchen dürfen.

Foto: Hess Natur

Ideale Kombinationen mit Farben, die nicht in der Palette sind:

Unterkörper:	Oberkörper (*Herbst*-Farben):
Hell- bis Dunkelblau	Orange, Gelb, Braun, Weinrot
Violett	Orange, Gelb, Olive, Senf, Weinrot
Rosa, Mint	Braun, Petrol, Orange
Frühlings-Farben	alle *Herbst*-Farben

Kombinationen mit *Frühlings*-Farben geben den dunklen *Herbst*-Farben Lebendigkeit und stimmen im Ton überein. Der *Herbst* sollte seine Garderobe immer wieder mit hellen Farben und kühlen (blaugrundigen) Farben kombinieren. Allein die *Herbst*-Farben zu tragen, führt zu einer gewissen »Schwere«. Besonders Menschen, die zu Depressionen und Übergewicht neigen, brauchen den Ausgleich mit hellen, leichten, freundlichen Farben. Blau und Violett verstärken außerdem die Konzentrationsfähigkeit.

Die Erscheinung des Herbstes

In ihren Farben wirken die *Herbsttypen* naturhaft erdig. Sie strahlen Beständigkeit, Ruhe und Tiefe aus. Manche, gerade analysierte *Herbste* sind entsetzt über das Ergebnis, weil sie die Palette als »Alte-Leute-Farben« empfinden. Dass Braun ein so negatives Bild anhaftet, ist schade, weil es eigentlich sehr viel Behaglichkeit, Wärme und Natürlichkeit ausstrahlt.

Farb-Persönlichkeit kontra Farbtyp

Der braune und grüne Herbst:
Es sind Menschen, für die die *Herbstpalette* gemacht worden zu sein scheint. Sie wirken mit ihren Farben vollkommen identisch. Sie sollten jedoch darauf achten, dass ihnen die Eleganz mit den *Herbst*-Farben nicht verloren geht. Es ist nicht selten, dass der *Herbst* mit den neuen Farben zur Persönlichkeit des *braunen* Charakters findet.

Der rote und türkisfarbene Herbst:
Beide werden die Farben zu konservativ und »schwer« finden. Sie können mit den Farben erst etwas anfangen, wenn sie ihr inneres Feuer gezügelt haben. Dennoch werden sie immer mit klaren *Winter-* und *Frühlings-*Farben oder mit Schwarz kombinieren.

Der orange Herbst:
Mit seinen Farben kann er seine Sinnlichkeit unterstreichen und wird deshalb sehr glücklich mit seiner Palette sein.

Der rosa Herbst:
Die dunklen Farben könnten ihm eine gute Möglichkeit zum »Verstecken« bieten. Brauntöne produzieren generell eine gewisse Sanftheit.

Der gelbe und blaue Herbst:
In den erdigen Farben fühlen sich beide nicht recht zu Hause.

Der Indigo- und violette Herbst:
Sie haben durch die Farben mehr Verbindung mit der Erde und werden über diese Erfahrung froh sein.

Frühling/Herbst-Mischtyp

»Genug ist nicht genug!
Mit vollen Zügen schlürft
Dichtergeist am Borne des Genusses,
Das Herz, auch es bedarf des Überflusses,
Genug kann nie und nimmermehr genügen!«
Conrad Ferdinand Meyer

Rainhild Appel

Die *Frühling/Herbst* (F/H)-Mischtypen sehen in ihrem Erscheinungsbild teilweise wie *Frühlinge* und teilweise wie *Herbste* aus. Erst durch die Farbanalyse kann festgestellt werden, dass ihnen die besonders leuchtenden *Frühlings*-Farben nicht stehen. Diese Farben wirken an ihnen aufdringlich. Testet man dann die dunklen warmen Farben – die den *Herbst* besonders gut kleiden – an ihnen aus, so wird man sehen, dass auch diese unvorteilhaft für sie sind. Sie lassen sie alt und finster erscheinen. Den Mischtypen stehen die hellen *Herbst*-Farben, die warmen Korallen-Töne und die dunkleren Töne des *Frühlings*.

Der F/H-Mischtyp ist als eigenständiger Farbtyp zu sehen, der häufiger vorkommt als der »reine« *Herbst*. Manche Beraterinnen bezeichnen ihn auch als »hellen *Herbst*«, was allerdings paradox ist, denn gerade die dunklen Farben sind für den *Herbst* charakteristisch und besonders kleidsam. Wenn diese Menschen als *Herbsttyp* analysiert werden, tragen sie von sich aus nur die helleren Farben der Palette. Insofern hat diese Art Falschanalyse keine allzu negativen Konsequenzen. Tragen sie hingegen fälschlicherweise die Farben des *Frühlings*, so nehmen sie sich die eigentliche Schönheit ihrer Ausstrahlung. Häufig entspricht die Bräunung des *F/H-Mischtyps* eher der des *Frühlings*, das heißt, er

Foto: Hess Natur

bräunt wesentlich leichter und wird dunkler als der *Herbst*. Sehr oft hat er Sommersprossen.

Die Haare des Mischtyps haben die Farbe des Honigs, sind mittelbraun oder goldfarben. Bei Färbungen stehen ihnen warme Rottöne am besten.

Bei den Augen des Mischtyps finden wir, wie beim *Frühling*, eine sehr große farbliche Bandbreite. Die typischsten sind goldgrüne oder Bernstein-Augen. Hat er braune Augen, können sie hell-, mittel- oder dunkelbraun sein.

Die Farben des F/H-Mischtyps

Die Farben dieses Mischtyps, der genau in der Mitte zwischen *Frühling* und *Herbst* liegt, haben einen gelben Unterton, sind somit warme Farben. Sie sind aber nicht so leuchtend wie die des *Frühlings*, sondern gedeckt. Damit sind sie mit einigen *Herbst*-Farben identisch, dürfen aber wiederum nicht so dunkel sein wie die Idealfarben des *Herbstes*. Beispiele hierfür sind *Kaki*, *Pistazie*, ein *mattes Orange* und *Beigetöne*.

Hinzu kommt, dass ihnen Farben, die etwas Blau enthalten, wie *Türkis*, *Blau-Petrol* und warme *Rosatöne* (Hummer), nicht stehen.

Braun
Kamelhaar, Mittelbraun, Terrakotta, Honig, Goldbraun

Rot
Ziegelrot, Koralle, kein grelles Tomatenrot, kein dunkles Bordeaux

Orange
Gedeckte Töne

Grün
Kein grelles *Frühlings*-Grün, kein dunkles Oliv, stattdessen dunkles Grasgrün, helles Kaki, mattes Hellgrün

Beige
Sand, gedeckte Töne

Gelb
Goldgelb und Dotterblumengelb, Maisgelb

Apricot
Ein dunkleres, gedämpftes Apricot

Blautöne
Helles Petrol, nicht leuchtend

Heilfarben, die der Palette fehlen: *Dunkelblau, Indigo, Violett, Rosa, Silber, Weiß.*

Ideale Kombinationen mit Farben, die nicht in der Palette sind:

Unterkörper:	Oberkörper (Frühling/Herbst-Farben):
Hell- bis Dunkelblau	Orange, Braun, Ziegelrot, Beige
Violett	Orange, Kaki, Senf, Ziegelrot
Rosa	Kamelbraun, Kaki
Mint	Helles Petrol, Orange

Kombinationen mit reinen *Frühlings-* oder *Herbst*-Farben bilden immer eine gelungene Farbharmonie. Mit *Sommer-* oder *Winter*-Farben kombiniert, wirkt besonders interessant.

Die Erscheinung des F/H-Mischtyps

In ihren Farben erwecken besonders die Frauen unter den *Frühling/Herbst*-Mischtypen einen Eindruck von natürlicher Erotik. Die Farben sind warm, hell und freundlich, und so wirken auch die Menschen, die sie tragen. Im Grunde sind es die dezentesten Farben der warmen Jahreszeiten, was natürlich auch den Mischtypen selbst Dezenz verleiht.

Farb-Persönlichkeit kontra Farbtyp

Der braune und grüne F/H:
Ihnen bieten die Mischtyp-Farben die ideale Harmonie zu ihrem Wesen. Sie sind mit ihren Farben vollkommen identisch.

Der rote und türkisfarbene F/H:
Beide werden ihre Farben wahrscheinlich zu langweilig finden. Ihnen sei geraten, sie im Kontrast mit Winterfarben zu kombinieren.

Der orange F/H:
Mit seinen Farben kann er seine Sinnlichkeit unterstreichen und wird deshalb sehr glücklich mit seiner Palette sein.

Der rosa F/H:
Er wird mit seiner Palette in seiner Ausstrahlung von Sanftheit und Zurückhaltung unterstützt. Allerdings kann ihm passieren, dass er diesem Image schwer entrinnen kann, falls er es einmal vorhat.

Der gelbe und blaue F/H:
In den erdigen Farben fühlen sich beide nicht recht zu Hause. Allerdings fällt es ihnen leichter, diese Palette anzunehmen als die des *Herbsttyps*.

Der Indigo- und violette F/H:
Die Farben entsprechen ihrer Zurückhaltung und verbinden sie darüber hinaus mit der Erde.

Sommer

»Vor dem weit geöffneten Fenster
spazieren die bunten Hähne barfuß im grünen Re-
gen. Vom alten Turm plätschert der Mittag.
Die Bastei, mit Krone und Schlüssel geziert,
blickt zaghaft nach dem Haupttor der steinernen
Löwen. Sie schlafen tausend Jahre.
In den flüsterigen Linden ist nichts Erhabenes.
Doch sind sie lieb wie die Zartheit einer einfachen
Frau. Auf den laubfarbenen Hauben der Teiche
singen die Fösche. Drüben im schattendunklen
Weidenwald trinken sich die Mädchen tief in den
Brunnen der heurigen Rosen.«

H. C. Artmann

Sommertypen haben zumeist eine sehr zarte, durchscheinende Haut. Durch den hohen Hämoglobinanteil wirken sie rosig und haben manchmal – besonders bei Kälte – einen leicht blauen Hautunterton. Ihre Haut scheint dünner als die anderer Farbtypen zu sein. Deshalb erröten sie auch sehr leicht, wenn sie verlegen sind. Die Röte kommt ganz unwillkürlich, ohne dass sie sie kontrollieren könnten. Bei den *Sommern* tritt die Couperose (Äderchen, die an die

Sigrid Nagel

Hautoberfläche gelangen und wie »Rotbäckchen« aussehen) verstärkt auf. Couperose ist ein Sonderthema bei der

285

Farbtypbestimmung. Die Farben der *Sommer*-Palette Mint, Hellblau und Flieder drängen die Couperose bei der Analyse immer zurück. So passiert es oft, dass jemand zum *Sommer* »gemacht« wird, nur weil durch die *Sommer*-Farben Rötungen zurückgehen. Die Haut darf natürlich nicht alles sein, worauf bei der Farbberatung geachtet wird. Wenn die Person kein *Sommer* ist, wird gleichfalls auch ihre natürliche

Sigrid Nagel

Ausstrahlung zurückgedrängt. Die meisten *Sommer* sind sehr hellhäutig. An den hellsten Körperstellen sind kleine rosafarbene Kreise unter der Haut zu sehen. *Sommer* werden sehr langsam oder gar nicht braun und bezahlen jedes Sonnenbaden mit einem – zumindest leichten – Sonnenbrand. Die empfindlichste Körperpartie ist um das Brustbein herum. Wenn ihnen heiß wird – in der Sauna oder bei angeregtem Kreislauf –, werden sie krebsrot. Aber wie bei allen Farbtypen gibt es auch unter den *Sommern* Ausnahmen, die dunkle rosabeige Haut haben, die schnell bräunt und dann zu einem schönen indianischen Teint (Bronze) führt.

Fragen wir einen *Sommer* nach seiner Haarfarbe, so können wir – milde ausgedrückt – »aschblond« hören. Viele gehen weiter und bezeichnen ihre Haare mit abfälligen Ausdrücken wie »Straßenköter-Blond«, »Asphalt-Farbe«, »Mausfarbe«, »farblos«, »schmutzig« u.a. Für die weiblichen *Sommer* ist charakteristisch, dass sie schon seit frühester Jugend mit ihrer Haarfarbe experimentieren. Auch gibt es keinen anderen Farbtyp, der so viele angebliche Probleme mit seiner Frisur hat, wie der *Sommer*. Was

Sommertypen vor der Farbberatung natürlich nicht wissen, ist, dass das Problem hauptsächlich an den falschen Farben liegt, die sie tragen. Dadurch sieht das Haar fad und farblos aus. Tragen die *Sommer* »ihre Farben«, passt das aschige Blond oder Braun der Haare wunderbar dazu.

Sommer wirken in den zarten Farben ihres Typs sehr edel. Mit ihrem hohen Hämoglobin- und dem gleichermaßen hohen Melaninanteil besitzen sie ein hohes Maß roter Pigmente im Haar. Durch UV-Strahlung sieht das Haar dann rotbraun aus, was häufig zu Verwechslungen mit dem *Herbsttyp* führt. Beim Prozess des Ergrauens steht der *Sommer* – nach dem *Wintertyp* – an zweiter Stelle, sieht damit aber sehr attraktiv und elegant aus. Wenn das Haar des *Sommers* immer kurz gehalten wird, dunkelt es stark nach, sodass es mit der Zeit fast schwarz wird. Das ist einer der Gründe, warum *Sommer*-Männer fälschlicherweise manchmal zum *Winter* »gemacht« werden. Ein anderer Grund ist, dass so manche Farbberaterin Schwierigkeiten hat, sich einen Mann in den zarten *Sommer*-Farben vorzustellen, und ihn deshalb zum *Winter* analysiert. *Winter*-Farben machen einen Mann markanter, *Sommer*-Farben machen ihn im Ausdruck zarter.

Foto: Hess Natur

Sommer-Augen sind überwiegend klar blau oder aquamarin. Mit diesem Blauton bezeichnet man sie auch als »Wasseraugen«. Sehr oft sind sie haselnuss- oder dunkelbraun, besonders bei Dunkelhaarigen. Andere sind tief blaugrau oder graugrün. Das Weiß des Augapfels kontrastiert (im Gegensatz zu dem des *Winters*) nicht sehr mit der Iris. Es ist eher cremig als schneeweiß.

Die Farben des Sommers

Es sind weiche, gedämpfte, »pudrige«, helle Farben. Sie werden auch als kühle Farben bezeichnet, weil ihnen der gelbe Unterton fehlen soll. Die »Pudrigkeit« entsteht aber durch kleine Mengen (bis 10 %) von Gelb. Die Farben wirken ungefähr so, als würde man zarte Pastelltöne nehmen und überall mit einem dicken Pinsel voll beigem Puder darüber gehen. Beigetöne (mit Ausnahme des leuchtenden gelben Beige) sind deshalb auch überaus ideal für den *Sommer*, weil es Kompositionen unterschiedlicher Puderfarben sind. Farben, die diesen Effekt nicht haben, gehören nicht in die *Sommer*-Palette (sondern zum *Winter* oder S/W-Mischtyp). Die meisten *Sommer*-Paletten, die auf dem Markt zu finden sind, enthalten nur höchstens zu einem Drittel Farben des *Sommertyps*. Die restlichen sind *Winter*-Farben. Es fehlt ihnen die gedeckte Pudrigkeit.

Rosa
Des *Sommers* Favorit: Beigerosa, graues Rosa, Pastellrosa, Altrosa, Rosenholz. Sein Rosa ist auf keinen Fall so leuchtend wie das des *Winters*.

Braun
Mit Rosa-Anteil, wie Rostbraun oder Rosabraun, auch ein stumpfes Graubraun gehört zu seinen Brauntönen.

Rot
Bordeaux – auch Weinrot genannt; Malve sowie das zarte Rot der Himbeere (kein reines Rot).

Gelb

Ein sehr helles Gelb, das fast identisch ist mit dem Gelb-beige des *Frühlings*. Das Gelb muss (durch leichten Grau-wert) »gedeckt« sein.

Grün

Ein graues Blaugrün und das Grün der Jade oder das von Schilf.

Blau

Pastellblau, Taubenblau und das Blau des Himmels, wenn er etwas »diesig« ist.

Violett

Ein zartes Flieder, das mehr in die blaue oder in die rosa Richtung geht.

Weiß

Kein anderer Farbtyp kann das Wollweiß so gut tragen wie der *Sommer*. Reines Weiß ist zu grell für ihn.

Beige

Alle Beige-Varianten, mit Ausnahme des leuchtenden, gel-ben Beige.

Grau

Grau kann die Farbe der Grundgarderobe des *Sommers* wer-den. Es muss hell sein und kann zarte Tönungen ins Rosa, Mint oder Blau aufweisen. Manchen *Sommern* steht sogar ein dunkles Steingrau bis Anthrazit.

Silber

Es sollte nicht stark oder gar nicht glänzen.

Heilfarben, die der Palette fehlen: *Rot, Orange, Sonnengelb, Blattgrün, Türkis, Gold.* Damit fehlen dem *Sommer* alle »Energiefarben«. *Sommer*-Kinder sollten nicht dazu angeregt werden, »ihre« Farben zu tragen. Ausnahmen sind: Rosa, Hellblau, Hellgelb und Flieder. Die stark abgepuderten Farben wirken sich ungünstig auf ihre Vitalität aus. Sie sollten unter den Spektralfarben selbst auswählen dürfen.

Ideale Kombinationen mit Farben, die nicht in der Palette sind:

Unterkörper:	Oberkörper (die *Sommer*-Faben):
Klares Rot	Mint, Grau, Beige, Wollweiß, Bordeaux
Orange	Mint, Grau, Blau, Flieder
Violett	Flieder, Himbeere, Malve, Hellgelb
Braun	Rosa, Rosenholz, Hellblau
Petrol	Mint
Lind- und Blattgrün	Rosa, Flieder

Kombinationen mit allen *Winter*-Farben bilden eine Harmonie mit den *Sommer*-Farben.

Die *Sommer* sollten bei den Farben für die Kleidung des Unterkörpers unbedingt so oft wie möglich zu den Energiefarben Rot, Orange und Blattgrün greifen, da sie sonst deutlich an Kraft und Vitalität verlieren.

Die Erscheinung des Sommers

Die zarten pastelligen Farben des *Sommers* lassen ihn selbst auch zart erscheinen. Besonders bei *Sommer*-Männern ist auffällig, dass sie in ihren Farben wesentlich weicher als beispielsweise in *Winter*-Farben wirken. Auf keinen Fall bedeutet es jedoch, dass der *Sommer* ein zarter Mensch *ist*, die Farben lassen ihn lediglich so erscheinen. Korpulente Menschen wirken in *Sommer*-Farben dünner und leichter. Laute und heftige (»rote« Menschen) wirken gemäßigter. Die Farben bewirken vornehme Zurückhaltung und vermitteln vorrangig Eleganz. Die Palette produziert durch das Ineinanderlaufen der Farben aus der gleichen Farbfamilie ein edles Erscheinungsbild.

Farb-Persönlichkeit kontra Farbtyp

Der braune und grüne Sommer:
Beide befinden sich mit ihrer Schwingung im (gelbtonigen) Erdreich, während die *Sommer*-Farben den Elementen Wasser und Luft angehören. Um alle drei Elemente zu verbinden, sollte der Sommertyp mit Weinrot, Braun und Holzschmuck kombinieren.

Der rote und türkisfarbene Sommer:
Für beide ist die Palette dann ideal, wenn sie den »*Wolf im Schafspelz*« spielen wollen. Wenn der *rote* und, erst recht, der *türkisfarbene* Mensch die *Sommer-Palette* als ihre Farben akzeptieren, entsteht eine interessante Spannung zwischen ihrer Expressivität und den sphärischen Farben. Doch in den meisten Fällen werden sie entsetzt von einer Farbberaterin zur nächsten laufen, bis sie eine gefunden haben, die sie zum *Winter* »macht«.

Der orange Sommer:

wird von sich aus am Unterkörper dunkle Farben (am besten Schwarz) tragen, die ihn interessanter erscheinen lassen. Generell wird er jedoch mit der Palette nicht glücklich werden. Für ihn sind die Farben nicht erotisch genug. Ausnahme: Die *rosaorange Sommer*-Frau. Sie ist eine begehrte Männer-Fantasie, weil sie Zartheit mit erotischer Ausstrahlung verbindet. Sie sieht in den Sommer-Farben überaus sexy aus (siehe Kylie Minoque).

Romy Köster als rosaorange
Farb-Persönlichkeit.

Der rosa Sommer:

Diese Farb-Persönlichkeit sieht in ihrer Palette ausnahmslos wunderschön aus. Sie wünscht die Vitalität gar nicht, die sie mit anderen Farben ausdrücken könnte. Nein, sie fühlt sich wohl in den sphärischen Klängen ihrer Palette. Diese ist eigens für die rosa Persönlichkeit geschaffen. Vorsicht jedoch bei Energieverlust! Dann sollten Sie zusätzlich dringend zu den Energiefarben greifen.

Der gelbe und blaue Sommer:

Ihnen gefällt das feine, edle Aussehen, womit sie ihr Wesen ideal ausdrücken.

Der violette und Indigo-Sommer:

Ihnen gefallen die Ruhe, Ausgewogenheit und Zurückhaltung der Farben.

Winter

»Verzeicht, ihr warmen Frühlingstage,
Ihr seid zwar schön, doch nicht für mich.
Der Sommer macht mir heiße Plage,
die Herbstluft ist veränderlich;
drum stimmt die Liebe mit mir ein:
Der Winter soll mein Frühling sein.«

Johann Christian Günther

Vorrangiger Hautton der *Wintertypen* ist ein helles bis dunkles Oliv, das erst mit Sonnenlicht deutlich wird. Erhält die Haut keine Sonne, wirkt sie etwas gräulich, manchmal gelbgräulich. In der Regel werden sie so schnell braun, dass man dabei zuschauen kann. Als Unterton tritt dann das Oliv hervor, oder sie werden graubraun, schwarzbraun oder rotbraun. Bei den meisten *Wintern* hält sich der braune Teint lange, bei einigen verliert er sich sofort wieder. *Winter* können als Kinder weißblonde und auch

Petra Haasmann

gelbblonde Haare gehabt haben und sind als Erwachsene schwarzhaarig. Ungefähr ein Prozent aller *Winter* sind auch als Erwachsene blond. Dies ist dann jedoch ein Weißblond oder ein helles Blond, meliert mit weißen Haaren. In der Regel sind sie dunkel- bis schwarzhaarig und ergrauen ausgesprochen früh. Zwischen 25 und 30 Jahren grau zu werden, ist bei ihnen keine Seltenheit. Allerdings wirkt dies an ihnen sehr attraktiv, ohne sie älter zu machen. *Winter* sollten keinesfalls das Experiment wagen, sich das Haar gelbblond färben zu lassen oder es mit blonden Strähnen aufzuhellen. Ist das *Winter*-Haar im Ganzen ergraut, wird es silberweiß und wirkt majestätisch.

Braune Augen sind beim *Winter* vorherrschend. Sie sind gold-, haselnuss-, dunkel- und schwarzbraun. Einige *Winter*-Augen ähneln der Haut einer Forelle mit dunklen, braunschwarzen und blauschwarzen Flecken und Streifen. Die blauen Augen des *Winters* sehen aus wie das klare Blau, das wir von Film-Westernhelden kennen, oder ein dunkles Blau, das zu Indigo tendiert. Grundsätzlich bildet das Weiß des Augapfels beim *Winter* immer einen starken Kontrast zur Iris.

Foto: Hess Natur

Die Farben des Winters

Sie haben die Palette mit den meisten Heilfarben. Keine ihrer Farben ist auch nur eine Spur »gedeckt«. Wir finden darin die reinen Grundfarben entsprechend dem goetheschen Farbenkreis (mit Ausnahme von Orange). Wenn der *Winter* auf Schwarz, Weiß und Grau in der Kleidung verzichtet, lebt er immer in den Schwingungsfrequenzen der Farbheilung. Wenn er dann auch noch zu seinen Farben Orange, Braun und Gold kombiniert und all seine Farben bewusst einsetzt, kann er ein Optimum für seine geistige und körperliche Entwicklung erreichen – einfach über die Kleidung. Seine Palette schließt auch die Farben Magenta und Türkis ein.

Ideal sind für den *Winter* Kontraste: entweder Farbkontraste (z. B. Magenta oder Royalblau mit Grün, Rot mit Violett oder Türkis, Gelb mit Blau, etc.) oder Hell-Dunkel-Kontraste. Natürlich steht – von allen Farbtypen – nur ihm allein der Schwarz-Weiß-Kontrast.

Rot
Das reine Primär-Rot entsprechend dem Itten'schen Farbenkreis sowie alle anderen klaren Blaurottöne.

Pink
Helles Rosa bis zu leuchtendem Pink.

Purpur
Dunkler, kräftiger und intensiver als Pink: Magenta.

Gelb
Das reine Primär-Gelb und leuchtendes Zitronen-Gelb.

Grün
Alle klaren Grüntöne, denen man noch einen Schuss Blau hinzugefügt hat, und das Primär-Grün.

Türkis
Das Blautürkis der Arizona-Türkise.

Blau
Vom hellen Himmelblau zum Royalblau und dunklen Marineblau.

Indigo
Als einzigem Farbtyp steht es dem *Winter*.

Violett
Vom hellen Flieder bis zum magischen Blauviolett.

Silber
Glänzend und hell sollte es sein.

Weiß
Nur reines Weiß – wie Kreide – kommt in Frage.

Eis-Farben
So nennt man sehr helle Farben, die nicht eisig, sondern fast weiß sind. Es gibt sie in den Nuancen mit Rosa, Hellgelb, Hellblau, Helltürkis, Hellflieder.

Grau
Alle Grautöne, solange keine Nuance eines gelblichen Tons darin enthalten ist. Das Grau muss »kalt« und klar sein.

Schwarz
Tiefes Schwarz wie das von Samt.

Heilfarben, die in der Palette fehlen: *Braun, Orange, Gold*. *Gold* als Schmuck passt wunderbar auf *Dunkelblau, Violett, Rot, Weinrot, Blaugrün* und auf *Schwarz*.

Ideale Kombinationen mit Farben, die nicht in der Palette sind:

Unterkörper:	Oberkörper (die *Winter*-Farben):
Braun	Rosa, Pink, Hellblau, Weiß, Dunkelblau, Türkis
Beige	Dunkelblau, Weiß
Oliv	Rosa, Türkis
Orange	Magenta, Grau, Dunkelblau, Flieder
Lind- und Blattgrün	Rosa, Flieder

Die Erscheinung des Winters

Da die *Winter*-Farben klar und stark sind, erscheinen auch die Farbtypen, die sie tragen, selbstsicher und klar. Sie vermitteln das Bild des karrierebewussten, durchsetzungsfähigen Menschen. Auch hier sind es wieder nur die Farben, die den Menschen so *erscheinen* lassen. Trägt allerdings ein Nicht-*Winter*, die gleichen Farben, so wirkt er wie ein »wandelnder Kleiderständer«. Einzig der *Winter* kann die *Winter*-Farben gut tragen. Er sieht darin weder verkleidet aus, noch wirkt er in den auffälligen Farben auffällig.

Foto: Hess Natur

297

Farb-Persönlichkeit kontra Farbtyp

Der braune und grüne Winter:
Es ist wahrscheinlich, dass sie das Ergebnis der Farbanalyse erst einmal ablehnen und vielleicht auch bei der Ablehnung bleiben. Denn im Grunde ist es ein Widerspruch,
dass ein zurückhaltender Mensch Farben trägt, die starke
Akzente setzen.

Der rote und türkisfarbene Winter:
Sie tragen mit ihrer Palette genau die Farben, die sie repräsentieren, ihre Persönlichkeit optimal zur Geltung bringen.

Der orange Winter:
Er nutzt gern den Schwarz-Rot-Kontrast, was aber eher seine
sexuelle Komponente als seine Sinnlichkeit bekundet.

Der rosa Winter:
Er wird von den Farben »erschlagen« und hält sich – wenn
überhaupt – bei den hellen und den Eis-Farben auf, oder
seine Hauptfarbe aus der Palette wird das Rosa.

Der gelbe und blaue Winter:
Er wird auf Farbkontraste verzichten und stattdessen Hell-
Dunkel-Kombinationen wählen, die aber auf keinen Fall zu
ausgeprägt sein dürfen. Zusätzlich kombiniert er hauptsächlich mit Dunkelblau.

Der violette und Indigo-Winter:
Sie tragen die Palette, wenn sie die Farbenkräfte (Heilfarben) für sich nutzen wollen. Die *violette* Persönlichkeit wird
verstärkt Schwarz tragen, der *Indigo*-Mensch eher Weiß.

Sommer/Winter-Mischtyp

»Im Winter gilt meine Liebe
mehr noch den Möwen als den Fischen,
und mein Erinnern vereint sich mit der Hoffnung,
die weiße Scheibe des Mondes wiederzufinden.«
Christoph Meckel

Die *Sommer/Winter*-Mischtypen wirken auf den ersten Blick wie *Wintertypen* und werden bei der Bestimmung auch meist dazu »gemacht«. Allerdings gibt es einige wesentliche Unterschiede. Fragen wir sie z. B. danach, mit welchem Alter ihr Haar zu ergrauen begann, hören wir zwischen 30 und 40 Jahren (und nicht im Alter zwischen 20 und 30, wie beim *Winter*). Bei manchen von ihnen hat man den Eindruck, sie könnten die Farben beider Farbtypen (*Sommer* und *Winter*) tragen und wären im Ausdruck einfach jeweils eine andere Person.

Ulrike Claar

Manche *Sommer/Winter* haben eine sehr helle, fast weiße Haut, die ihnen zusammen mit schwarzen Haaren ein »schneewittchenhaftes« Aussehen verleiht. Sie haben eine Alabasterhaut und viele von ihnen werden in der Sonne überhaupt nicht braun. Im Allgemeinen (zu 80 %) kann man sagen, dass die Mischtypen immer sehr blass sind.

Sie neigen dann auch zu bläulichen Augenringen und blau-roten Lippen.

Den außergewöhnlich weißen Augapfel, der eines der Erkennungsmerkmale für den *Winter* ist, hat der Misch-typ nicht aufzuweisen. Auch hat er nicht die starken Au-genbrauen, die wir beim *Winter* (aber auch beim *Frühling*) finden. Insgesamt ist seine Physiognomie zarter als die des Winters und nicht so sphärisch wie die vom *Sommer*.

Diese Merkmale allein genügen natürlich nicht, einen Mischtyp zu erkennen und mit Sicherheit festzulegen. Wie-derum können wir erst durch eine fachgerechte Analyse sehen, dass das Hautbild keinesfalls den warmen Jahres-zeiten entspricht, der Person die kräftigen *Winter*-Farben (wie Pink und Rot sowie Schwarz und Schneeweiß) jedoch auch nicht stehen. Sie wird durch die Farben verdrängt. Andererseits lassen die besonders zartpudrigen *Sommer*-Farben sie kränklich aussehen.

Die Farben des S/W-Mischtyps

Das prägnanteste dieses seltenen Farbtyps ist, dass ihm am besten dunkle Farben stehen, wie Dunkelblau, Bordeaux, Aubergine, Dunkelgrün, Dunkelviolett, Dunkelgrau. Aber auch Farben, die sowohl vom *Sommer* als auch vom *Winter* getragen werden, gehören in seine Palette. Es sind dies: das *klare Rosa*, *helles Blau*, *helles Gelb*, *helles Grau* und *Steingrau*. Keine dieser Farben ist stark abgepudert. Ebenso darf keine der Farben so stark leuchten wie die des *Winters*. Schwarz wird durch Anthrazit und Schneeweiß durch Wollweiß ersetzt.

Blau
Dunkelblau, Himmelblau, Jeansblau.

Rot
Bordeaux, Malve, gedecktes Rot.

Rosa
Nicht zu hell, klar und nicht pudrig.

Magenta
Stärker ins Himbeerrot gehend, dunkel, nicht leuchtend.

Grau
Alle kalten Grautöne, Steingrau bis Anthrazit.

Grün
Dunkles Blaugrün.

Türkis
Blautürkis, wie das vom Winter.

Gelb
Hell, aber nicht leuchtend.

Violett
Flieder bis Aubergine. Kein grelles Pink, kein Altrosa, keine Eisfarben, keine stark »abgepuderten« Töne.

Um einen Ausgleich zu seinen dunklen Farben zu finden, sollte der S/W-Mischtyp dringend mit hellen Farben kombinieren oder seine Wohnung hell und klar einrichten.

Heilfarben, die der Palette fehlen: *Braun, Orange, Gold. Gold* als Schmuck passt wunderbar auf *Dunkelblau, Violett, Aubergine, Bordeaux* und auf *Dunkelgrün.*

Ideale Kombinationen mit Farben, die nicht in der Palette sind:

Unterkörper:	Oberkörper (die Sommer/Winter-Farben):
Braun	Rosa, Hellblau, Wollweiß, Dunkelblau
Beige	Dunkelblau, Wollweiß
Oliv	Rosa
Orange	Dunkelmagenta, Grau, Dunkelblau, Flieder
Lind- und Blattgrün	Rosa, Flieder

Die Erscheinung des S/W-Mischtyps

Foto: Hess Natur

Die weiblichen Mischtypen wirken oft wie »Schneewittchen«, die männlichen zart und trotzdem markant. Die meisten Menschen wirken in dunklen Kleidungsfarben müde, trist und depressiv. Ganz anders verhält sich dies bei diesem seltenen Farbtyp. Die dunklen Farben bringen seine Schönheit und mystische Ausstrahlung sehr eindrucksvoll zur Geltung.

Farb-Persönlichkeit kontra Farbtyp

Der braune und grüne Sommer/Winter:
Sie werden sich in den dunklen Farben sehr wohlfühlen.
Sie kommen ihrem Bedürfnis nach Dezenz entgegen.

Der rote und türkisfarbene Sommer/Winter:
Sie tragen mit der Palette die Farben, mit denen sie ihren
Hang zum Außergewöhnlichen und ihre Zugehörigkeit zur
Avantgarde optimal zur Geltung bringen können.

Der orange Sommer/Winter:
Die dunklen Farben unterstützen seine erotische Ausstrahlung und seine Sinnlichkeit.

Der rosa Sommer/Winter:
Er kann sich mit den Farben bestens »verstecken«, aber sie
zeigen ihn nicht in seiner Zartheit, wie dies helle kühle
Töne tun.

Der gelbe und blaue Sommer/Winter:
Beiden sind die dunklen Töne zu trist. Einzig Dunkelblau
werden sie zu einer ihrer Lieblingsfarben machen können.

Der violette und Indigo-Sommer/Winter:
Von beiden wird es eher der *violette* Mensch sein, der die
Palette annimmt. Der *Indigo*-Mensch könnte große Proble-
me haben, die dunkle Palette zu tragen.

Die Pigmentierung der Farbtypen

	Frühling	Herbst	F/H
Haut	Creme oder golden, pfirsichfarben, goldene Sommersprossen **Bräunung:** Bis 30. Lj. leicht, schnell Gelb-(Gold-)-braun	Blass, fast weiß mit rosa Hauch, viele starke Sommersprossen **Bräunung:** meist gar nicht, wenn dann Gelbbraun	Creme oder golden, sehr blass, viele goldene Sommersprossen **Bräunung:** eher leicht, jedoch manche schlecht
Haare	Gelbblond, heller und dunkler Honig, Mittel- bis Dunkelbraun mit goldenem Glanz **Grau:** Cremiges Weiß	Kupferrot, dunkler Honig, Aschblond, Dunkelbraun **Grau:** Ergrauen spät, Cremeweiß	Rotblond, heller und dunkler Honig, warmes Mittel- bis Dunkelbraun **Grau:** Ergrauen spät, warmes Cremeweiß
Augen	Gold-Grün, Bernstein, Blau mit Gelbtürkis (wie Aqua), Braun (hell, mittel, dunkel), oft starke Augenbrauen	Braun (Haselnuss, goldenes Bernstein, Dunkelbraun) fast Schwarz, Oliv- und Avocado-grün, Grüntürkis, Petrol	Gold-Grün, Bern-stein, Gelbtürkis, Avokadogrün, Braun (hell, mittel, dunkel), oft starke Augen-brauen

	Sommer	Winter	S/W
Haut	Durchscheinend, zart, blass, rosabeige bis rotbraun	Helles bis dunkles Oliv, sehr helle, fast weiße Haut, Teint stark sonnenabhängig	Heller Teint Auffällig: keine starken Augen- brauen
	Bräunung: meist schlecht, mit Sonnenbrand	**Bräunung:** schnell, Schwarzbraun bis Oliv	**Bräunung:** gar nicht oder leicht, Rotbraun
Haare	Aschblond, Hell- bis Dunkelblond, Asch- braun, Dunkelbraun bis fast Schwarz	Blauschwarz, Schwarzbraun, Schwarz	Dunkelbraun bis Schwarz, Aschbraun
	Grau: Ergrauen zw. 30. und 40. Lj., Blaugrau, Perweiß	**Grau:** Ergrauen früh, ab 25. Lj., Silberweiß, Weißgrau	**Grau:** Ergrauen zw. 30. und 40. Lj.
Augen	Graublau, klares Blau, Aquamarin, Grasgrün, Haselnuss- oder Dun- kelbraun	Braun (Dunkelbraun, Haselnuss, Schwarz- braun), klares Blau, Dunkelblau bis Indigo, sehr weiße Augäpfel, starke Augenbrauen	klares Blau, Braun (Gold- braun, Hasel- nuss, Dunkel- braun, Schwarz- braun)

Denken Sie daran: Alle Angaben in den Tabellen auf S. 304 und S. 305 gelten für die Farbtypen jeweils zu 80 %.

VI.

Fallbeispiele: Ganzheitliche Beratung

»Die Natur hat zehntausend Farben, und wir haben
uns in den Kopf gesetzt, die Skala auf zwanzig zu
reduzieren.«

Hermann Hesse

So bunt, wie die Farben uns die Welt präsentieren, so umfangreich muss auch eine Farbberatung gestaltet sein. Deshalb kann Farbberatung nur auf der ganzheitlichen Ebene erfolgen. Das beinhaltet:

- die Farbtypbestimmung nach der Pigmentierung (Haut, Haare, Augen, UV-Reaktion)
- Beratung über die Wirkung der einzelnen Farben der neuen Farbpalette
- Analyse der Persönlichkeit (Farbcharakter)
- Kombinationen zwischen eigener Farbpalette und Farben anderer Farbtypen
- Bedeutung der Lieblingsfarben sowie der Farbantipathien
- Beratung über die Farben, die für Organismus und Psyche gebraucht werden
- Beratung über den Einsatz der richtigen Farben im Wohnbereich

und natürlich auch:

- ein typgerechtes Make-up
- sowie eine ganzheitliche Imageberatung
- möglicherweise die Behandlung mit einer der benötigten Farben.

Die Analyse der Farb-Persönlichkeit eröffnet den Zugang zum Wesen des Kunden und ermöglicht somit, aus einer Stilberatung eine Persönlichkeitsberatung werden zu lassen. Einem »rosa« Menschen, der *Winter* ist, müssen ganz andere Farbkombinationen innerhalb seiner Palette empfohlen werden als einem »roten«.

Bei einer »ganzheitlichen« Farbberatung gehen wir auf folgende Probleme des Kunden ein:

- Kann er die neuen Farben annehmen?
- Was bedeutet der neu analysierte Farbtyp für sein Umfeld?
- Welche Lieblingsfarben hatte er vor der Farbberatung – was bedeutet es?
- Welche Farben würde er niemals tragen – und warum nicht?
- Wo liegen Schwächen in seinem Organismus, denen er durch Farbanwendung entgegentreten könnte?

Ganz gleich, welchem Farbtyp jemand angehört und welche Farben infolgedessen zu ihm passen, versuche ich vorab herauszufinden, welche Farbschwingung dringend in der augenblicklichen Situation des Kunden von ihm »gebraucht« wird. Wie bereits gesagt, ein bestimmter Farbtyp ändert sich niemals. Jedem steht eine bestimmte Auswahl von Farben zur Verfügung, die für ihn ideal sind. Dennoch gibt es für jeden Menschen auch Farben, die für eine bestimmte Zeit gebraucht werden und sich außerhalb der jeweiligen Farbpalette befinden. Manchmal ist es wichtiger, gerade diese Farben zu tragen, als die »eigenen«, die sich durch die Typbestimmung ergaben. Der plötzliche unbewusste Zugriff auf bestimmte Farben, die vorher nicht getragen wurden, ist oft ein Hinweis auf organische oder psychische Blockierungen, die man auf diese Weise unbewusst zu lindern versucht. Wie wir wissen, kann ebenso die Antipathie gegen bestimmte Farben ein Indiz für psychische Blockaden und organische Erkrankungen sein.

Es sollte bei der Farbberatung darum gehen, den ganzen Menschen zu erfassen, mit allen Farben, die für ihn wichtig sind.

Es kann nicht darum gehen, Menschen in die Kategorisierungen der Farbtypen – wie in eine Schublade – zu pressen.

Ein »Sommer« für die Freundin

Herr A. kam in Freizeitkleidung zur Beratung, obgleich die Ursache für seine Entscheidung, sich farbberaten zu lassen, wie er mir am Telefon gesagt hatte, beruflich begründet war. Er war ein blonder, gut aussehender, dynamisch wirkender junger Mann. Seine Sprache war elaboriert, sein Lachen offen und freundlich.

Aufgrund von Betriebseinsparungen hatte er seine frühere Arbeitsstelle verloren, nun war ihm eine Position als Leiter der Werbeabteilung einer großen Firma in Aussicht gestellt worden. Die Vorteile einer Farbberatung beschränkten sich für ihn ausschließlich auf Äußerlichkeiten. So glaubte er, mit den richtigen Farben und Styling-Tipps seine »neue Welt« zu erobern.

Ich fragte nach seinen Lieblingsfarben, woraufhin er mir erzählte, welche Farben ihm seine Freundin für seine Garderobe ausgewählt habe. Es waren: Hellblau, Taubenblau, Blaugrün und Grau. »Aha«, dachte ich, »die Sommerpalette.« Wie seine Freundin denn aussehe, wollte ich wissen. Es folgte eine Beschreibung, die auf einen *Sommer* schließen ließ. Natürlich kann man per »Fernanalyse« nicht sagen, welchem Farbtyp jemand definitiv angehört. Entscheidend ist letztlich nur die Analyse vor dem Spiegel. Doch drängte sich mir die Frage auf, warum sie ihm Sommer-Farben aussuchte, die sie selbst nicht trug (wie ich erfuhr). Dieses Phänomen tritt immer wieder auf. Viele Menschen suchen ihren Partnern ausschließlich die Farben aus, die in die eigene Palette gehören könnten. Sie selbst tragen sie jedoch nicht.

Ich fragte ihn, wie er zu Rot und Orange stehe. Weinrot sei das einzige Rot, das in den letzten Jahren in seiner Kleidung zu finden war. Vor ein paar Wochen jedoch, fügte er hinzu, habe er sich selbst ein paar Stücke in kräftigem Rot und auch in Orange gekauft. Er hatte das Gefühl, diese Farben würden ihm guttun, obwohl er sich das nicht erklären könne. Ich half ihm, an die Zeit zurückzudenken, als sich diese Farbveränderung eingestellt hatte, und konnte spüren, dass es in ihm Betroffenheit auslöste. Ich erklärte ihm, es sei gut möglich, dass er aufgrund irgendwelcher Vorkommnisse einen Leistungsabfall erlitten habe und sich mithilfe der Farben – unbewusst natürlich – »Power« holte, um die Situation zu bestehen. Als ich im Weiteren davon sprach, dass beide Farben auch eine Stimulans für Sexualität seien, brach sich das »Geheimnis« eine Bahn.

Vor wenigen Monaten hatte sich seine Freundin von ihm getrennt, wodurch für ihn die Welt zusammenbrach. Er fühlte sich nicht mehr imstande, noch irgendeine Leistung zu erbringen. Um seine Depression zu lindern, wollte er sich ein paar neue Kleidungsstücke kaufen, die dann – »rein zufällig« – rot und orange waren. Sehr schnell hatte er das Gefühl, dass ihm diese Farben halfen, was stimmte. Mit beiden Farben holte er sich sowohl die Kraft, die er für seine berufliche Neuorientierung brauchte, als auch die Lebensenergie, die ihm durch die Trennung verloren gegangen war. Ich empfahl ihm, jetzt außerdem noch recht viel Grün in die Kleidung und in seine Wohnungseinrichtung aufzunehmen, weil er damit sein gebrochenes Herz trösten könne.

Die Farbtypbestimmung ergab zweifelsfrei, dass er ein *Frühling* war, zu dessen Idealfarben auch Rot, Orange und Grün gehören. Was die Bestimmung aber ebenfalls offenbarte, war, dass er in diesen Farben wesentlich jünger aussah als in *Sommer*-Farben. Schon hielten wir den zweiten Schlüssel zur Struktur seiner Persönlichkeit in der Hand. Seine bisherige Freundin war zehn Jahre älter als er und lebte in der ständigen Furcht, man könne es ihr ansehen, was ihr viel ausmachte. Das also war der maßgebliche Grund für sie gewesen, ihn in *Sommer*-Farben zu kleiden. Ihm selbst waren die *Frühlings*-Farben in Anbetracht seiner zukünftigen Position ebenfalls ein Problem. Er wollte zum einen älter, zum anderen seriös wirken.

So haben wir ein Konzept erarbeitet, wie er sich im Büro mit den *Sommer*-Farben um zehn Jahre älter – und auch seriöser – erscheinen lassen konnte und in der Freizeit die energiestarken Farben des *Frühlings* nutzte. Auf seinen Schreibtisch sollte er in Sichtnähe eine Glasschale in kräftigem Grün stellen und ein paar Orangen hineinlegen. An die gegenüberliegende Wand hängte er eine Grafik, die überwiegend in Rot gehalten war, daneben eine üppige Pflanze. Sicher würde die Zeit der Lethargie und fehlenden Energie nun bald vorüber sein. Bis dahin wird er sich selbst so weit sensibilisiert haben, dass er genau spürt, welche Farbe er braucht.

Die Neugeburt

Eine junge Frau, die sich bereits mit den Heilkräften der Farben beschäftigt hatte, wollte nun gerne wissen, welche Farben für ihre Kleidung ideal seien. In diesem Bereich traute sie sich nicht so recht an Farben heran. Sie hatte das Gefühl, dass ihr nur Schwarz, Weiß, Dunkelblau und Grau stehe. Schwarz trug sie nicht, weil sie wusste, dass es jeglicher Heilung entgegenwirkt. Sie lebte also in ihrer Farblichkeit wirklich sehr reduziert.

Ihr Haar war dunkel-aschblond, in der Sonne wurde sie nicht braun und bekam sofort einen Sonnenbrand. Ihre Haut wirkte auf mich leicht sommersprossig, allerdings ohne dass die Sommersprossen sichtbar waren. Vom ersten Eindruck her hätte man sie zweifellos für eine »typische« *Sommer*-Frau halten können, die bereits ihre Farben trägt. Ich fragte, ob sie als Kind Sommersprossen und rote Haare gehabt habe. »Fuchsrot«, antwortete sie, »und alles voller Sommersprossen.« Dies wiederum ist untypisch für einen *Sommer*.

Sie hatte – nach eigener Aussage – keine organischen Probleme und nutzte schon seit Jahren die Kräfte der Farben im Wohnbereich. Bei der Farbtypbestimmung geschahen dann kleine Wunder. Alle kalten Farben, die sie die ganze Zeit getragen hatte, machten sie hart und männlich. Sie sah kantig, fast verbissen, aus. Ich erinnerte mich an den ersten Eindruck, den ich von ihr hatte: Sie kam mir wie

eine überanstrengte »Kämpferin« vor. Ihre Lieblingsfarben
sorgten für eine Art Gnadenlosigkeit, die aus ihrem Gesicht
sprach. Mit den *Frühlings*-Farben war dieser Eindruck sofort verschwunden, doch wurde auch ihre Persönlichkeit
durch die leuchtenden Töne verdrängt.

Mit den *Herbst*-Farben schließlich wurde eine neue Frau
in dieser Frau geboren. Es war wie die Auferstehung eines
Wesens, das vorher verschüttet war. Ihr Ausdruck bekam
eine stark weibliche, warme und schöne Note. Sie hatte
das Gefühl, »heimzukehren«, »sich zu spüren«. Wir waren beide fasziniert und betroffen zugleich. Wie traurig ist
es doch, wenn sich jemand hinter falschen Farben derart
versteckt! Wegen ihres roten Haares waren ihr von klein
auf bestimmte Kleiderfarben ausgeredet worden. Früher
herrschte der Irrglaube, dass Rothaarigen keine warmen
Farben, wie Rot, Gelb und Orange, stünden. Stattdessen
wurden sie auf kühle Farben und Schwarz verwiesen. Dabei stehen rothaarigen Menschen alle Brauntöne wunderbar,
ebenso ein dunkles Rot, Oliv und gedecktes Orange (um
nur einige ihrer idealen Farben zu nennen).

Meine Kundin war begeistert von ihrer »Neugeburt«.
Die passenden Make-up-Farben rundeten das Bild zur
Vollkommenheit ab. Ihr wurde klar, dass sie unbewusst
vor dem Ausdruck ihrer Weiblichkeit geflohen war. Als
ich ihr – wie jeder *Herbst-Frau* – sagte, dass sie jetzt vor-
sichtiger »verhüten« solle, da meine Erfahrung bislang
zeigte, dass mit den *Herbst*-Farben eine erhöhte körperliche Bereitschaft zur Schwangerschaft[*] gegeben sei, fiel sie

---

[*]   Die erhöhte Disposition zur Schwangerschaft konnte ich nur bei
Herbst-Frauen, die auf *Herbst*-Farben umstiegen, beobachten. Wenn andere Farbtypen versuchten, das Gleiche mit den *Herbst*-Farben zu erreichen,
hatten sie keinen Erfolg. Ebenso kann man natürlich nicht mit Sicherheit
davon ausgehen, dass es gelingt.

mir freudestrahlend um den Hals. Seit Langem versuchten sie und ihr Mann, ein Kind zu bekommen, bis jetzt leider ohne Erfolg. Ich wünschte ihr alles Gute und erhielt etwa anderthalb Jahre später ein Foto von ihr mit einem kleinen Baby im Arm.

Lady in black

Eine junge blonde Frau kam, völlig in Schwarz gekleidet, zur Beratung. Ich habe bereits erwähnt, dass meine Garderobe früher ebenfalls fast ausnahmslos schwarz war. Ich kann verstehen, was in diesen Menschen vorgeht, und weiß auch, was es für sie bedeuten kann, wenn sie sich »in die Farbe begeben«. Viele Frauen tragen bis Mitte dreißig Schwarz und erfahren plötzlich durch einen »Zufall«, dass sie mit anderen Farben jünger aussehen. Nur, welche Farben stehen ihnen wirklich? Die lange Zeit der farblosen Kleidung macht oft eine objektive Einschätzung unmöglich. Die eigene Unsicherheit und die zusätzliche Verunsicherung durch das Überangebot an Kleidung bilden meist den Anfang, sich damit zu beschäftigen und zu einer Farbberaterin zu gehen.

Frau S. machte einen sehr lebendigen Eindruck auf mich. Sie war eine Frau, die beruflich genau wusste, was sie wollte. Zwei Jahre lang hatte sie sich schon vorgenommen, zur Farbberatung zu gehen. Immer wieder gab es Gründe, die Analyse hinauszuschieben. Nun war es so weit.

Im Vorgespräch wurde sehr schnell klar, dass sie nicht an einer Beratung über die Heilkräfte der Farben interessiert war, worauf ich mich sofort einstellte. Jede Beratung ist an den Bedürfnissen des jeweiligen Klienten orientiert. Sie erzählte, dass sie früher schnell braun geworden sei, ihre Haut jedoch seit einigen Jahren nicht mehr der Sonne aussetze. Sie konnte somit nicht sagen, ob ihre Haut auf Sonneneinwirkung nun anders reagierte.

Generell frage ich nach den Lieblingsfarben für die Kleidung, weil ich darüber im Gespräch eventuelle Blockaden, Persönlichkeitsstruktur und organische Schwachstellen erfahren kann. Frau S. trug jedoch seit ihrer Heirat vor fast 15 Jahren hauptsächlich Schwarz. Ausnahmen waren eine weiße Bluse und ein rotes Kostüm. Ich wollte wissen, ob das Kostüm ein warmes oder ein kaltes Rot hatte. »Ein schönes warmes Rot, wie dieses dort«, sagte sie und zeigte dabei auf ein Blaurot. Es ist völlig normal, auch blaunuancierte Farben als »warm« zu bezeichnen, weil wir Menschen die Tendenz haben, alle Farben, die uns angenehm sind, als warm zu empfinden. Ich versuchte, etwas mehr über ihre Vorzugsfarben und Abneigungen zu erfahren, um die Ursache für die Schwarz-Vorliebe zu ergründen. Dem ging sie aus dem Weg, und wir begannen mit der Farbtypbestimmung.

Die Arbeit mit ihr war etwas schwierig, weil sie ungeduldig war. Am liebsten wäre ihr gewesen, ich hätte ihr einfach gesagt, welcher Farbtyp sie sei. Doch so etwas tue ich natürlich nicht. Ihr gelbblondes Haar passte sehr gut zu allen Frühlingsfarben, dennoch konnte ich feststellen, dass ihr die Winterfarben standen, aber andererseits kein harmonisches Bild erzeugten.

Ich fragte sie, ob sie sich die Augenbrauen zupfe. Sie meinte, dass sie dies schon seit vielen Jahren tue und fast keine Augenbrauen mehr habe, sie früher hingegen breit und buschig gewachsen seien. Die Haare seien blond gefärbt, aber eigentlich schon lange grau bzw. weiß. Früher seien sie ganz schwarz gewesen. Das Gelbblond der Haare wirkte derart natürlich, dass mir tatsächlich der Fehler unterlaufen war, nicht nach der Echtheit ihrer Haarfarbe zu fragen. Ich zeichnete ihr mit einem schwarzen Stift breite Augenbrauen und band ein schwarzes Tuch um ihren Kopf, und eine wunderschöne, ausdrucksstarke *Winter-Frau* kam zum Vorschein. Natürlich konnte sie Schwarz hervorragend tragen, aber als ich ihr der Reihe nach erläuterte, in welchem Maß sie die Farben ihrer Palette für ihr Wohlbefinden einsetzen könne, war sie begeistert und wollte alle ausprobieren. Sie war sogar davon zu überzeugen, das Gelbblond der Haare in ihr echtes Silberweiß zu verändern, und hielt es für eine gute Idee, ihr Haar mit dunklen Strähnen zu melieren. Es war ihr vorher einfach nie in den Sinn gekommen, eine Veränderung an ihrem Aussehen vorzunehmen. Ihre Mitmenschen waren ihre Erscheinung gewohnt und fanden sie gut. Mit den neuen Farben wird sie allerdings für die anderen erst einmal eine völlig andere Frau sein, weil sie damit ausdrucksstark und sehr attraktiv erscheint. Die schwarze Garderobe mit den gelbblonden Haaren hatte ihr Wesen in den Hintergrund gedrängt und sie zudem disharmonisch wirken lassen.

Ihren Mann stehen

Zu einem meiner Ausbildungsseminare begrüßte ich eine junge, elegant gekleidete Frau, die ich im folgenden Anna nennen möchte. Sie war Friseurmeisterin und führte ihr Geschäft mit großem Erfolg. Obwohl von ihren Kunden schon lange der Wunsch nach einer Farbberatung geäußert wurde, konnte sich Anna bisher nicht dazu durchringen, eine Ausbildung auf diesem Gebiet zu machen. Jetzt war sie da, fest entschlossen, etwas dazuzulernen. Sie betrachtete die Farbausbildung hauptsächlich als Zusatzausbildung für ihr Friseurhandwerk. Außerdem hatte sie ohnehin das Gefühl, sich mit Farben bestens auszukennen und sich seit Jahren bereits mit den richtigen Haarfarben auf ihre Intuition verlassen zu können. Jetzt wollte Anna nur noch den »letzten Schliff« erhalten und im Grunde meine fachliche Bestätigung. Seit Jahren kleidete sie sich vorwiegend in Beigetönen, fühlte sich als *Frühling*, verzichtete allerdings auf die strahlenden Farben des *Frühlingstypen*. Wie immer wurde sie unter meiner Leitung von zwei Teilnehmerinnen der Ausbildungsgruppe analysiert. Wir dachten eigentlich alle, dass es eine sehr einfache Farbanalyse werden würde. Aber das erste Problem entstand schon gleich am Anfang. Grundsätzlich machen wir immer zwei Analysedurchgänge. Beim ersten sehen die Kunden ihr eigenes Gesicht nur bis zur Kinnspitze im Spiegel. Die Farben, die wir zum Test auflegen, sehen sie nicht. Das ermöglicht ein urteilsfreies Erkennen der richtigen Farben und auch deren Erfühlen. Wenn man gleich die Farben sieht, wird man sich immer seinem Geschmack gemäß für oder gegen bestimmte Farben entscheiden. Das verhindert neue Erfahrungen und auch die Möglichkeit, Farben an sich selbst positiv wahrzunehmen, die man vorher nie ausprobiert hat. Beim zweiten Durchgang sehen die Kunden die Harmonie bzw. Disharmonie zwischen Gesicht und Farben. Sehr oft fällt dann die Entscheidung für eine Farbe anders aus, weil es manchmal nicht einfach ist, vom eigenen eingefahrenen Geschmack abzuweichen.

Bei Anna war es einfach so, dass sie beim ersten Durchgang nichts sah und auch nichts fühlte. Sie war angespannt, verunsichert von der Möglichkeit, dass etwas anderes heraus kommen könnte, als sie sich wünschte. Und das geschah dann auch. Obwohl sie die Farben des *Frühlings* nicht wirklich trug, hielt sie total fest an der Annahme, ein

Frühling zu sein. Aber sie war ein *Sommer* und davon völlig bestürzt. Von den zarten Farben glaubte sie, dass sie ihr die Kraft aus den Adern ziehen würden. Zusätzlich wollte sie nicht als zarte, sensible Frau gelten, hatte sie doch als alleinstehende Geschäftsfrau »ihren Mann« zu stehen. Es war ein langwieriger Prozess, wie immer, wenn jemand einen bestimmten Farbtyp ablehnt. Sie konnte zweifelsfrei sehen, dass ihr die *Sommer*-Farben wesentlich besser als alle anderen Farben standen, und dennoch konnte die Tatsache, ein *Sommer* zu sein, von ihr nicht angenommen werden. Es kamen Ängste hoch, sich – in den Farben gekleidet – im Geschäftsleben nicht genügend durchsetzen zu können; Ängste, als unscheinbar oder gar uninteressant zu gelten. Diese Gefühle sind für die Person jeweils sehr real und werden für Anteile wirksam, die verdrängt wurden.

In Annas Fall galt es, ihr zu raten, sich langsam auf einzelne Farben der *Sommer*-Palette einzulassen. Sie könnte beispielsweise mit dem *Sommer*-Beige oder Wollweiß beginnen, weil ihr diese Farben ohnehin sehr nahe sind. Die *Frühlings*-Farben könnten von ihr am Unterkörper kombiniert werden (z. B. Maigrün auch mit Rosa am Oberkörper). Auf keinen Fall sollte sie zu »ihren Farben« überredet werden. Sie hatte recht mit der Annahme, dass sie mit den *Sommer*-Farben zarter erscheint und die *Frühlings*-Farben lebendiger sind. Wir haben lange darüber geredet, wo der Ursprung für die Verweigerung der zarten Farben liegt.

In ihrer Kindheit durfte sie eigentlich nicht wirklich ein Kind sein. Sie wurde von beiden Elternteilen mit Aufgaben überfordert, denen selbst manche Erwachsene nicht gewachsen sind. Als Erstgeborene hatte sie den Job, ihre psychisch labile Mutter zu behüten und die kleineren Geschwister zu versorgen. Eigene Gefühle von Versagungen, Unvermögen und Überlastung mussten hintangestellt werden. Ihr Schmerz fand nur in heimlichen Tränen Entladung. Dieses Muster, »die Starke« sein zu müssen, hat sie als Erwachsene aufrechterhalten. Die zarten Farben würden den Konflikt wieder auf den Tisch bringen.

Für ihre Entwicklung und Heilung ist es ein »Segen«, diese Farbberatung erfahren zu haben. Damit wurde das Problem, das während all ihrer Lebensjahre bestimmend für ihre Persönlichkeit war, in den bewussten Bereich katapultiert. Schließlich testete Anna ihre *Sommer*-Farben im privaten Kreis, und sie konnte sie immer mehr annehmen. Mit dem Prozess der Annahme wurde es ihr auch möglich, die alten Wunden zu heilen. Heute ist es so, dass Anna mit den zarten Farben die Glückseligkeit erfahren kann: »Ich *darf* zart, verletzlich, klein und empfindsam sein.« Ihre Zartheit macht ja doch nur einen Teil ihrer Persönlichkeit aus (den wir alle mehr oder weniger haben), den sie sich nie gestattet hat und der jetzt neben ihrer Stärke Daseinsberechtigung gefunden hat.

Ein »Macho« für die Beraterin

Auf Herrn K. war ich sehr gespannt. Er hatte bereits zwei Farbberatungen hinter sich und sollte jetzt zum dritten Mal – von seiner Frau – analysiert werden. Sie war erst kürzlich von mir ausgebildet worden und wollte mich dabeihaben, weil er »ein schwieriger Fall« sei. Es ist immer sehr schwer, jemanden zu analysieren, den man gut kennt oder den man sehr mag. Ich ließ Freunde grundsätzlich von Kolleginnen analysieren. Ich bin einfach nicht mehr objektiv, habe mir eine vorgefasste Meinung gebildet, oder die Person gefällt mir so sehr, dass ich mich nicht zwischen zwei möglichen Farbtypen entscheiden kann.

Es gilt für Farbberatungen wie für Therapien: Der beste Heiler ist der »ohne Absicht«.

Bei den vorangegangenen Farbberatungen war er von der ersten Beraterin als *Winter*, von der zweiten als ein *Sommer* analysiert worden. So traurig es auch sein mag, aber es ist möglich, dass jemand von verschiedenen Beratern unterschiedlich eingeschätzt wird. Das schnelle Urteil, das man sich von einem Menschen macht, kann die objektive Sicht verstellen. Am häufigsten habe ich dies bei Analysen an Männern feststellen müssen. Viele Farbberaterinnen gehen von dem Stereotyp aus, dass ein Mann markant und männlich aussehen sollte. Für die Männer bedeutet das manchmal, dass es von der Beraterin als attraktiv und vorteilhaft angesehen wird, wenn sie in bestimmten Farben unrasiert oder wie nach durchzechter Nacht aussehen. Die Männer selbst fühlen sich ebenfalls geschmeichelt durch ihr »männliches« Aussehen und vor allen Dingen durch dergleichen Bemerkungen der Beraterin.

Eine andere Fehlerquelle kann der eigene Farbtyp des Beraters sein, das heißt, es gibt tatsächlich Berater und Beraterinnen, die beispielsweise *Sommer* sind und einen Großteil ihrer Kunden dann in Grenzfällen ebenfalls – wenn auch unbeabsichtigt – zu *Sommern* machen. Manche sind in ihre eigenen Farben derart verliebt, dass sie jeden damit »beglücken« wollen. Der Grund, warum ich selbst zum Sommer »gemacht« wurde, lag darin, dass sich die ersten Farbberater nicht trauten, mich von meinem wahrhaftigen Typ, dem *Frühlingstyp*, zu überzeugen, weil ich diese Farben vehement ablehnte.

In einem solchen Fall muss die Beratung auf der ganzheitlichen Ebene erfolgen und nicht so, dass der Kunde nach der Beratung ist, was er sein will oder was er willens ist zu akzeptieren. Der Grund für meine Ablehnung von

Orange waren meine Unterleibsprobleme und der Stress, in dem ich lebte. Die Themen der Farbe Rot waren von mir noch nicht durchlebt und in mir nicht integriert, und Gelb musste bedrohlich wirken, weil es das Unbewusste in mir erhellt hätte, was ich noch gar nicht aushalten konnte.

Diese Informationen und ein Gespräch über mögliche Bedeutungen meiner Ablehnung gegen die strahlenden Farben des *Frühlings* hätten es mir möglich gemacht, mich mit mir über das Medium Farbe auseinanderzusetzen. Stattdessen verordnete man mir mit Grau eine Ebene als vermeintliches Ideal, auf der ich mich ohnehin befand und die mich in meiner Entwicklung keinen Schritt weiterbrachte. Hätte ich nicht selbst Farbberaterin werden wollen, würde ich vielleicht wieder zur schwarzen Garderobe gegriffen haben, in der ich mich »zu Hause« fühlte, auch hätte ich fortan ein negatives Urteil über Farbberatungen gehabt. Andererseits brachte mich meine eigene Falschanalyse zur Beschäftigung mit der Wirkung von Farben bis hin zur Erfahrung ihrer Heilkräfte.

Zurück zu meinem Kunden. Er wirkte in den *Winter*-Farben sehr markant, sein Bartwuchs trat sehr deutlich hervor. Er hatte auch nicht die kräftigen Augenbrauen, die besonders für *Winter*-Männer charakteristisch sind. In den typischen *Sommer*-Farben wirkte er fade und kraftlos. Er lag mit seiner Pigmentierung genau zwischen *Sommer* und *Winter*. Seine Idealfarben waren die des *Sommer/Winter*-Mischtyps. Die besonders kräftigen *Winter*-Farben wirkten zu stark für ihn und verdrängten seine Ausstrahlung, Schwarz und Weiß standen ihm gar nicht, von den *Sommer*-Farben waren es die ausdrucksstärkeren, die sich optimal für ihn eigneten, und in den dunklen Farben der Palette entpuppte sich seine Attraktivität ganz großartig. Interessant ist, dass sich Herr K. sowohl nach der ersten als auch nach der zweiten Analyse einen kleinen Teil der Farben seiner Palette selbst herausgesucht hatte und ein Gefühl dafür entwickelte, dass der Rest der Farben nicht zu ihm passte. Dennoch blieb er unsicher und fühlte sich wie zwischen zwei Stühlen sitzend. Jetzt hat er eine eigene spezielle Farbpalette für den *Sommer/Winter*-Mischtyp erhalten, nach der er sich richten kann.

Ich hasste Schwarz

Hier möchte ich den Bericht einer Kollegin weitergeben:

»Schwarz war für mich immer ein Abbild der Lebensverachtung – eine Ohrfeige auf meine Lebenslust. Lediglich zu Beerdigungen hatte diese Farbe ihre Berechtigung – aber eigentlich auch nur, weil ›man‹ sie zu diesem Anlass eben trägt. Schwarz war für mich in der Tat immer wie ein Grabdeckel – erdrückend, auslöschend, in die Enge treibend.

Lediglich drei schwarze Kleidungsstücke waren irgendwo in meinem Kleiderschrank versteckt. Und die zog ich überraschenderweise kürzlich hervor. Komischerweise in einem Moment, in dem es für mich darum ging, um mein Leben zu kämpfen und bei Kräften zu bleiben: Es ging um meinen Arbeitsplatz. Er sollte reduziert werden. Der Firma ging es nicht mehr so gut, aber auch nicht so schlecht, dass sie mir hätte kündigen müssen. Also blieb ihnen nur der Weg des persönlichen Angriffs. Sie mussten mich klein machen. So klein, dass ich von selbst auf die Idee kommen sollte, möglichst schnell zu verschwinden. Die Worte, die in dem ersten überraschenden Gespräch mit meinem Chef an mich gerichtet wurden, trafen mich sehr. Zu diesem Zeitpunkt war ich in Hellblau und Rosa gekleidet. Er wollte meine Arbeitskraft möglichst schnell und billig loswerden und versuchte, mich durch persönliche Angriffe so zu manipulieren, dass ich möglichst schnell der niedrigen Ablösesumme und dem frühen Ausscheidungszeitpunkt zustimmte und mich noch dankbar zeigte. Tief im Herzen war ich von diesem Angriff sehr verletzt. Am liebsten wäre ich ihm nie wieder begegnet. Doch die Verhandlung musste weiterlaufen. Wir vereinbarten einen nächsten Termin.

Komischerweise hatte ich am Morgen dieses Termins die Eingebung, mich ganz in Schwarz zu kleiden. Ich hatte das Gefühl, in dieser Farbe Schutz und Sicherheit zu finden. Ich musste meine Verletzungen irgendwie beruhigen, um verhandlungsfähig zu bleiben. In Schwarz war mir klar: Es geht nicht um mich, sondern um Zahlen. Mein Herz und mein Schmerz durften in den Verhandlungen keine Rolle spielen. Es war ein Pokerspiel – da hatten Gefühle keinen Raum. Die mussten sich zurückziehen. In Schwarz gekleidet gelang es mir, sie zu verdrängen. Ich fühlte mich wie mein eigener Anwalt, der den besten *Deal* für seinen Klienten aushandelt. Es war so, als ob ich in Schwarz aus mir heraustreten könnte – über meine Gefühle hinaus und hinein in die Geschäftswelt.

In Schwarz konnte ich einen guten Preis für mich aushandeln. Über diese Coolness war ich sehr erstaunt und glücklich, für mich einen Weg gefunden zu haben, mich schmerzfrei in der Geschäftswelt bewegen zu können. Ich kapierte plötzlich, warum sich die Businesswelt in Schwarz gibt. Schwarz ist die Farbe des Systems.

Danke, Schwarz – du bist mir ein guter Anwalt!« (Jutta G.)

VII.

Farben im Wohn- und Arbeitsbereich

»Euer Haus ist euer größerer Körper.
Es wächst in der Sonne und schläft in der Stille der
Nacht.«

Khalil Gibran

Farbempfehlungen für Wohn- und Arbeitsräume zu geben,
bedeutet keinesfalls, dass die Idealfarben eines Farbtyps
auf den Lebensbereich übertragen werden können.

Jeder Farbtyp braucht möglicherweise in seinem Umfeld gerade die Farben, die in seiner Palette fehlen.

Um die richtige Entscheidung bei der Farbwahl für
Wohn- und Arbeitsbereich treffen zu können, müssen Sie
sich zunächst darüber klar werden, was Sie mit den Farben
erreichen wollen.

Wollen Sie

- eine bestimmte Atmosphäre schaffen?
- von den Farben beruhigt werden?
- sich von Ihrer Umgebung anregen lassen?
- Ihren Raum größer oder kleiner wirken lassen?

Dabei stehen uns mehrere Möglichkeiten zur Verfügung, Farben gezielt einzusetzen:

- Farbton, Farbsättigung, Farbhelligkeit
- Komplementär-Kontrast
- Farbakzente, Farbverlauf

Empfehlenswert ist, *die* Farben im Lebensbereich erscheinen zu lassen, die in der Palette Ihrer Idealfarben fehlen. Denn gerade diese Farben werden möglicherweise für den Organismus und die Psyche gebraucht. Dabei muss berücksichtigt werden, dass einzelne Farben nur für Räume, die vorwiegend einem bestimmten Zweck dienen (z. B. zum Schlafen), günstig oder andererseits hinderlich sind.

Räume, in denen helle gedeckte Blautöne vorherrschen, sind nachweislich 4–6 Grad kälter als Räume in gelbgrundigen Tönen. Blauvarianten tun also Menschen mit viel Hitze oder hohem Blutdruck sehr gut.

Umgekehrt sollten Sie, wenn Sie leicht frieren und dazu noch niedrigen Blutdruck haben, viel warmes (gelbes) Rot, kräftiges Apricot, Ziegelrot oder Orange in Ihre Einrichtung integrieren. Bei morgendlichen Schwierigkeiten, »hochzukommen«, empfehle ich, Handtücher, Badevorleger, Morgenmantel und ähnliche Ausstattungen in Rot und/oder Orange zu verwenden. Als »Wachmacher« können Sie die beiden Farben auch mit der Tischdecke und dem Frühstücksgeschirr auf sich wirken lassen. Der Farbbereich Orange bis hin zu einem warmen Goldgelb stimmt darüber hinaus noch heiter.

Bei der Gestaltung des Lebensraumes ist entscheidend, dass jemand, der seinen Farbtyp kennt, darauf achtet, eher die Farben in seiner Wohnung zu verwenden, die er nicht am Körper trägt.

So sollten *Frühling* und *Herbst* gedeckte zarte Farben aus der *Sommerpalette* und andere Farben in den Wohnbereich bringen, denen der gelbe Unterton fehlt. Der *Sommer* kann ruhig kräftige, vitalisierende Farben einsetzen, weil seine Kleidung keine einzige Farbe enthält, die anregend ist. Umgekehrt tut dem *Herbst* als Ausgleich zu seiner Palette eine kühle und klare Atmosphäre in seiner Wohnung gut. Der *Winter* braucht viele warme Elemente und sollte auf starke Kontraste verzichten, weil er sie schon meist in seiner Kleidung realisiert. Im Folgenden werden Idealfarben für bestimmte Räume erläutert, die jeweils einen Heilungsaspekt zum Inhalt haben. Wenn Sie sich in der Farbentscheidung für Ihren Wohnbereich noch nicht so fit fühlen, rate ich, eine Wohnungs-Farbberatung in Anspruch zu nehmen. Zusätzlich können auch eine Feng-Shui-Beratung und die Messungen eines Radiästheten dafür sorgen, dass Sie Ihr Energiepotenzial steigern. Die Kosten, die vielleicht erst einmal hoch erscheinen, zahlen sich mit Sicherheit aus. Schenken Sie Ihrem Wohnraum viel Aufmerksamkeit bei der Einrichtung. Erachten Sie ihn nicht als Behausung, sondern als Tempel, in dem Ihre Seele Kraft und Frieden findet.

Schlafzimmer und Bad

Im Schlafraum sollen Ruhe und Schlaf gefunden werden. Die dafür besten Farben sind Grün, Blau, Gold, Rosa und Apricot.

Grün, Gold und Rosa wirken sehr beruhigend auf das Herz, Blau beruhigt das Nervensystem. Zartes Apricot schwingt auf einer Ebene, die für jeden Menschen Harmonie erzeugt. Es ist ein bestimmter Ton, der die Farben Rot,

Gelb, Blau und viel Weiß enthalten muss. In Räumen mit dieser Farbe können sich die meisten Menschen unbegrenzt lange aufhalten. Es ist eine Idealfarbe für Räume, die für Heilbehandlungen genutzt werden, für Kinderzimmer und für Schlafräume.

Foto: Hess Natur

Blau vermittelt den Eindruck, mehr Sauerstoff zu haben, und kühlt die Raumtemperatur. Das kann im Schlafzimmer sinnvoll sein, sollte aber von *Sommern* vermieden werden, weil sie sich infolge ihrer Kleidungsfarben ohnehin ständig in dieser unterkühlten Schwingung befinden. Sie brauchen zum Schlafen vorzugsweise Grün, Apricot und Gold. *Frühlingen* tut die kühlende und klärende Kraft des Blaus zum Ausgleich ihrer Palette sehr gut.

Dunkles Blau wirkt zum einen entzündungshemmend, zum anderen äußerst entspannend und blutdrucksenkend. Bei Menschen mit starken Ein- und Durchschlafschwierigkeiten wirkt die Farbe Wunder. Auch die Schmerzen und die Häufigkeit von Migräneanfällen werden mit dunklem Blau reduziert. Dennoch empfehle ich Dunkelblau nicht für die Wände, sondern lediglich für die Bettwäsche. Es ist anzunehmen, dass bei Anwendung dieser Farbe nach relativ kurzer Zeit (etwa 2–3 Wochen) eine Beruhigung des gesamten Organismus eintritt, die so weit geht, dass man nicht mehr »aus den Federn« will. Ich kenne bei dunkelblauer Bettwäsche das Phänomen, schlechter aufwachen und aufstehen zu können, was sicher das allmorgendliche Drama derjenigen verstärkt, die an niedrigem Blutdruck leiden.

Die Farben Grün, Rosa, Apricot und Gold bewegen sich in einer Schwingung, die eine Atmosphäre von Frieden und Ruhe schafft. Rot und Orange regen im Schlafbereich zu stark an und können deshalb nur als »Stand Up« am Morgen eingesetzt werden. Auch Gelb ist eine Farbe, die für uns am Morgen ihre »erhellende« Strahlkraft zur Wirkung bringt. Sie erleichtert das Aufstehen. Violett als Schlafraum-Farbe wirkt sexualfeindlich. Flieder verfeinert und sensibilisiert grobe Persönlichkeitsstrukturen. Die Farbe wird in Partnerschaften oft unbewusst eingesetzt, wenn einer der beiden keinen Zugang in geistige Bereiche hat. Zusammen mit Rosa und Grün kann sie auch gegen Aggressivität helfen.

Weiß als Wandfarbe braucht im Schlafzimmer entweder beruhigende Farbakzente oder eine Nuancierung über eine künstliche Lichtquelle. Durch Lampenlicht in einer niedrigen Watt-Stärke erhält Weiß einen wärmenden Effekt. Grundsätzlich ist Weiß für die Augen am wenigsten erträglich. Es reflektiert zu stark und blendet. Wenn Sie mithilfe von Wandbildern oder Mobiliar im Ruheraum Farbakzente setzen, achten Sie darauf, dass Sie diese nicht zu massiv in Kontrast zueinander bringen. Die permanent veränderte Farbaufnahme beschäftigt das Auge so sehr, dass diese Impulse von der Hypophyse stimulierend an den Körper weitergegeben werden.

Als Bettwäsche wirkt Weiß hingegen klärend und reinigend und ist besonders für den *Frühling* ein neutraler Ausgleich zu seinen Energiefarben und für den *Herbst* zu dessen dunklen Farben. Starke Kontraste und aufwendige Muster, wie sie für Bettwäsche modern wurden, wirken dem Ruhebedürfnis entgegen. Rot oder die Kombination Rot/Schwarz machen ein Durchschlafen mit erholsamen Träumen für die meisten Menschen unmöglich. Babys – vor allem neugeborene – reagieren auf Rot/Schwarz sehr unruhig. Sie brauchen sanfte Farben, was Sie berücksichtigen sollten, wenn Sie Ihr Neugeborenes in Ihrem Schlafzimmer unterbringen wollen.

Foto: Hess Natur

Im Bad können Sie dem »Morgenmuffel« sehr wirkungsvoll helfen, wenn die Bademattte rot ist und seine Handtücher ebenfalls. Das macht ihn munter (Achtung bei hohem Blutdruck!). Die beste Empfehlung, die ich für das Bad aussprechen kann, ist, dass alle Familienmitglieder die Möglichkeit haben, sich die Farbe ihrer Handtücher selbst auszusuchen, anstatt sich einem bestimmten Farbstyling unterordnen zu müssen. Die Handtücher könnten – für jeden greifbar – in einem offenen Regal im Badezimmer liegen.

Bei großer Kinderzahl und entsprechend aufwendigen – nimmer endenden – Putzaktionen im Bad ist Blautürkis eine Idealfarbe für die Wände. Diese Farbe lässt jeden Raum sauber und antiseptisch erscheinen.

Küche

Für gutes Gelingen der Gerichte bestehen asiatische Köche auf der gelben Farbe in der Küche. Dies wurde mir verschiedentlich bestätigt. Es sei, als würde man mit der Reflexion der gelben Wände die Sonne in die Speisen hineinscheinen lassen. Aufgrund seiner gelben Farbe wird auch häufig Safran in orientalischen und chinesischen Speisen verwendet.

Der unbewusste Umgang mit Gelb im Essbereich kann aber – wie wir bereits wissen – den Appetit enorm steigern. Achten Sie deshalb bei Gewichtsproblemen darauf, den Essplatz in möglichst kühlen Farben, wie Grau, Hellblau, Flieder, Petrol, Mint, Silber, Edelstahl und Chrom, zu gestalten. Verzichten Sie auf gelbe Tischdecken und Geschirr.

Die Idealfarbe für Geschirr ist Weiß, ohne Farbmuster. Dabei kommt die Farbe der Speisen optimal zur Geltung. Da wir Farben auch »essen«, ist es wichtig, diese farblich so rein als möglich zu konsumieren. Farbige Teller lenken von den Farben der Speisen ab und sind einzig beim Kaffeegeschirr günstig. Dort können sie dem jeweiligen Farbbedarf angepasst werden. Suchen Sie sich Ihre Tassen nach farbtherapeutischen Kriterien aus.

Die Farben für Wände und Möbel der Küche sollten wir danach wählen, zu welchem Zweck wir uns in ihr vorrangig aufhalten. Brauchen wir sie als Ort, wo wir vor dem Arbeitsantritt wach werden und ein kurzes Frühstück genießen, dann können wir sie in Rot und Orange gestalten. Wollen wir zu- statt abnehmen, sollte sie in Gelb gehalten sein. Nutzen wir sie vorwiegend abends, um uns zu entspannen und den Feierabend mit Gesprächen auszufüllen, wäre ein helles, klares Blau die richtige Farbe. Bei extremen Gewichtsproblemen hilft gegen ständigen Hunger Violett in der Küche. Grün, als Repräsentant der Natur, hält die frischen Speisen, wie Obst und Gemüse, länger frisch. Außerdem werden in der Schwingung des Grüns gestresste Gemüter harmonisiert.

Küchen sind gemeinhin ein Ort – ähnlich einem Künstleratelier –, an dem der kreative Geist seine Entfaltung findet. Die Erschaffung der Speisen ist ein Kunstwerk, das uns (er-) nährt. In den meisten Ländern ist die Küche außerdem der Platz, an dem das Feuer brennt, also ein Ort der Wärme. Dort finden wir neben dem Feuer getrocknete Pflanzen (Gewürze), Nahrungsmittel, Wasser und die geistige Energie, aus alledem Speisen zu schaffen. Leider ist dieser Platz in unseren Breiten oftmals zu dem kleinsten Raum der Wohnung verkommen und hauptsächlich nur noch Lagerraum für elektrische Geräte. Dabei haben wir gerade hier die Möglichkeit, unsere Beziehung zu den Schätzen der Natur und zur Heilung unserer Mutter Erde wiederherzustellen.

Gestalten Sie Ihre Küche zum Tempel Ihres Hauses. Unser gesamtes bewusstes Sein hat die Chance, sich an diesem Ort zu offenbaren.

Kinderzimmer

Die Farben im Kinderzimmer sollten auf das Alter des Kindes abgestimmt sein. Die erste Farbe, die jedes Baby sieht, ist Rot. Deshalb greifen Kinder auch zuerst nach ihr und machen sie auch später gern zu ihrer Lieblingsfarbe. Rot ist die Idealfarbe für alle Gegenstände, die das Baby sehen und greifen soll, wie Spielzeug, den Ball, ein bestimmtes Kissen, das Töpfchen etc. jedoch nicht als Wandfarbe oder als Farbe für große Flächen.

Die Wände des Kinderzimmers sollten hell und freundlich in zarten Farben (Rosa, Hellblau, Gelb, Apricot, Hellgrün, Cremeweiß) gestrichen sein. Achten Sie darauf, dass sie nicht grell reflektieren, sondern leicht abgetönt werden. Dies erreicht man durch Hinzugeben von etwas Beige oder ein paar Tropfen der Komplementärfarbe. Die bunten Kindertapeten, die in den fünfziger Jahren modern wurden und den Kindern leider immer noch »angetan« werden, sind äußerst hinderlich für die kindliche Fantasie. Viel zu lange müssen die Kleinen sich die immer gleichen Geschichten anschauen.

Wesentlich förderlicher für die geistige Entwicklung und Fantasie des Kindes ist es, ein Plakat mit einer Geschichte in der Nähe des Bettchens aufzuhängen und es alle paar Wochen auszuwechseln. Später könnten diese Plakate durch selbst gemalte Bilder der Kinder ersetzt werden. Damit bekunden Sie Wertschätzung der Kreativität Ihrer Kinder und unterstützen damit die Entwicklung ihrer Persönlichkeit.

Es gibt ein paar Farben, die in einem Kinderzimmer nichts zu suchen haben. Das sind Schwarz, Grau, Braun und alle anderen dunklen Töne. Auch wenn sicher ist, dass das Kind ein *Herbst* ist, darf es weder in den *Herbst*-Farben gekleidet werden noch damit in seinem eigenen Wohnbereich umgeben sein. Ausnahmen sind Holzdielen oder Terrakotta-Kacheln am Fußboden. Der Raum muss hell gestaltet sein, weil sich nur dann Sehnerven und Hypophyse optimal entwickeln können. Das

Foto: Hess Natur

Mobiliar sollte in klaren Spektralfarben gehalten sein. Komplementär-Kontraste sind ebenfalls günstig für die Augen und die Lebendigkeit des Geistes. Ist das Kind hyperaktiv, können Sie sparsamer mit Rot und Orange umgehen und stattdessen klarem Blau den Vorzug geben. Umgekehrt gelingt Ihnen die Vitalisierung Ihres Kindes am besten mit Rot und Orange. Weiß zur Hauptfarbe des Raumes zu machen, schafft einen klinischen Eindruck, was die kindliche Fantasie wiederum behindert. Kinder haben noch nichts »zu klären« wie wir Erwachsenen und brauchen das Weiß nicht. Gelb, Grün und Apricot halte ich für ideale Kinderfarben, weil sie leicht und »öffnend« sind. Wie für uns Erwachsene auch, ist Gelb für das Kind die Farbe der Sonne. Mit Gelb im eigenen Zimmer rückt ihm die Sonne ein Stück näher. Zusätzlich regt Gelb auch noch seine Verdauung an. Kinder spielen häufig – und auch sehr gern – auf dem Fußboden. Richten Sie sich mit dicken Teppichen, Läufern und Bodenkissen auf dieses Bedürfnis ein.

Wohnzimmer

Das sogenannte »Wohn«zimmer verrät mit seinem Namen, dass dieser Raum am wenigsten nach spezifischen Bedürfnissen, wie Schlafen, Essen, Arbeiten oder Baden, ausgerichtet ist. Es ist der Raum, in dem der maßgebliche Aufenthalt – das »Leben« – stattfinden soll. Holen Sie sich dort »befreundete« Farben herein. Gerade in diesem Bereich sollten Sie sich von Konventionen verabschieden und ihn ausschließlich nach Gesichtspunkten gestalten, die Ihnen guttun.

Sehr oft finden wir ihn jedoch hauptsächlich für imaginäre Besucher eingerichtet, oder er sieht aus wie das

Wohnzimmer der Eltern und Großeltern. Oft zieren schwere Eichenmöbel und Antiquitäten den Raum. Sie schaffen eine Atmosphäre von vermeintlicher Beständigkeit und Sicherheit. Wertvorstellungen sind vorrangig durch Langlebigkeit der Einrichtungsgegenstände gekennzeichnet. Diese Art Wohnungseinrichtung wird gern von Menschen bevorzugt, die Angst vor Veränderungen haben.

Anders sind Räume mit vielen frei bleibenden, hellen Wandflächen und niedrigem Mobiliar. Sie wirken größer und stark klärend. Sie »räumen« die innere Unruhe auf. Für Menschen, die immerzu ihren »Kopf voll« haben oder unter Stress leben, ist diese Atmosphäre ein sinnvoller Ausgleich. Starke Kontraste, wie Schwarz/Weiß, Rot/Schwarz, Schwarz/Violett, setzen die Psyche in Alarmbereitschaft. Damit ist der Wohnraum nicht ein Ruhepol und Rückzugsort, sondern Vorbereitung auf den Kampf des Alltags.

Achten Sie darauf, dass das Ambiente Ihres Wohnzimmers Ihre Persönlichkeit positiv unterstützt. Schaffen Sie sich damit einen Ort, in dem Sie wahrhaftig sein können. Geben Sie sich Raum und Zeit für Veränderungen. Achten Sie auf Ihr Bedürfnis nach Lebensqualität.

a – Der harmonische Farbverlauf

Dabei entscheiden Sie sich für eine Grundfarbe und dosieren diese in den verschiedensten helleren und dunkleren Nuancen, fließend aufeinander abgestimmt. Die Wände sind beispielsweise in zartem Grün oder Gelbbeige gehalten, der Fußboden in einem etwas intensiveren Grün und die

Kissen in kräftigerem Beige mit Mustern im gleichen Grün wie der Fußboden. Dazu passen auch Rattan- und Korbmöbel sowie Pflanzen und Blumen mit zartgelben und weißen Blüten. Solch ein Wohnraum schafft eine Atmosphäre von Sonnenfrische und Weite und vermittelt Klarheit im Geist. Sensiblen Menschen entspricht diese Art Raumgestaltung sehr.

b – Komplementär-Kontraste

Eine gewagtere Möglichkeit besteht darin, Komplementärfarben in gleicher Stärke nebeneinander zu kombinieren. Hierzu ist eine große Portion Geschmackssicherheit notwendig. Rot wirkt im Raum zusammen mit Grün lustig und vital. Violett und Gelb zusammen wirken fast mystisch geheimnisvoll. Blau und Orange sind spannungsgeladen wie der Zustand frisch Verliebter. Die Kombination Orange–Blau–Grün regt – durch das Orange – an, beruhigt mit seinem Komplementär (Blau) und harmonisiert die Spannung mit Grün. Für lethargische Menschen ist solch ein Raum ein Kraftspender. »Sensibelchen« reagieren auf diese Farbkombinationen allerdings allergisch.

c – Farbakzente

Oder Sie lassen eine Farbe (auch Weiß) vorherrschen und setzen sparsam kräftige farbliche Akzente mit Bildern und Kunstgegenständen. Dies kann sehr stilvoll wirken, denn das Auge sucht sich immer die Farbanregung, die der Körper gerade braucht.

Behandlungsräume

Als Anregung für die Einrichtung von Behandlungsräumen habe ich drei Arztpraxen ausgewählt, deren farbbewusste Gestaltung mir besonders am Herzen liegt, weil in ihnen häufig große Ängste der Patienten ausgelöst werden. Es ist so einfach, auch dort die Kraft der Farben zu nutzen und sie zu unserem *alltäglichen Helfer und Heiler* werden zu lassen. Zusätzlich habe ich mich mit der Einrichtung von Kosmetikinstituten beschäftigt, weil in ihnen eine Atmosphäre der Entspannung und Regeneration geschaffen werden sollte. Im Grunde können wir jeden Raum – entsprechend dem Tätigkeitsfeld, das in ihm ausgeübt wird –

mit Farben optimal gestalten, sodass er eine verstärkt wohltuende Wirkung hat.

In einer Zahnarztpraxis

Hier könnte direkt über dem Behandlungsstuhl als Deckenanstrich ein ruhiges Blau (ein wenig dunkler als Primär-Blau) eingesetzt werden. Es wirkt heilend bei allen Beschwerden im Kopfbereich. Zum anderen beruhigt die Farbe die Nerven und nimmt den Patienten etwas von ihrer Angst. Ein Wartezimmer in Sonnengelb würde ebenfalls Angst reduzieren und sogar fröhlich machen.

In der Gynäkologenpraxis

Im Wartezimmer könnte ein Bild mit einer riesigen untergehenden Sonne hängen, weil durch das Orange (der Sonne) der gesamte Unterleibsbereich, speziell die Gebärorgane, entspannt werden. Zusätzlich könnte die Decke über dem Untersuchungsstuhl orange gestrichen sein. Je voller der Ton, desto stärker krampflösend wirkt die Farbe. Gelbe Vorhänge ließen sich gut dazu kombinieren und würden für eine heitere Atmosphäre sorgen.

Beim Kinderarzt

Für Spielzeug sollte der Arzt die Farbe Rot vermeiden, wenn sich in seiner Praxis mehrere Kinder die Sachen teilen müssen, weil Rot – auch bei Kindern – die Aggressivität steigert. Im Behandlungsraum dagegen kann er die Farbe wiederum für alle Gegenstände einsetzen, für die er bei den Kindern Aufmerksamkeit erregen möchte. Ansonsten gelten die gleichen Anregungen für die Räume wie beim Kinderzimmer.

Im Kosmetikinstitut

Von Frauen wird die Farbe des Rosenquarzes, die zusammen mit Mint und Lindgrün ideal kombinierbar ist, als sehr angenehm empfunden. Rot gehört nicht in die Einrichtung eines Kosmetikinstituts, weil es zu sehr aufregt. Zum Zudecken sollten Frauen mit Periodenkrämpfen orange Decken zur Verfügung stehen. Blaue Decken unterstützen die Entspannungsphase bei der Behandlung.

Großartig wäre es, wenn Sie sich – über wohldurchdachte Einrichtungsfarben hinaus – außerdem noch darauf einstellten, welche Farbe jede einzelne Ihrer Kundinnen im Moment gerade braucht. Dies lässt sich über ein Gespräch oder mithilfe des Prismas herausfinden. Mit einem Seidentuch in der betreffenden Farbe kann die Kundin dann zusätzlich zugedeckt werden. Es kann auch als Farbvorhang für ein nahes Fenster dienen.

Foto: Hess Natur

VIII.

Textilfarben

»Alles so schön bunt hier.«

Nina Hagen

Wir geraten in ein verhängnisvolles Dilemma, wenn wir einerseits farbige Kleidungsstücke auswählen oder sie anderen empfehlen und andererseits bemüht sind, den Planeten Erde zu heilen. Aus einem weisen Munde hörte ich einmal den Satz, dass Mode an sich schon umweltschädlich ist. Die Prozesse bei der Herstellung und beim Färben der Stoffe und die Methoden, mit denen sie färbbar, farbecht, haltbar, knitterfrei gemacht werden, sind in unvorstellbarem Maße schädigend für die Umwelt. Die Mitglieder der Textilverbände sowie die industrienahen Forschungsinstitute behaupten, dass die in Deutschland produzierte Bekleidung »sauber« sei. Was nutzt das aber, wenn wir bedenken, dass etwa 85 Prozent der auf dem Markt befindlichen Kleidungsstücke im Ausland produziert werden? Stoffe, die Textilhersteller in der sogenannten »Dritten Welt« produzieren, sind meistens »Giftproduktionen«.

An oberster Stelle steht dabei unsere sehr geschätzte Baumwolle. Sie ist eine Faser, die dank unseres Vorurteils den ersten Platz unter den naturreinen Stoffen einnimmt. Baumwolle ist zwar ein natürlich gewachsenes Produkt, wird aber erst durch mehrfache schadstoffreiche Prozesse zu der Textilfaser, die allen Anforderungen der Konsumenten standhält. Das beginnt schon lange vor der Ernte mit Spritzaktionen gegen Pilzbefall und Insektenfraß. Der Baumwollanbau ist auf über 80 Länder verteilt und nimmt eine Gesamtfläche von 33 Millionen Hektar ein. Derzeit werden lediglich 0,001 Prozent der Baumwolle ohne chemische Spritzmittel erzeugt.

Nach der Ernte, die mit gigantischen Pflückmaschinen und chemischen Entlaubungsmitteln vor sich geht, erfährt die Faser mehrfach Bäder in Natronlauge, die sie leichter färbbar macht. Dann wird sie mit Chlorbleiche schmutzabweisend, knitterfest, antibakteriell und mottensicher gemacht. Abgesehen von der Umweltbelastung kann Chlorbleiche zu Dioxinrückständen im Gewebe führen, die vom Körper aufgenommen werden. Dabei wird die organische Aufnahme der Gifte über die Lunge als gefährlicher eingeschätzt als die über die Haut. Die giftigen Substanzen werden von uns eingeatmet, wenn der Stoff erwärmt wird, wie z. B. beim Bügeln, beim Schwitzen oder durch Sonneneinstrahlung.

Farben auf Textilien bewirken – bedingt durch die großindustriellen chemischen Herstellungsverfahren – einen Teil der Zerstörung unseres Planeten. Würde ich alle Inhalte der Färbemittel aufzählen, würde Ihnen vielleicht ebenso übel werden wie mir.

Die Färbemittel sind reich an Schwermetallen, Formaldehyd, Kupfer, Nickel, Blei, Quecksilber, Benzidinfarbstoffen und anderem mehr. Hier vollzieht sich ein Feldzug der Vernichtung unserer Gewässer und Ackerflächen. Waschen wir die Teile, so fließen die Rückstände in unser Spülwasser. Die Gewissheit, dass wir durch Waschen die Gifte nicht mehr auf der Haut tragen, kann uns keineswegs beruhigen, denn sie landen als schwer abbaubare Rückstände in unseren Kläranlagen.

In manchen Kleidungsstücken befinden sich aufgrund dessen, dass sie nicht heiß gewaschen werden dürfen, über lange Zeit hinweg bedrohliche Substanzen, darunter die Pestizide aus dem Anbau, krebsauslösendes Vichylchlorid, Cumarin (ein Rattengift, das als Aufheller benutzt wird), Lindan, Formaldehyd und PCP. Ist es vielleicht möglich, dass mit Giftstoffen belastete Textilien unser Immunsystem so weit schwächen können, dass Krankheiten, Allergien und vielleicht sogar Aids begünstigt werden?

Schwarze Baumwollkleidung – speziell schwarze Jeans – wird bei herkömmlicher Produktion mit schwermetallhaltigen Farbstoffen gefärbt, um das Schwarz darin zu halten. Bei Untersuchungen fanden sich erhebliche Rückstände von Blei, Nickel, Chrom[*] und Quecksilber, »ebenso Vanadium, ein Stoff, der in höheren Konzentrationen Schleimhautreizungen, Asthma, Übelkeit und Krämpfe auslösen kann« (ÖKO-Test).

Naturgefärbte Stoffe sind leider bis jetzt, in großem Rahmen produziert, noch eine Seltenheit. Aber es gäbe Auswege aus dem Dilemma, wenn wir einfach weniger und bewusster einkauften. Geben Sie sich nicht damit zufrieden, dass das Kleidungsstück aus Baumwolle oder Seide ist. Erfragen Sie das Herstellungsland. Markenartikel, die hierzulande produziert werden, haben eine größere Chance, giftfrei zu sein. Wahrscheinlich werden Sie mehr

---

[*]   Chromat zählt zu den stärksten Krebsgiften.

Geld für ein T-Shirt ausgeben müssen, als Sie es gewohnt sind. Der finanzielle Ausgleich gelingt Ihnen dadurch, dass Sie einfach weniger Textilien kaufen. »Wühltisch-Preise« sind nur dadurch möglich, dass die Produktion in Ländern stattfindet, in denen zum einen die Löhne nur einen Bruchteil der hiesigen ausmachen und zum zweiten bei der Produktion die Chemie zum Großeinsatz kommt.

Seide war früher nur den Wohlhabenden vorbehalten, während sie jetzt für jeden zur Grundgarderobe gehört. Die Seidenraupe produziert einen mehrere Kilometer langen Faden, in den sie sich einwickelt. Weil die Raupe zu Beginn der Arbeit noch kräftiger ist, ist der Faden zuerst dicker, später wird er immer dünner, bis die Raupe die Produktion einstellt. Aus dieser Hülle, die »Kokon« genannt wird, entwickelt sie sich zum Schmetterling. Der Kokon wird, zusammen mit vielen anderen, eingesammelt, der Faden abgespult und als Seidenfaden verarbeitet.

Diese Seide, die wir auch als Naturseide oder Rohseide kennen, ist ein Material, das kräftig und in unregelmäßig dicken Fäden gewebt ist. Leider ist es nicht die Seide, die wir en gros angeboten bekommen. Die feine, regelmäßig strukturierte Seide wird fast ausschließlich so hergestellt, dass der Kokon, bevor die Raupe ihren natürlichen Metamorphoseprozess beenden konnte, zusammen mit der Raupe, die sich darin befindet, gekocht wird. Man umgeht damit die Gefahr, dass die Raupe beim Schlüpfen den Kokon verletzt; gleichzeitig wird das Produktionsvolumen gesteigert. Ich weiß nicht, ob es eine Zahl für die Tonnen von Raupen gibt, die für diesen »edlen« Stoff getötet werden.

Was können wir tun?

- Kaufen Sie bewusst und vermehrt von Herstellern, deren Textilien aus kontrolliert biologischem Anbau stammen. (Einer der Hersteller ist Hess-Natur.)
- Werfen Sie Kleidungsstücke, die noch tragbar sind, nicht einfach weg. Wenn Sie sie verschenken oder zu einem Secondhandladen bringen, tragen Sie dazu bei, dass ein neues Kleidungsstück weniger gekauft wird.
- Kaufen Sie in Secondhandläden. Energien des Menschen, der das Kleidungsstück vor Ihnen trug, können mit Wasser neutralisiert werden. Das ist sicher!
- Verzichten Sie auf schwarze Kleidung, wenn sie nicht naturgefärbt ist!
- Reduzieren Sie – nicht nur im Hinblick auf Ihre Kleidung – Ihr Konsumverhalten auf die wirklich wesentlichen Dinge.

Farbbewusstsein zu entwickeln, kann nicht bedeuten, sich dem Kaufrausch zu ergeben. Bewusstsein für Farben erhöht die Lichtkräfte in uns, sodass wir in unserer Entwicklung weitergehen und beginnen können, uns selbst und die Natur zu achten und zu heilen.

»Du hast die Erde heilig gemacht
wie auch meinen Körper, darum will ich
in deinem Namen
die Erde heilig halten,
jeden Grashalm achten
und die Blumen und Bäume ehren.
Mit der Verehrung alles Lebendigen
wächst meine Seele,
und mein Leib wird stark
im Rhythmus deiner Sonne
und deines Mondes.«

Gebet eines Schamanen [20]

IX.

Farbübungen und Farbmeditationen

»Die Kraft der Sinne liegt nicht im Körper,
sondern kommt aus dem Geiste.«

Masaharu Taniguchi

Bei allen Übungen bitte ich nicht zu vergessen, dass sie nicht dazu dienen sollen, ein Chakra »zu öffnen oder zu schließen«. Wie ich bereits schrieb, sind unsere Chakras immer geöffnet und können von uns durch unser Denken und Handeln nur mehr oder weniger stark energetisiert werden. Die nachfolgend beschriebenen Übungen sollen die Sensibilisierung für ein Chakra bewirken und an dieser Stelle Zusammenhänge mit dem täglichen Leben erkennbar machen. Sie sollen den Geist öffnen für die Gefühle, die bei den Übungen entstehen. Die Umsetzung dieser Gefühle kann helfen, eventuelle Blockaden zu lösen. Fantasiereisen und Meditationen führe ich in der DU-Form. Bei Übungen benutze ich gelegentlich die Höflichkeitsform. Ich springe gern zwischen den Anreden hin und her und gebe weder der einen noch der anderen einen besonderen Vorrang.

1. Reinigungsmeditation mit Farben

Ich atme ein und konzentriere mich dabei auf das linke Nasenloch.

Ich atme weißes Licht ein, halte kurz den Atem an und stelle mir dabei die Luft, die ich in mir halte, als rote Luft vor.

Ich atme aus und konzentriere mich dabei auf das rechte Nasenloch. Dabei stelle ich mir die Luft, die ich ausatme, blau vor.

Ich wiederhole alles mit Konzentration auf das *rechte* Nasenloch.

Nun atme ich, mit Konzentration auf *beide* Nasenlöcher, weißes Licht ein, halte den Atem an und denke dabei an rote Luft, die ich innehalte. Beim Ausatmen konzentriere ich mich auf beide Nasenlöcher und atme blaue *Luft* aus.

Diesen Zyklus wiederhole ich dreimal. Entscheidend bei der Übung ist, sich die Farben vorzustellen.

2. Heilmeditation mit Farben

Wir legen uns auf den Rücken und sorgen für einen entspannten Zustand. Unser Körper ist eine leere Hülle, die wir jetzt ganz mit Licht auffüllen wollen. Ein heller Lichtstrahl tritt durch unsere Fußsohlen in den Körper ein.

Wir sehen und spüren, wie das Licht in unseren Beinen hochleuchtet und zuerst die unteren Fußgelenke durchstrahlt und dann weiter nach oben zu den Knien leuchtet. Das Licht wärmt unsere Kniegelenke und strahlt weiter nach oben in die Oberschenkel.

Von da aus ziehen wir es mit unserem Atem in den Unterleib, wo es sich jetzt ROT färbt. Das rote Licht durchstrahlt unseren gesamten Genitalbereich. Es bildet am unteren Teil unseres Rumpfes eine rote Schale.

Das Licht wird heller, bis es zu einem kräftigen ORANGE wird, und durchstrahlt den gesamten Bauchraum mit allen Darmwindungen (und bei Frauen die Gebärmutter).

Es wird noch heller, wird zu SONNENGELB und strahlt in den Magen, die Leber, die Galle, die rechte Niere, die linke Niere, Milz und Pankreas, den Zwölffingerdarm und kehrt zurück zum Magen. Unser Bauchraum ist jetzt mit gelbem Licht so stark ausgeleuchtet, dass das Gelb bei jedem Atemzug aus dem Solarplexus heraustritt. Wir sehen und spüren, wie unsere »innere Sonne« aus dem Magen herausscheint.

Das Licht dringt weiter nach oben und erreicht unser Herz, wo es sich GRÜN färbt. Wir wiegen nun unser Herz in grünem Licht, wie eine Mutter ihr Kind.

Der Strahl des Lichtes scheint weiter nach oben und färbt sich TÜRKIS. Diese Farbe erreicht alle Lungenbläschen bis hoch zu den Bronchien und findet ihre Konzentration in dem Punkt, wo der Thymus liegt.

Von da aus ziehen wir den Lichtstrahl durch unseren Hals in den Kopf und färben ihn dabei BLAU. Rachen und Mundhöhle werden nun tiefblau, auch das rechte Innenohr, das linke Innenohr, die Nasenhöhle, der Kiefer und die Kieferhöhlen.

Das Blau wird dunkler und dunkler, bis es die Farbe IN-DIGO erreicht. In dieses tiefe Blau legst du deine ganze Wahrnehmung, und du spürst, wie tief die Farbe dich mit hineinnimmt. Du spürst, wie weit der Raum dieser Farbe ist. Dein Gehirn und dein Geist ruhen sich in ihr aus.

Das Indigo hellt sich auf und verbindet sich mit dem irdischen Rot, sodass ein VIOLETTES Licht entsteht, das aus deinem Scheitel heraustritt wie ein kleiner Springbrunnen. Es bildet eine strahlende Krone.

Das violette Licht wird röter und heller, bis es die Farbe MAGENTA erreicht, und wir bilden um uns herum eine Schutzhülle wie ein Ei aus Magenta. Dieses Ei kann so groß werden, wie wir es brauchen. Wir können uns darin unermesslich ausdehnen. Es ist der Schutz, in dem wir uns frei bewegen können und unangreifbar sind.

Langsam beginnen wir, unsere Arme und Beine in unserem Magenta-Ei wieder zu bewegen, und öffnen in der Zeit, die wir brauchen, unsere Augen.

3. Licht ist in dir – Farben entstehen daraus

Stelle dir WEISSES Licht über deinem Kopf vor, das wie aus einer Kugel leuchtet. Es wird immer heller und strahlender. Die Kugel löst sich langsam in unzählige winzige Lichttropfen auf. Sie fallen von oben auf deinen gesamten Körper herab, werden von ihm aufgenommen und verschmelzen mit dir. Nimm dieses Licht ganz in dir auf. Jetzt erscheint über deinem Kopf eine Kugel in klarem reinem ROT, das auf dich strahlt. Führe die rote Kugel in deinen Unterleib. Sie gibt dir Kraft und Stabilität. Verweile in diesem Gefühl, und spüre deine Energie.

Über deinem Kopf erscheint jetzt GELBES Licht so kräftig wie die Sonne. Führe dieses strahlende Licht in die Mitte deines Körpers. Das Gelb strahlt Freude und Zuversicht aus. Spüre, wie es dich frei atmen lässt. Atme aus deinem Solarplexus gelbes Licht aus.

Eine BLAUE Kugel erscheint nun über deinem Kopf. Sie strahlt Klarheit und weiten Raum in dich hinein. Spüre, wie das blaue Licht deine Gedanken klärt.

Verbinde alle drei Farben miteinander, die sich in deinem Körper befinden. Durch all deine Chakras hindurch kannst du nun einen Regenbogen spannen, der von unten nach oben aus deinem Kopf heraustritt. Schau, wie er sich in den Himmel spannt.

4. Die Kraft der Quelle

Die nachfolgenden Übungen sollten der Reihe nach – beginnend mit der ersten – ausgeführt werden. Jede Übung kann etwa 6–7 Minuten dauern. Zusätzlich können Sie Tücher in der angegebenen Farbe vor oder unter sich legen. Die entsprechende Farbe unterstützt den Prozess. Wenn Sie nur eine der Übungen machen wollen, beginnen Sie bitte mit der ersten. Wenn Sie diese einige Male gemacht haben, gehen Sie zur zweiten über, dann zur dritten usw.

Zur Erdung (Braun) – (etwa 7 Minuten)

Zu indianischer Musik die Fußaußenkanten und Fersen in den Boden stampfen – zuerst mit dem rechten Bein zehnmal, dann mit dem linken Bein. Dabei nicht fest auftreten, sondern die Füße mit dem ganzen Körpergewicht in die Erde (den Boden) »drücken«. Diese Übung ist am wirkungsvollsten, wenn wir sie im Freien ohne Schuhe und Strümpfe ausführen.

Zur Verstärkung der Orgasmusfähigkeit sowie der Blasenfunktion (Rot) – (etwa 5–7 Minuten)

Mit weit gespreizten Beinen so tief wie möglich in die Hocke gehen. Die Füße sollten dabei parallel stehen. Anus- und (bei Frauen) Vaginalmuskulatur zusammenziehen und mit einem festen Atemstoß durch den Körper nach oben schießen lassen, als wollte diese Stelle mit dem Atem oben aus unserem Kopf wieder austreten. Beim Ausatmen mit der Muskulatur leicht nach unten drücken. Diese Übung ist auch hervorragend in den Wechseljahren und als Geburtsvorbereitung.

Zur Durchblutung des Gebärmutterbereichs und Lockerung der unteren Därme (Orange)

(bis zu einer Stunde)

Bauchtanz. Dabei darauf achten, dass nur der Unterkörper bewegt wird.

Gegen Angstgefühle und Stress (Gelb)

(5 Minuten bis unbegrenzt lange)

Stellen Sie sich im Sitzen oder Stehen die Sonne vor, deren Strahlkraft mit unserem Solarplexus eingeatmet wird. Wir halten einen Moment inne und spüren, wie das Licht der Sonne unseren gesamten Körper ausfüllt. Beim Ausatmen sehen wir – mit geschlossenen Augen – gelbes Licht aus unserem Solarplexus heraustreten. Diese Übung machen wir so lange, bis wir sehen (oder spüren), dass uns die Sonne ausfüllt, und bis wir gelbes Licht aus uns heraustreten sehen.

Um unsere Herzenswärme zu aktivieren (Grün)
(5–10 Minuten)
Dazu benötigen Sie etwas Platz. Zu einem Musikstück, das Sie »anrührt«, verhaken Sie Ihre Hände vor der Brust und schwingen mit den Armen – Ellbogen nach außen – analog dem Zeichen der Ewigkeit. Der Oberkörper schwingt durch die Bewegung der Arme automatisch mit. Wieder sollten die Beine nicht mitbewegt werden. Der Schwung und die Bewegung kommen aus der Körpermitte.

Laut werden, um Stille zu üben (Blau)
(7–30 Minuten)
Es ist eine Übung, bei der Sie allein sein sollten. Plappern Sie lauthals unentwegt Laute, Töne, Vokale. Das Wichtigste dabei ist, dass die Töne keinen Sinn ergeben. Konzentrieren Sie sich auf nichts, denken Sie an nichts. Geben Sie einfach Töne von sich. Danach können Sie mühelos frei sprechen – bzw. Reden halten –, oder Sie genießen Ihren inneren Raum der Stille.

Für alle drei Augen (Indigo)
(So lange, bis es klappt)
Setze dich aufrecht und bequem. Schließe die Augen und stelle dir die Sonne vor, die direkt vor dir scheint und dich mit ihren Strahlen im Gesicht erreicht. Ihre Kraft ist so stark, dass du die Augen fest geschlossen halten musst.

Jetzt öffnest du dein »Drittes Auge« und lässt die Sonne dort hinein. Du öffnest dich ganz und lässt die Kraft der Sonne über die Stirn in dich hinein. Spüre, wie dich die Energie durchfließt. Verweile, bis du ganz mit Licht ausgefüllt bist.

Diese Übung möchte ich speziell blinden Menschen und solchen mit starken Sehschwierigkeiten empfehlen. Menschen, die an *Tinnitus* leiden, sollten in dem Moment, in dem sie sich ganz »geöffnet« wissen, hinhören, was sich hinter dem Ton, der in ihnen schwingt, verbirgt. Verlieren Sie Ihre Angst vor dem, was Sie hören könnten. Lassen Sie sich viel Zeit für die Phase der Öffnung.

Wenn wir durch das Dunkel, das strukturierte Blau und das kämpferische Rot zum Grün des Herzens gelangen, haben wir viel (für uns und andere) geschafft in unserem Leben.

Verwendete Literatur

1   K. Wessely, Goethes und Schopenhauers Stellung in der Geschichte der Lehre von den Gesichtsempfindungen, Berlin 1922

2   Siegfried Haußmann, Licht und Heilkunst, Natur und Heilpraxis 8/93

3   J. W. Goethe, Farbenlehre, Jena 1982

4   Werner Heisenberg, Wandlungen in den Grundlagen der Naturwissenschaft, Stuttgart 1980

5   Isaac Newton, Optics, »Definition«, zitiert nach F. Hollwich, Act Nova Leopoldina 8/9-66

6   Hans Cousto, Die Kosmische Oktave, Essen 1984

7   H. E. Benedikt, Die Kabbala, Freiburg 1985

8   Jacob Liberman, Die heilende Kraft des Lichts, Bern 1993

9   Khalil Gibran, Der Prophet, Ölten 1973

10   Hildegard von Bingen, Heilkunde, Salzburg 1957

11   Annie Wilson/Lilla Bek, Farbtherapie, Der sanfte Weg der Heilung, Bern 1981

12   Paul Reps, Ohne Worte – ohne Schweigen, Bern 1976

13   Rosalyn L. Bruyere, Chakras – Räder des Lichts, Essen 1990

14   Mechthild Scheffer, Die Bach-Blütentherapie, München 1981

15   Hans Gekeler, Taschenbuch der Farbe, Köln 1991

16   Anita Bind-Klinger, Heilung durch Harmonie, Grafing 1993

17   Michael Gienger, Die Steinheilkunde, Saarbrücken 1995

18   Rudolf Steiner, Meditative Betrachtungen zur Vertiefung der Heilkunst, Dornach 1986

19   K.O. Schmidt, Meister Eckeharts Weg zum kosmischen Bewusstsein, Ergolding 1969

20   Maria Otto, Worte wie Spuren – Weisheit der Indianer, Freiburg 1985

Weiterführende Literatur

Banis, Reimar, Dr. med., Durch Energieheilung zu neuem Leben, Petersberg 2002

Bruns, Margarete, Das Rätsel Farbe, Stuttgart 1997

Chiazzari, Suzy, Das große Farbenbuch, München 1999

Essener Friedensbruderschaft, Schöpferkraft der Farben, Freiburg 1995

Frieling, Heinrich, Gesetz der Farbe, Göttingen 1968

Först, Regina, Ausstrahlung, München 2002

Gekeler, Hans, Handbuch der Farbe, Köln 2000

Gimbel, Theo, Form – Sound – Colour, Essex 1987

Heller, Eva, Die wahre Geschichte von den Farben, Oldenburg 1994

Hunkel, Karin, De Kracht Van Kleuren, Nachdruck in NL 1996

Itten, Johannes, Die Kunst der Farbe, Stuttgart 1961

Jordan, Harald, Kleidung, wie sie schützt und stärkt, Bonn 2003

Küppers, Harald, Harmonielehre der Farben, Köln 1989

Nencki, Lydie, Die Kunst des Färbens mit natürlichen Stoffen, Bern 1984

Northrup, Christiane, Frauenkörper – Frauenweisheit, München 1994

Ozaniec, Naomi, Die Chakras, Braunschweig 1993

Ray, Clarissa, Die persönliche Magie der Farben, Bad Münstereifel 1992

Riedel, Ingrid, Farben in Religion, Gesellschaft, Kunst und Psychotherapie, Stuttgart 1983

Schilling, I. u. G., Symbolsprache Farbe, München 1996

Schlemmer, André, Farben für Seele, Geist und Körper, Stuttgart 1990

Steiner, Rudolf, Das Wesen der Farbe, Dornach 1986

Weitemeier, Hannah, Klein (über Yves Klein), Köln 2001

Vollmar, Klausbernd, Das Arbeitsbuch zu den Chakras, München 2001

Dank

Besonderer Dank gilt allen, die ein Foto von sich in diesem Buch zur Verfügung gestellt haben. Herzlichen Dank auch an Hess Natur (www.hess.natur.de) für das Überlassen der Mode-Fotos sowie an den Fotografen Ralf Mohr (www.ralf-mohr.com) für die Fotos der Blumen. Die Zeichnungen sind von Elke Gutbier und wurden aus dem »Arbeitsbuch zur richtigen Farbentscheidung« übernommen.

Die Autorin

KARIN HUNKEL ist mit den Lebensaufgaben eines Widders (mit Aszendent Löwe) im chinesischen Jahr des Büffels geboren. Ihr Studium der Psychologie und Soziologie bildete die Grundlage für verschiedene spätere Ausbildungen in alternativen Heilmethoden. Nach der Arbeit als »Colour Consultant« und »Healer« in den USA gründete sie 1985 ihr eigenes Ausbildungszentrum in Frankfurt a. M. mit dem Firmennamen INDIGO. Sie hat Pionierarbeit auf dem Gebiet der Farben geleistet und die »Ganzheitliche Farbberatung« sowie die »Psychologische Farbberatung« begründet. Bislang hat sie ihr Wissen zusammmen mit ihrem Team mehr als zweitausend Menschen in Seminaren weitergeben können. Wenn Sie Interesse an einer Beratung, an Chakra-Seminaren, Farbpässen, Arbeitsmaterial für Farbberater/innen oder an einer Ausbildung zum/zur »Ganzheitlichen« bzw. »Psychologischen Farbberater/in« haben, wenden Sie sich bitte an folgende E-Mail-Adresse bzw. Internetseite:

Karin Hunkel
Farb-Gefühl &
INDIGO-Farbberatung
E-Mail: office@farb-gefuehl.de
www.farb-gefuehl.de

».. . und war dankbar gegenüber all jenen weisen Stimmen, die mir auf meinem Weg zugeflüstert haben.«

Dhyani Ywahoo